增长

明道.取势.优术.识人

刘新华 著

中信出版集团｜北京

图书在版编目（CIP）数据

增长：明道、取势、优术、识人 / 刘新华著 . -- 北京：中信出版社，2022.6
ISBN 978–7–5217–4253–4

Ⅰ.①增… Ⅱ.①刘… Ⅲ.①企业管理－通俗读物 Ⅳ.① F272-49

中国版本图书馆 CIP 数据核字 (2022) 第 070480 号

增长——明道、取势、优术、识人

著者： 刘新华
出版发行：中信出版集团股份有限公司
（北京市朝阳区惠新东街甲 4 号富盛大厦 2 座　邮编　100029）
承印者： 宝蕾元仁浩（天津）印刷有限公司

开本：787mm×1092mm 1/16　　印张：22.5　　字数：248 千字
版次：2022 年 6 月第 1 版　　印次：2022 年 6 月第 1 次印刷
书号：ISBN 978–7–5217–4253–4
定价：69.00 元

版权所有·侵权必究
如有印刷、装订问题，本公司负责调换。
服务热线：400–600–8099
投稿邮箱：author@citicpub.com

目录

推荐序　迈向"用户时代"的增长　高翔 // V

自序　新常态下的反脆弱增长之道 // IX

第一章
持续增长的道与术　001

增长的本质：核心在"长"不在"增"　004

增长第一性：用户为王，价值创造，增长向善　007

明道、取势、优术、识人　009

好赛道、好模式和好团队成就好增长　013

第二章
明道篇：驱动增长飞轮的底层动力　017

定律一：幂次定律　022

定律二：复利定律　025

定律三：锁定效应　028

定律四：网络效应　032

定律五：系统定律　043

定律六：进化论　053

第三章

优术篇 A：搭框架，调节奏，优匹配　063

开发最小可行性产品，抢占增长起跑点　068

找到产品市场匹配点，把握增长甜蜜点　075

产品与市场匹配之后，还要优化哪些匹配　107

调优产品渠道匹配，进行增长放量　115

第四章

优术篇 B：调结构，筑壁垒，保增长　135

追求有护城河的规模增长　137

网络效应及其判断指标　139

平台的价值在于最大化"平台总剩余"　157

双边平台如何破解增长难题　160

双边交易平台六大增长陷阱　168

产品的经济性与增长限制　178

商业模式与增长效能　181

提升转换成本，驱动长期留存　185

品牌嫁接网络会有增长奇效吗？　187

第五章

识人篇：建立用户对产品和服务的长期依赖　201

用户行为改变的底层机制　205

用户是如何建立并养成习惯的？　210

新品牌增长源于新旧习惯回路的对抗　213

用户是如何形成习惯依赖的？　216

游戏化机制如何驱动增长　222

峰终定律、峰值体验与服务产品化　229

用户裂变动力学　241

用户心智模式塑造品牌　253

用户运营模型　261

第六章

取势篇：驾驭趋势，倍速增长　279

驱动 10 倍速增长的 10 种势能红利　283

量化不易量化的趋势　298

持续增长需要节奏大师　302

导致增长失效的十大"隐含前提"　304

导致增长撞南墙的 5 种局面　313

增长失控是什么情形？　319

构建反脆弱的增长系统　326

有限的增长和无限的增长　332

增长向善：ESG 是无限增长玩家的新边界　338

推荐序

迈向"用户时代"的增长

高翔　高榕资本创始合伙人

移动互联网过去十多年的发展,给所有企业带来了一个很有意思的变化:以前企业是把产品和服务销售给"客户"(或者"消费者"),而移动互联网拉近了企业与客户之间的距离,从而使"客户"变成了"用户","销售"变成了"运营"。

例如,对消费品牌来说,以前如果想让自己的产品覆盖中国的大部分城市,需要建立一个非常强大的渠道或销售部门。而今天,由于中国电商平台的成熟和移动化,以及微信生态等基础设施的完善,产品销售的渠道被大幅简化,品牌可以直接与消费者对话,提供更完整的服务。

对 To B 公司来说也是一样,以前的企业服务公司,无论是卖软件、卖硬件，还是卖方案、卖咨询，增长基本依赖大规模的销售团队。但今天，越来越多的企业服务公司，早期阶段往往是"销售未动、产品先行"，围绕核心用户设计产品，打造具有卓越用户体验的产品，先获取 C 端核心用户，再自下而上推动企业付费。

所以，今天企业的业务增长需要以用户为中心，一切商业价值都是用户价值的衍生。

那么，用户增长到底是什么？它和其他业务部门是什么关系？如何通过体系化的增长为企业创造价值？用户运营和增长如何衔接？这些问题也变成了企业目前或者将来不得不面对的问题。

本书谈到增长第一性，首先就是"用户为王"。企业需要从销售思维、流量思维、爆款思维切换到用户思维，围绕用户真实需求，持续倾听用户声音，凝聚和服务好用户网络，这样才能建立用户对产品和服务的长期依赖。

围绕用户做运营可以有很多方式和手段，但前提是在增长思维的指引下。这本书给出了一个重要的提醒，就是增长是一种系统性的思维模式。

增长不是用大力就能出奇迹，要先学会择时和择势来找到事半功倍的增长杠杆；增长也不是短期的暴力拉新，要通过科学的数字化驱动实现精益增长；增长更不是一味打扰用户，要先深刻理解用户行为的底层逻辑。

如今，追求野蛮生长或者单纯靠烧钱实现增长的时代已经过去，因此更需要有健康的增长观。例如，企业可以看看，在减少甚至完全不进行市场投入的情况下,还有没有活跃用户进来。

这本书的作者刘新华多年来一直在用户增长和运营领域深耕,经历过本土与海外增长的复杂实践。近年来在高榕资本工作期间,他在增长策略上也帮助了不少我们投资的企业,对创业者们的增长痛点有了更多角度的认识。

这本书是他多年来实践与思考的总结,通过大道至简的思维方式,形成了一套体系化的用户增长和运营方法。相信这本书一定会帮助企业家们真正进入"用户时代"!

自序

新常态下的反脆弱增长之道

过去 20 多年,我有幸亲历了中国互联网和移动互联网的高速发展,参与或见证了众多产品增长的奇迹与高光时刻,也见识了诸多掩盖在增长运营数据背后更深层次的问题或隐含的代价。增长是企业最重要的战略投射,增长策略的选择直接关系到企业中短期的成败乃至长期的兴衰。我一直希望有机会跟年轻的创业者分享这些历程中的洞察、教训和启发,即便不能帮助创业者复制成功者的增长辉煌,但至少可以帮助他们树立正确的增长观,并对可能遇到的增长陷阱保持警觉。

在我 2019 年年初从一路狂奔的创业一线退出之后,受高榕资本创始合伙人张震先生和高翔先生的邀请,我终于有机会把此前多年的实战，包括在快手、字节跳动和猎豹移动工作过程中思考总结的增长方法论，通过高榕资本的创新社群"榕汇"与高榕被投企业分享，听取来自一线优秀创业者的直接反馈。

这些反馈让我更加坚信要跳出增长看增长；增长规划关乎的不仅是局部战事，更是全局战略；增长绩效不仅要能体现短期突围，更要带来长期壁垒，践行企业的长期愿景和使命；增长战术可以百花齐放，但增长逻辑万变不离其宗，从来没有脱离用户为王、价值创造的本质。我受《道德经》启发，总结了"明道、取势、优术、识人"四个层面的八字增长方法论，希望能给创业者带来不一样的增长视角，帮助创业者在操练增长的打法和章法之外，理解增长的底层方法论，构建真正有长期护城河的增长系统。

2020年新冠肺炎疫情期间，我有幸接到中信出版社的邀请，希望我能将此前的分享内容做进一步的完善，补充更多国内外的案例，从而将这套增长方法论结集成册、沉淀下来，分享给更多的创业者。

在写作的过程中，我一直在思考几个问题。

首先是这套增长的方法论能否经得起时间的检验，能否帮助创业者不管时代变迁、流量迁移，都能回应真实世界的一个个挑战。这个剧变的时代，各种增长流派和秘籍层出不穷，有点儿"乱花渐欲迷人眼"，导致创业者焦虑惶恐和无所适从。破解之道，就是探究增长的本质，拨云见日，深入对增长"道"的理解，而非拘泥于具体的"术"，将增长目标聚焦在累积企业的核心能力和长期壁垒，而非忧虑短期一城一池的得失，这样才能以不变应万变。

但是，增长理论不能一味追求形而上、高大上，解决想象中的问题，或是沦为只对大公司扩张有效的强心剂。增长理论真正体现对商业社会的建设性首先要具备普适性和普惠性。所以，一个普适性的增长框架首先要能够给予早期和成长期的创业者一个易于理解的增长视角，还要便于实操，并能演化成一个精益有效且长期可持续的增长系统，即便当下旧流量红利不再充裕，新流量红利尚未出现，创业者也能坦然应对。

此外，我也试图通过对增长套路背后的逻辑做系统性的梳理，让无论是创业者还是投资人，都能清醒识别具有迷惑性的短期指标，避开"虚增少长""多增少长""只增不长"等增长陷阱。只有理解数据背后的真实逻辑和增长规律，才能判断"尘埃将起"和"尘埃飞扬"的早中期指标是否能作为形成壁垒和护城河的先验信号，从而判断"尘埃落定"的竞争终局走向。

另外，越深入地追究商业增长的终极价值，越深入探究企业增长给社会和国家带来的正负外部性，我越深切地感受到"增长向善"才是增长的终极追求。企业的增长本质不只是对内的价值创造，更要从初心、过程乃至结果，体现出对用户、客户乃至其他社会利益相关方的从善如流、价值创造，并进行价值传递。唯此，增长才可能规避负的外部性，成为商业社会真正有建设性的力量。

这本书诞生于新冠疫情这场"世纪之疫"的大背景下。新冠疫情对于全球产业和经济格局的影响，数年后回头看也许比大家想象得要更加深远。但站在进化论的角度反思，人类社会如同大自然，天生具备反脆弱能力，那些不能摧毁我们的终究会使我们更强大。疫情在导致社会结构剧变的同时，也为"适者"带来新的增长势能，带来诸如习惯、观念、价值取向等慢变量的快速转变。这些新的情绪、思潮和共识，加上底层技术创新的一日千里，假以时日有望给创业者带来新一轮的增长巨浪。当然，在此之前，创业者可能被迫面对相当长时间的经济冲击和需求不振。希望本书可以给创业者以参考，探寻不确定性成为新常态下的反脆弱增长之道。

本书能够出版，我要特别感谢高榕资本的三位创始合伙人——张震、高翔和岳斌，他们的格局、视野、价值观、独特的投资理念和平日里脱口而出的投资点评，常常让我有醍醐灌顶、豁然开朗的点醒感。这些点点滴滴的启发丰富了我的认知视角，潜移默化帮助本书框架得以形成。

另外，我也特别感谢高榕资本团队中年轻且优秀的其他合伙人和同事们，本书中的不少观点是在与他们的交流互动中产生的。更重要的是，正是源于高榕资本榕汇平台的多次分享，才可以倒逼我将日常零散的思考做系统性的梳理，这其中王思远和西晨两位同学帮助我做了大量的分享文案整理并参与组织协调了榕汇的多次分享。

当然，本书得以完稿，还受益于过去三年与大量优秀企业家的直接交流和思想碰撞。他们破除万难、坚定乐观的创业精神始终鼓舞着我，他们带领团队回归商业逻辑本质、追求长期主义的增长实践亦给予我无限启发，感谢在此过程中无私点拨我的很多良师益友，比如车好多集团 CEO 杨浩涌先生、美团高级副总裁张川先生、领创集团的陈澜杰先生和叮咚买菜的梁昌霖先生。另外，本书也有幸收集了来自叮咚买菜、BOSS直聘、领创集团、奥哲等高榕投资企业的一手案例，相信会让读者有更加鲜活的感知。

最后，我还要感谢我的家人一路以来对我的无条件支持和默默付出。本书撰写集中在海外疫情最为肆虐的三个月中，没有我太太和女儿的悉心照料和左右伴随，我不可能安心创作。

增长是一门伴随移动互联网产品成长而诞生的工具科学。我始终认为，进阶成为增长高手不仅要有强大的数据分析能力和大量操盘经验，也要从心理学、经济学、系统动力学、统计学、社会学等学科中汲取养分，深刻了解人性决策和复杂系统的底层逻辑，这样才能获得理解增长规律的认知优势。

所以，本书仅是增长这座"珠峰"的一个侧写，更多有关增长的至真至美，有待各位读者一同发现。

第一章

持续增长的道与术

在今天的商业竞争格局下，增长是一个被谈论太多、令人倍感焦虑的话题。传统企业增长普遍停滞不前，互联网公司的野蛮增长已是昨日狂欢，寻找增长的破局之路是企业发展无法回避的课题。但增长中的"避雷"并非易事，各种增长概念"乱花渐欲迷人眼"，流量热点此消彼长，增长的各种套路、奇技淫巧层出不穷。增长对于病急乱投医的创业者究竟是良药、解药还是毒药？或者只是阶段性缓解增长之痛的膏药？抑或倾销存货的泻药？

也许都是。增长是服药，对症下药才有疗效，没有包治百病的神药；但吃错药后果难料。比较尴尬的情形是"他人蜜糖，我之砒霜"，所以不能简单归因，要找准病因，如此才不会胡乱抓药，将砒霜当成蜜糖。

承认增长是服药，就要接受一个客观现实：是药三分毒，疗效七分，不良反应也有三分。比如增长手段不精准导致部分增长预算浪费，产品功能改动大导致老用户加速逃离，这些算常见的"副作用"。

但也可能因为"剂量过大",比如短期内涌入大量用户,导致相关的供给和履约环节断档,或者技术环节崩溃。还有一种尴尬局面,就是用户或客户产生了耐药性,比如对没有新意、持续太久的广告创意、增长套路等产生抗药性,审美疲劳。

但人不能因噎废食,也不能因"毒"弃药。关键是理解增长的本质,理解生理、病理、药理、毒理;还要精通各种医术,对症下药,才可能将增长做对。

如何理解增长?我认为增长的核心在"长"不在"增"。"增"只是动作,用户数量、黏性乃至价值的"长"才是核心和目标,虚增少长不是有价值的增长。

增长的本质:核心在"长"不在"增"

增长是一个万花筒,就像一千个人眼中有一千个哈姆雷特。初识增长的人多有执念,但更多的是偏见,比如增长必裂变,增长必买量,增长必补贴,增长必拼团,增长必网红带货……段位高点的,可能是增长黑客和海盗增长模型AARRR[①]的机械信徒。AARRR知易行难,机械照搬效果未必如意,比如AARRR的数据导向可能没能关注到每个鲜活个体的情绪、行为、习惯和心智。不理解用户,

---

[①] AARRR是一个用于研究用户增长的模型,是Acquisition、Activation、Retention、Revenue、Referral这五个单词的首字母缩写,分别对应用户生命周期中的用户获取、用户激活、用户留存、获得收益、推荐传播这五个重要环节。

AARRR指标即便短期内得到改善，也未必表明产品增长开始走向健康。

每家公司都有一本难念的增长经，每个阶段都有独特的增长难题，中国复杂的流量环境和多样的用户习惯对增长也有一些特殊的考验。总之，创业者和操盘手要辩证看待增长的特殊性与一般性、阶段性与长期性、单一性与多样性。市场上不断涌现的增长概念有其合理性，但也可能是旧瓶装新酒、新瓶装旧酒，变中还有不变的本质。创业者不能只修炼增长流派中的一门武功，而是要能够从更多视角理解增长，兼听则明，多几门武艺，更易行走江湖。

那么，抛开这些概念，从实战的角度，增长是什么呢？

增长不是简单的暴力拉新或者闪电扩张。增长是多种策略的组合，是追求增长目标下的要素、模式和资源的平衡及最优分配，比如：

- 流量与存量。很多增长操盘手关注的都是流量，但是有流量来就有流量走，有多少流量能转化为存量？新增的流量能否与存量的质量一致乃至更优？流量的增速如何？在流量红利进一步紧缩的当下，存量优化和精细化运营，乃至存量新生流量变得更为重要。
- 拉新和促活。拉新侧重不断寻找新的流量源，促活侧重提升用户黏性。二者都是增长的基本路径。用户增长就是拉新和促活（包括挽流失）两项基本操作的持续优化平衡。

- 曝光与带货。尤其当要做交易导向的增长时，不能只看前端流量的转化，要追溯到整体链条的转化，看整体 ROI（投资回报率）。

- 需求与供给。很多人总觉得增长一定是用户侧、需求侧的视角，其实供给侧视角同样重要。在多边网络中，需求侧增长与供给侧增长如果不能有效匹配，可能就会出现系统性崩盘的风险。所以增长的破局，不仅可以从需求侧激发和用户侧引导入手，也可以通过改善供给结构，特别是用优质和更多元的供给倒逼需求侧增长。单纯考虑需求侧增长，是典型的思维误区。

- 付费买量与自然流量。增长的很多环节做好以后，产品可能会带来很多自然流量，也就是所谓的"天生爆款""自带流量"。自然流量自然多多益善，但过度追求自然流量，可能错过增长的最佳窗口，错失竞争优势。所以会花钱，会买量，做量增质优的高级流量买手，是个门槛极高的技术活儿。

- 增长黑客与"增长黑"。增长黑客做不好，有可能就成了"增长黑"。常见的"增长黑"会犯这些错误：一是增长没有顾及后端订单的承接能力，过快的增长遭遇服务能力不足，导致口碑下降和用户流失；二是消费与供给错配，即面对快速增长带来的用户，平台没能提供与之相匹配的供给，导致用户得非所愿，进而流失；三是反作弊和反垃圾策略不得当，遭到互联网"暗黑世界"中虚假流量的暗算，劳民伤财，导致产品生态紊乱。

有统计表明，互联网中有不少于1/4的虚假流量，大家需要格外警惕，防止中招。

增长第一性：用户为王，价值创造，增长向善

增长的复杂在于其扑朔迷离。增长操盘手经常感觉深处局中，每天都有新的变化，时常要寻求新的突破。幸运的时候，增长团队人见人爱，花见花开；但增长不如意事十之八九，不顺的时候增长套路爆胎，翻车常现，特别是面对目标压力、老板压力、竞争压力和投资人压力时。作为增长当局者的创业者和操盘手，怎么能拨云见日，超越短期的急功近利，真正领悟增长真谛，取得持续的增长绩效呢？

凡事都有第一性，也就是事物的本源和最核心问题。增长的第一性是什么呢？我的拙见是"用户为王，价值创造，增长向善"。怎么理解呢？

首先是"用户为王"，而不是流量为王、爆款为王、销量为王。如果追求短期流量最大转化率，追求爆款销量，而不关心用户激活、用户黏性，那么留存和复购的增长套路都是舍本逐末的"虚增长"。在一个复杂的产品体系中，比如在双边和多边平台中，"用户为王"要兼顾双边和多边用户的诉求和利益；不能只关心客户诉求，还要关心商家需求，更要兼顾在平台生态下相对弱势的群体，比如外卖平台的骑手、电商平台的快递员、房地产交易平台的中介、社区团购平台

的团长、短视频平台的各种个体创作者等。"用户为王"，就是增长前提要以用户利益为本，损害用户利益的"增长"都是无法持续的增长。

其次是"价值创造"。能够存续的主流产品存在的前提，是相比替代品或竞品创造了独特价值或者更大价值。如果靠短期补贴或者营销策略将用户导流过来，那么用户怎么来，也会怎么走。没有独特价值，没有价值增量创造，增长就是无源之水、无本之木。产品或者服务同质化、无法占据心智差异性、只靠烧钱来做用户增量导致的增长落败，比比皆是。

最后是"增长向善"，这是最重要的一点，既概括了前两点，也表明了一个公司的终极增长准则。增长向善，善在其心，所有的企业最终都是社会企业。如果一个产品和一家企业的增长不能让这个世界变得更好，所谓的"增长"最终将是社会的累赘。

"向善"有不同的尺度和维度，但初心是要"向善"的，"勿以善小而不为"。积小善才能行大善，善因才能得善果。

创业者从打造最小可行性产品（Minimum Viable Product，MVP）开始就要思考产品或者企业为何而生，是否以用户和客户为本创造独特价值。这是增长原点的"增长向善"。

在产品增长实践中，要思考是否以最小投入、最小用户干扰，小步快跑，稳定迭代，实现增长目标。高效增长，精益增长，这是执行层面的"增长向善"。

随着用户规模的提升，在增长进阶中，如何做到数据使用有度、供应链合规透明、算法规则透明公正,如何在社区和平台中兼顾效率和公平,打造更平衡的生态,这些是企业规模成长阶段的"增长向善"。

摒弃追逐一切唾手可得的快钱,坚持对用户的长期价值进行深耕,相信静水流深,追求长期复利,这是商业变现层面的"增长向善"。

"你能经得住多大的诋毁,就能受得了多大的赞美",公众对娱乐圈明星期望如此,而控制社会更大资源的独角兽企业更要坦然面对公众问责和监管约束,确保企业增长与公众期待相匹配。增长越快、体量越大的独角兽,越要打造"向善的文化",形成"向善的组织能力",更好地回馈用户、公众和生态链的信任与投入。

明道、取势、优术、识人

增长实践从最初硅谷的舶来品,到互联网公司的"局部商业实践",现已日渐成为所有商业的生存逻辑。增长认知指引增长实践。没有增长体系化、底层化认知指引,企业在一路狂奔的增长旅程中就会被局部、碎片化和表面认知所裹挟,走上迷失乃至不归之路。

过去20年我做的很多事情都与增长相关,在这个过程中踩过很多坑,目睹了傲慢与偏见带来的苦果,也见识了不少辉煌与成功的实践。这些经历和反思,让我领悟到坚持增长第一性的难能可贵。在增长实践中,增长高手不仅在"术"方面表现优秀,更是对增长之道、增长之势，乃至人性都有通透理解，是动态增长体系的构建和运用高手。借用中国哲学的智慧，我把增长体系分为四大模块：明道、取势、优术、识人。我称这四大模块为"增长四观"。

人有三观：价值观、世界观和人生观。虽然人人三观不尽相同，但幸福的人多半都是把三观想得很清楚、有独特认知的人。增长也如是。明道是理解增长的价值观，取势是顺应增长的世界观，优术是精通增长的产品观、场景观和战术观，而识人则是深入理解增长的用户行为观、心理观。增长四观，观观相扣。如果不了解增长底层价值逻辑，不了解流量和世界的走势，不了解产品驱动增长的逻辑，不了解用户行为驱动和习惯养成的逻辑，就不能将这些视角拼接成整体图景，驾驭增长基本也是痴人说梦。

所谓"明道"，就是揭示驱动增长飞轮的底层动力之源。我认为有六种主要的力量，或者说底层定律，驱动着最有效率、最具竞争优势、最能持续强化、最具抵御风险能力的增长模式和价值创造。这六种力量是幂次定律、复利定律、锁定效应、网络效应、系统定律和进化论。有人说，是不是遗漏了品牌？品牌并不一定会成为最有效率的增长杠杆，具备一定"品牌力"的品牌才可能有驱动增长飞轮的力量。"品牌力"能够驱动用户的复购（体现在复利定律），能够驱动用户习惯养成和形成定价权（体现在锁定效应），或者能够引领消费新观念，通过"共识"带动品牌粉丝群体的壮大（体现在网络效应）。所以，我们把品牌对增长的驱动拆解到三个底层逻辑中来介绍。

世界观是一个人对多变世界的基本看法。所谓"增长的世界观"，则需要洞察与增长相关的变量的中长期发展方向，比如流量平台的迁移、新技术的涌现、新社会共识的涌现和建立、新文化潮流的爆发，以及新的经济周期等等。站在当下的时点内，你可能觉得流量已见顶，增长无门；但把目光放得更长远些来看，这也许是前一个流量周期见顶，而一个新流量周期刚刚开始孕育，把握新流量周期的规律可以让产品增长重现生机。创业者很容易在创业初期陷入事无巨细的日常工作中，而在是否还有更大的趋势和增长杠杆可以利用方面思考不足。

"取势"就是要研究趋势的规律并顺势而为，获得好力借好风的倍速增长。但未来难测，如何准确预见趋势并为增长所用呢？首先，我们要能够区分"流行"和"趋势"的差异。"流行"对于短期的增长运营非常重要，但"趋势"捕捉能获得更大的增长优势。其次，我们说的"取势"，更多的是了解"趋势"的规律，也包括对"大趋势"和"文化"的一些确定性趋势的探索。

所谓"优术"，就是基于对增长底层规律的理解和对流量趋势的预判，将增长指标化、模型化、组件化和可测量化，构建和不断优化增长框架，取得卓越增长绩效。具体来讲，增长框架的核心诉求，就是找到最佳产品市场匹配点（PMF）、产品渠道匹配点（PCF）和渠道变现匹配点，挖掘产品在不同阶段的增长潜力。

比如在"优术"的实践中，我们通常用经典的海盗增长模型AARRR或者改良后的精益增长模型ARRRA来优化产品和用户全周期增长效能。另外，我们也经常采用用户增长公式，即增长 = 拉新 +

促活＋挽流失，来找到用户增长的关键抓手。当然，这是不考虑产品变现的简单模型，如果把变现维度考虑进来，不但要关注用户的增量，还要关注用户价值的分层。所以"优术"的重点，是要能构建用户更精细的画像，涵盖从进入产品到最终变现或流失的整体链条，在此基础上做增长优化，比如分新老用户的增长链路优化、高中低价值用户的增长和变现链路优化，或者其他用户细分维度的增长和变现。

做增长，最后要学会"识人"。增长团队日常运作中的大多数决策就是基于数据做出的，久而久之团队可能陷入"指标幻觉"而忽视数据鲜活的个体。我们习惯把用户抽象成一个群体，但是天底下没有两个用户是一样的。每个用户具有不同的偏好和认知，用户在不同场景下会有不同的决策和行为，用户偏好和认知也是可以被塑造和改变的，用户永远都追求个人总效用最大化。用户虽然追求理性，但实际上其能力是有限的，注意力也是有限的，用户只能做到有限理性。

我们只有真正理解人的有限理性、行为动机、习惯养成、心智建立和决策流程的驱动因素，才能更好地解读用户行为的真实需求和隐含需求，提升我们对用户的同理心。产品最终是产品设计者（包括增长团队）与用户间的契约，只有理解用户行为的底层逻辑，才能判断什么是好的产品逻辑，什么样的产品机制才可能驱动用户做出我们期望的行为，才能契合用户的动机触发、习惯养成、心智建立，最终建立对产品和服务的长期依赖。

好赛道、好模式和好团队成就好增长

巴菲特最成功的投资经验就是,"投资就像滚雪球,关键是要找到足够湿的雪和足够长的雪道"。增长亦如是。足够长的雪道,就是好赛道。足够湿的雪,就是好商业模式。这二者是培育具备超级增长潜力公司的前提。

常言道"水大鱼大",如果赛道天花板足够高,且刚刚兴起,又代表不可逆的硬趋势,自然可以"海阔凭鱼跃,天高任鸟飞",增长潜力和可能性也会更大。这就是我们刚刚讲过的"取势",增长有大成的团队,可能最大的归因就是从创业之初就选择了一个足够有想象力的赛道。反之,当创业者选择的是拼资源、拼关系的目标市场,或者陷入门槛低、竞争如过江之鲫的市场搏杀中,即便增长战术略胜一筹,也很难真正成就伟大的公司。换言之,懂不懂增长对于竞争格局的改变微乎其微。

好模式跟增长有什么关系呢?我们在谈增长第一性时讲到"价值创造"。增长最终的指向是要创造财务价值,好的增长意味着短期可以不赚钱,但最终一定要赚钱,而且要赚持续的钱,赚持续的大钱。足够湿的雪就意味着产品的用户黏性强和赚钱潜力大。如果一个产品天然毛利太低,或者虽然毛利不错,但是获客成本、市场营销成本太高,这样的单位经济模型很难支持搭建一个可持续的高效增长体系,所以比增长更紧迫的是要改造商业模式,比如优化成本结构,确保单位经济模型持续改善。

参与过 SaaS（软件即服务）投资或者创业的朋友可能知道这个行业有个经验规律，就是 LTV/CAC[①] 的比值如果低于 3，哪怕有 50% 以上的高毛利，这个公司的增长都难以为继。这是投资人戴维·斯科克于 2008 年提出的，有兴趣的朋友可以去网上找具体的论证过程。这个规律也从一个侧面揭示了具备良好单位经济模型的商业模式有多重要。

最后，"事在人为"，增长实战自然少不了好的增长团队。创业公司如何搭建增长团队呢？

创业公司在不同的增长阶段，需要匹配不同的增长能力。我们这里的假设是，在产品的概念验证（POC）和最小可行性产品阶段，我们不需要专门的增长团队，所以增长团队搭建始于最小可行性产品完成之后，进入产品与市场匹配期之前，但在不同的产品阶段，对增长团队也有不同的要求。

第一个阶段是产品与市场匹配期，通常公司是 10~20 人的小团队。在这个时期，验证产品市场匹配点、挖掘产品黏性是增长团队的第一要务。负责增长的岗位只需要设置一个人，由首席执行官或者具备增长黑客潜力的一个联合创始人担任就够了。这个人的能力集最好涵盖市场营销、产品研发和数据分析。如果有一个联合创始人级别的人，既具备上述三种能力，又能将增长作为唯一的工作目标，只要专

[①] LTV（Life Time Value，生命周期总价值），公司从用户的所有互动中所得到的全部经济收益之和。CAC（Customer Acquisition Cost，用户获取成本），即获得一位新用户的花费。

注用户留存，并基于用户反馈快速迭代，通常创业公司都能取得相对高效的用户增长。如果这位联合创始人能够将增长机制产品化，建设数据驱动的产品文化，就会为下一阶段的增长奠定基础。

第二个阶段是产品与渠道匹配期，公司体量几十人到100人。这个时期是快速增长的前期，需要逐渐搭建一个小型精悍的增长团队，团队责任逐渐由首席执行官交由一个增长负责人来管理。增长负责人如果是公司联合创始人，那是上佳选择，这样更容易调动公司资源支持增长；如果没有这样的人选，也要尽力招募一个同时具备数据分析能力、营销能力、工程或产品能力的通才。其他增长团队成员也尽量是通才，尽可能一个人同时具有几方面的经验。在此阶段，增长团队需要深入理解各主要渠道的流量分配模型，找到高效撬动流量的最佳模式；另外，在裂变模式设计和其他产品驱动增长（PLG）方面也要探索出可行的模型。同时，团队要构建增长的数据体系、产品埋点和监控体系，以及各种增长实验和AB测试体系，开始系统化构建增长能力和体系，为后续大规模扩张做好准备。

第三个阶段是规模增长期。再往后，有些团队可能进入第四个阶段，即闪电扩张阶段，需要更强大、更专业的增长团队。

在第三到第四阶段以后，增长团队通常有三种模式：独立型增长团队、虚拟型增长团队和混合型增长团队。其中，独立型增长团队的优点是团队可控，团队内摩擦小，决策速度快；缺点一是不好组建，二是在壮大的过程中容易产生跨部门的摩擦，特别是在没有找到建立跨团队共识的北极星指标下，摩擦可能会影响增长绩效。虚拟型增长团队的好处是可以快速组建，只要从产研、营销、运营和战略分析团队抽调相关人员即可，也能把增长的权责跟所有团队的目标关联起来，但挑战往往来自如何平衡其他团队与增长团队的目标。一般的产研团队负责的不仅是增长目标，还有产品的核心价值和用户体验目标，所以这两者需要平衡。虚拟型增长团队的缺点是部门内部需要平衡、优先级不太明确、可能执行效率低。混合型增长团队是以上两者的综合或是妥协，但也存在组织架构模糊和优先级不明确的问题。

不管哪种组织模式，增长团队成员最重要的是要有"增长心态"而不是"固定心态"。拥有增长心态的团队更容易换位思考，相互协作，专注团队间和公司的共同目标，更愿意从每一次的增长实验中积极寻求改进方向。有增长心态的团队才最有可能打造一流的增长团队。

关于增长的探索才刚刚开始，我们会在下面的章节分享更深入、更有实战性的内容。

第二章

明道篇

驱动增长飞轮的底层动力

孔子说,"朝闻道,夕死可矣",意思是为了追求真理,探究世界的规律,愿意以死相拼。立志成为增长高手的团队,也要有这种"打破砂锅问到底"的死磕精神,不断深究增长现象的底层逻辑,才有可能在增长精进的道路上越走越远。我曾开玩笑说,增长就是一场冒险的游戏,有很多种"死法"。最傻的"死法"就是胡乱烧钱,稀里糊涂地"作死",这种"作死",轻于鸿毛;最高级的一种"死法",是孔子所说的这种类型的,追求极致效率增长的"死磕",这种"力尽而死",重于泰山。

面对增长这一永恒复杂难题,我们都应该心怀敬畏,大胆尝试,小心求证,敢于不断推翻自我,这样才有可能逼近"闻道"的边缘,找到产品增长的"契合之道",所以我们说"道不合,无增长"。

所谓明道,就是揭示驱动增长飞轮的底层动力之源,我总结为六种主要的力量。

第一是幂次定律,也就是马太效应。增长实践反复印证了这一定律，这意味着增长资源分配不能平均铺开，而是要找到投资回报率最高的产品功能、增长节点、增长手段和增长渠道，将它们作为增长杠杆，把杠杆加足，才有可能实现增长效益最大化。所以，增长操盘手要学会"做减法"，复杂的事情重点做。

第二是复利定律。有两个非常心灵鸡汤式的数学公式：1.01 的 365 次方等于 37.8，而 0.99 的 365 次方等于 0.03。如果你比其他人平均每天优秀和努力 1%，聚焦在最正确的事情上，那么一年之后，你可能将对手甩开多个身位。所以持续做正确的事，随着时间的累积，你就可以借助增长杠杆的复利效应，获得领先对手的优势。如果能够得到快速反馈，让复利流转速度更快，就可以进一步放大复利带来的增长优势。

幂次定律意味着复杂的事情重点做，复利定律则意味着重点的事情持续做，这样日久天长，就能爆发出复利增长的威力。

第三是锁定效应。幂次定律和复利定律揭示了如何做增长资源投入和分配，确保最高效率的增长。幂次定律和复利定律主要影响的是增长中的增量，是增长进攻性的主要来源。但站在增长终局，防止存量流失损耗也至关重要。我将这种减少用户或客户流失，把用户或客户"锁定"在系统中的能力，称为"锁定效应"。锁定效应提供了增长的防御性。

"锁定效应"的来源包括：长期形成的习惯；天然有些口味记忆或者成瘾性的食品或功能性食品或饮品；用户对产品或平台深度投入，沉淀了大量价值，比如数据、关系链和其他资产；半封闭的系统；产品或技术与行业主流系统或平台的深度嵌入。锁定效应对增长最直接的好处是减少客户流失，提升留存，也有可能提升产品的复购和使用频率。

第四是网络效应。网络效应中对于增长的核心价值点，一是网络效应是所有"经济护城河"里最强大的一种，有网络效应的公司更容易形成自然垄断或寡头垄断；二是具备网络效应的商业模式通常兼具规模效应，这样就能成为时间和规模的朋友，这是绝大多数商业模式所不具备的；三是当产品形成网络效应的时候，竞品进入壁垒是非常高的，易守难攻；四是有网络效应的公司可以相对轻资产、无库存运营，单位经济模型更好；五是网络效应形成之后用户或业务会加速增长，特别是当参与的主体是中小规模企业或者个人，自下而上的创造性被激发，上升通道可能性被打开时，就会吸引更多主体加入网络，这就是我们通常所说的增长飞轮。

第五是系统定律。从系统的视角看，万物之间复杂的连接可以简化成四种连接关系：因果关系、增强回路、调节回路和滞后效应。因果关系不言自明；因果关系动态化、循环化就形成了增强回路和调节回路，其中因增强果、果增强因就是"增强回路"，因增强果、果抑制因就是"调节回路"。实现增长飞轮，简单说就是找到"增强回路"。系统定律是过去50年才发展起来的一场认知革命。借助系统定律的思维视角和分析工具，我们可以洞察类似互联网产品或平台等复杂系统的运作和增长规律，避免在增长机制的设计中，只看树木不看森林，只看现象不看本质，只看当下不看长远。增长高手区别于普通团队的一个核心特征就是前者更擅于按照系统定律不断调优各种关键回路。

第六是进化论。系统定律虽然极度拓展了人类洞察力的边界，但是我们面临的世界充满巨大的复杂性。隐含的因果关系、无所不在的滞后效应、深藏不露突然触发的调节回路，给我们带来了诸多不确定性，甚至超越了我们的认知边界。而进化论的规律刚好弥补了系统定律可能带来的限制，真正从第一性、演进性、终局性的视角帮助我们拓展自身认知的边界。

基于进化论的启发，我们在增长思维中更要坚定地从长期主义、演化主义、反脆弱结构的视角来看增长优势和长期护城河的构建。很多潮流性的新品类、新产品短期内大红大紫，但从进化论视角看很可能就是昙花一现。相反，有些模式在经历系统和环境大的变化之后，依然可以顽强发展，获得更广泛的共识，带来更深度的价值创造，这些就是更具价值的商业模式和增长模型。

定律一：幂次定律

概率论中有两种常见的分布，一种叫正态分布，当影响结果的因素特别多，没有哪个因素可以完全左右结果时，这个结果通常就呈正态分布，即两头低，中间高，左右对称，也叫常态分布。另外一种常见的分布就是幂次分布，背后的支配规则就是幂次定律。1906年，意大利经济学家维尔弗雷多·帕累托首次提出幂次定律，他认为在任何一组事物中，发挥关键作用的事物通常只占一小部分，大约是20%，其余的80%都是次要的，因此我们也将幂次定律称为"二八法则"。

来自社会、科学、金融、商业等领域的大量研究表明，这个世界上的财富、国力、公司市值、声誉、资源、流量、注意力、影响力等很多关键变量，天然不是均匀分布的，强者愈强，弱者愈弱，赢家通吃才是世界的真相。如果把纳斯达克所有上市公司的市值做一个排序，那么排名前0.5%的头部公司总市值占据了所有公司总市值的90%。

麦肯锡公司2018年发布了一个跨度长达15年，针对全球2393家大型企业的经营绩效的研究报告。研究成果之一是把全世界规模最大的企业利润（即经营利润减去资本投入费用）绘成一张图，得到了一条经济利润曲线。这条曲线完美体现了幂次定律，也就是每创造10美元经济利润，就有超过8美元落入排名前20%的企业。处于曲线顶部的公司的平均经济利润是处于曲线中部的公司的30倍。在互联网的世界，由于网络效应的加持，幂次定律更是普遍存在。无论是产品的用户规模、客户规模、收入规模、利润规模，都遵循幂次分布。

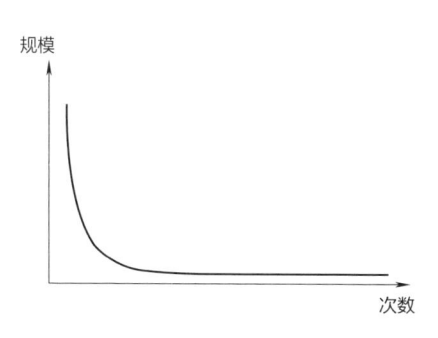

图 2-1 幂次定律曲线示意图

第二章　明道篇：驱动增长飞轮的底层动力　023

网络科学领域的最新研究也表明，网络的生长机制导致网络连接的分布情况也符合幂次定律。网络科学之父、物理学家巴拉巴西（Barabási Albert-László）认为，网络生长的方式从来不是随机发生的，而是遵循优先连接（Preferential Attachment）。也就是说，每次网络中有新的节点加入，都更愿意跟网络中连接度高的节点建立新连接。通俗地说，新人进入新网络，更愿意关注大V，也更关注热点；反过来，大V的粉丝越多，涨粉就越容易，发布内容后获得的点击量、浏览量也更高。这个逻辑有些残酷，但也是人性使然。类似的例子比比皆是。比如，在社交网络中，一个人的朋友圈范围越广、好友越多，其认识新朋友的概率就越大；在购物平台上，一件商品的销售量越高，就越容易被推荐给更多的人；在新闻网站上，一则新闻的点击量越高、评论越多，就越容易成为热点……在Web 3.0的世界中，虽然去中心化的力量在重塑生产关系，但优先连接的规律既在底层公链中适用，也在去中心化的应用层奏效。

在优先连接机制作用下，网络资源的分布自然愈加符合幂次定律，强者恒强，资源向少数节点聚集。如同《圣经·马太福音》（25：29）中写道的，"因为凡有的，还要加给他，叫他有余；没有的，连他所有的也要夺过来"。这也是幂次定律又名"马太效应"的原因。

既然互联网的流量构成、资源回报都是不均匀分布的，那么，要实现快速增长、高效增长，我们就应该把有限的精力专注在最有价值的事情上。美国投资大师查理·芒格曾经讲过两条非常有名的捕鱼规则)。第一条："去有鱼的地方捕鱼"；第二条："千万别忘了第一条规则"。增长实战是同样的逻辑。有些增长团队总喜欢全渠道覆盖、全战术出击，但没有将资源和精力聚焦在流量最充裕、质量最高的渠道和方法上。所以，想要成为增长高手，先要有能力判断鱼群出现的区域，并精准锁定鱼群，然后全力以赴捕捞，而不要旁顾其他。这个世界残酷的真相是，在大量的增长战术中，真正奏效的寥若晨星，因此有效的战术就要取得极致效能。

这些"奏效"的渠道、方法、产品功能，就是我们所说的"增长杠杆"。创业团队资源有限的时候，与其将资源像"撒胡椒面"一样铺开，不如集中在投资回报率最高的增长杠杆上，然后把这个杠杆加足，从而发挥增长的最大效用。幂次定律告诉我们要学会"做减法"，复杂的事情重点做；既然不是所有的点都能成为支点，那就一定要抓住最能带来增长效益的战术去投入精力。

定律二：复利定律

世界上最难的事情，就是坚持；最让人惊叹的力量，就是复利！到底什么是复利？复利就是复合利息，通俗地讲就是"利滚利"，是指存款或投资取得利息之后，再将本金和取得的利息一起投入新一轮投资中。

复利定律的数学表达是：

未来价值＝现在价值×（1+每个增长周期的增长率）^增长迭代周期数

我们可以通过一个真实的故事来了解一下复利的强大力量。美国有一位名叫格蕾丝的百岁老人，她的母校在她离世后收到一笔高达700万美元的遗产。据了解格蕾丝并不是一名富翁，相反，在退休前的43年里，她从事的都只是非常普通的秘书工作，而且终生未婚，因此她这笔巨款的来源引发了大家的好奇。后来，谜团被其好友揭开，让很多人意想不到的是，格蕾丝这笔700万美元的巨款竟然来自其75年前的一笔180美元的投资。1935年，格蕾丝从其当时所在公司——美国雅培公司手中以60美元一股的价格认购了3股股票，之后她便一直没有处理过该股票。令人意外的是，75年里，这3股股票价格一直在增长，最后，这最初的180美元竟然变成了700万美元！

将180美元变成700万美元巨款，这就是复利创造的奇迹。你可能永远也无法想象复利的力量到底有多强大！爱因斯坦将其称为人类第八大奇迹。我们在增长第一性和增长四观中，为什么反复强调用户为本、重视用户留存和复购、推动用户习惯养成，就是因为用户反复性、习惯性的使用和购买，能带来复利效应。留存越好，用户的习惯依赖性越高，增长率就越高，这就是可持续复合增长的威力（如图2-2所示）。随着时间的累积，复利就会产生令人叫绝的效果。

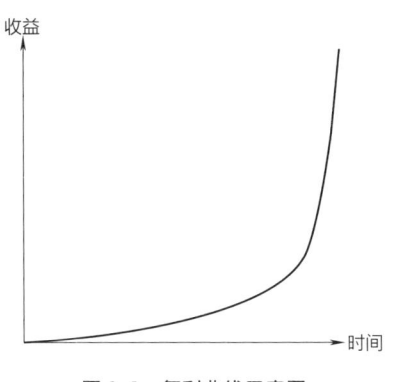

图 2-2 复利曲线示意图

从上面的公式我们可以发现，产生巨大复利收益的幕后推手只有三大要素，分别是初始用户价值（本金）、增长率和增长迭代周期数，其中最易被忽视且最关键的就是增长率和增长迭代周期数。

1. 初始用户价值（本金）

初始用户价值很大程度上取决于你的产品的好坏，或者说是否达到了产品与市场匹配。如果达到了产品与市场匹配，就为产品的放量增长创造了一个好的基础。

2. 增长率

增长率越高，复利效应就越明显，增长也就越快。这里的增长率，主要取决于新增量级和留存率或复购率。创新的增长方式也会推高增长量级，比如有效的用户裂变，从而推动增长率的提升。

3. 增长迭代周期数

增长迭代周期数越大，增长就越快。影响增长迭代周期数的主要因素有以下两个。

一是时间。复利是对持久增长最好的奖赏。虽然增长过程令人煎熬，但守得云开见月明。很多 SaaS 公司虽然亏钱，但投资人愿意支付非常高的议价，就是因为看好订阅制商业模式的复利效应。如果客户可预测的续费周期长，每个客户的生命周期价值就高。增长是长跑，可持续才是高质量的增长。

二是迭代速度。互联网崇尚"天下武功，唯快不破"，这里的"快"就是指迭代速度。有了更快的迭代，就会在同等时间内累积更多次的复利。这也是小步快跑、快速迭代的互联网开发模式的优势所在。利用快速的反馈，驱动迭代速度，扬长避短，每一次迭代都使增长质量提升一个小台阶，最终通过复利，放大增长的竞争优势。

为什么互联网能够倒逼传统行业加速升级？为什么数字化是传统行业的必由之路？因为只有数字化，才能更快、更全面地获得反馈；基于反馈，又能迭代出更正确的增长方向和功能改进。叠加了数据驱动的增长杠杆和快速反馈迭代的复利效应，互联网就可以推动传统行业更快进化。

结合定律一和定律二，好的增长框架简单来说就是复杂的事情重点做，重点的事情持续做，长此以往就能爆发增长的威力。

定律三：锁定效应

增长不仅关乎增量，也关乎存量，因此增长价值长期最大化，不但要有持续稳定的增量，也要最大限度降低存量的损耗。幂次定律和复利定律是增量的底层动力，也叫增长的进攻性；降低增长存量损耗，增长的防御性有哪些来源呢？巴菲特的经济护城河理论提供了一个有价值的视角。巴菲特认为，经济护城河是企业长期形成的内在结构性优势，有护城河的企业，能够凭借核心竞争力使对手难以靠近，具备防御性，从而获得超额盈利能力。护城河主要有四个来源，分别是无形资产、网络效应、成本优势和转换成本，每个来源下面还有一些小分类。我把经济护城河中提供增长防御性的独特能力称为"锁定效应"，就是能够锁住用户或者客户，防止其流失，并在锁定的过程中驱动用户和客户养成习惯，继而驱动增长的独特能力。

1. 无形资产

无形资产中的品牌（含IP资产）和特许经营权（牌照）是对手不易复制，且能让用户或客户形成依赖的两种因素。与增长优势最相关也最重要的就是品牌（IP，也被视作一种特殊的品牌）。比如迪士尼，本质上做的就是"品牌IP授权生意"。IP是迪士尼最重要的资产：有自创的，比如米老鼠、唐老鸭；有源自经典故事再造的，比如白雪公主、花木兰；还有源于收购的，比如漫威这样成熟的IP。这些IP深入人心，对用户心智具有极强的锁定性。

品牌的重要性并不单纯在于其知名度，成功的品牌能够成功锁定用户心智，固化用户习惯，从而拥有定价权，或者强化客户对产品的依赖性，产生单一产品的更多复购，或不同产品间的交叉复购。这样的品牌才具备增长锁定效应，具备护城河能力，比如贵州茅台、苹果、可口可乐、露露乐蒙（Lululemon）等。很多新品牌还处在品牌化的过程中，距离形成护城河、建立锁定效应还很远。

2. 网络效应

这是最强的一类锁定效应。网络效应通常是指数增长、赢家通吃、边际获客成本逐渐趋近于零等现象级公司背后的核心推手。实现网络效应的产品，不但可以加速度增长，也能让用户形成依赖，锁定在产品网络中。

3. 转换成本

用户或客户对产品或服务形成依赖后，转换成本很高，也会形成锁定效应。这里的成本不仅限于经济成本，也涉及时间和情感等多个方面。一旦客户意识到自己从 A 企业转向 B 企业（或从 A 产品转向 B 产品）需要承受经济、时间、技能等方面的高额损失，就会变得非常慎重。

比如微信。市场上的社交软件层出不穷，成体量的社交软件也很多，但很少有人会选择放弃微信。再举个更简单的例子，更换手机号码是一个非常简单的操作，但是很少有人喜欢频繁更换号码，因为在现实生活中，手机号码是我们跟外界联系的一个重要工具，无论是银行账户还是微信、淘宝等账号，都需要进行手机号码绑定，一旦手机号码更换，我们需要进行大量的换绑工作。

有哪些方法可以提高转换成本呢？消费品牌中有些食品和饮料天然具备独特口味记忆或成瘾性，转换成本高，比如酒、咖啡、可乐、调味料，还有比较精准地进行口味还原的各种速热即食方便食品。通过有效的方法，建立用户的习惯回路和成瘾回路，锁定用户心智，可以提高转换成本，这个我们在后面会讲到。

在软件产品，特别是企业软件产品中，业务嵌入是一个广泛用于提高转换成本的办法，比如将新老产品捆绑销售乃至功能融合，或者将产品集成到其他具备广泛用户基础、高频使用场景的软件或者平台中。新老产品捆绑嵌入的例子很多，比如 Office 套件绑定在 Windows 操作系统上，谷歌的各种软件绑定在安卓系统和谷歌账号体系下，这些都导致用户转换成本很高。SaaS 产品跟其他主流，特别是入口级、大用户量的产品集成是一个被普遍使用的增长策略。比如，奥哲旗下有一款氚云产品，就是借助与入口级产品钉钉集成，不仅降低了转化成本，还实现了巨大的增长。2021 年，氚云是第一家"双十一"销售额破 1000 万的 2B 产品。

在 2021 年钉钉刚刚提出低代码革命时，凭借着对网络效应的敏锐嗅觉，氚云积极联动钉钉的低代码战略，抢占了钉钉搭中超过 70% 的应用模板市场。

早在 2016 年，氚云就曾以 ISV（独立软件开发商）的方式打入钉钉的应用市场，2017 年氚云支撑钉钉千人千面的策略，2019 年氚云接入钉钉的开放平台，2020 年氚云配合钉钉处理了疫情暴发后的很多紧急、重大项目，2021 年氚云加入钉钉搭建的应用市场，2022 年开始探索酷应用场景。在整个共创过程中，氚云充分吸收钉钉的场景，创造出很多有价值的业务场景。

经历了与钉钉 6 年的深度共创，氚云打造了无感知一体化产品能力；也因为 6 年的共创，氚云改变了用户对低代码是无纸化办公工具的认知，转变为低代码可以实现业务上的创新；而越来越多的企业借助低代码个性化能力，发现了业务创新的增长点。

总的来说，在生态合作层面，借助与钉钉的深度共创，氚云成功创造出第二增长曲线。

提高转换成本还有一种方法，那就是提高用户或者客户的沉没成本，即提高原有系统的沉淀价值，比如数据资产、财务资产、社交链资产以及对原有系统的操作技能。企业客户很难切换财务软件，就是因为原有财务软件沉淀了大量财务和业务数据，没办法从原有系统导入一个新系统中，或者导入过程很麻烦。

在有限的市场空间中，抢先占据用户心智、养成用户习惯、建立忠实粉丝群体、实现用户锁定，是消费品牌减少客户流失、提升增长防御性的重中之重。对于互联网软件或平台，在增长机制设计中，增加业务嵌入性、不断累积用户在产品中的价值积淀、固化用户的习惯和依赖性，也能最大限度形成锁定效应，降低用户流失。

定律四：网络效应

网络效应是创业者和投资人最希望产品达到的增长状态。网络效应代表着指数增长、赢家通吃、边际获客成本有机会无限趋近于零，而且具有极强的防御性，对用户有极强的锁定效应，让对手难以近身，所以网络效应也被称为"地表护城河之王"。

几乎所有我们关注的明星互联网公司和产品驱动的企业软件公司的增长都有网络效应加持。根据硅谷新锐创投机构 NFX 在 2017 年的一项统计研究，自1994年到2017年的这23年中，科技行业约70%的价值创造都来自网络效应。另外，估值超过10亿美元的336家互联网独角兽企业的核心产品的竞争优势也跟网络效应相关。网络效应越强的产品，用户黏性越强，市场份额更为集中，更易成为所在行业的寡头或龙头。比如，美国维萨（Visa）、万事达、美国运通和发现卡（Discover）这四家信用卡公司的用户占据了美国信用卡消费总额的85%。再比如，支付宝、微信支付和银联支付三家具备网络效应的支付平台占据了中国移动支付总交易额的90%以上。这么大的市场集中度在不易形成网络效应的行业是极为罕见的。拥有网络效应的公司，更易形成自然垄断和寡头垄断。

网络效应的特点

这么神奇的网络效应到底为何物呢？简单地说，就是一种商品或服务的价值随着使用者的增加而提高。其过程就是一个网络使用的人越多，网络就越好用；网络越好用，就可以吸引更多的人来用；越多人使用，创造的价值就越大。如此进入一个良性的循环，使得该网络具有自我增强和自我实现的效果。网络效应主要有以下特点。

第一，在核心业务的扩展过程中，边际收益在不断提升，但边际成本反而会有所降低。

腾讯、阿里、脸书、微软、亚马逊等巨头多年亮眼的财报数据印证了一点，在增长期，网络效应不断增强，企业核心产品用户数量稳步增加，企业收益加速提升，但相应的边际获客成本却在加速降低。

第二，网络效应具有规模临界点，临界点前后差异明显。

这里的规模临界点，是指网络所带来的价值大于产品功能本身及其同质的竞争对手价值的时刻。在这个时刻没有来临之前，比如新产品刚刚推出，或者规模较小的时候，用户无法明显感知网络效应的益处。但网络效应的电门一旦被点中，量变就会带来质变，体验和价值将有明显提升。所以，网络竞争真正的角逐点不是在终点，而是在临界点。率先达到规模临界点的网络就有可能成为主导网络，主导网络借助网络效应可以不断挤出小型的竞争网络，有可能出现赢家通吃的情况，除非同质竞争网络转型，提供差异化供给或者聚焦新的需求场景，或者在其他区域或者细分市场重建一个封闭网络。

你可能会问，赢家通吃意味着一家独大吗？如果不是独大，那么几个平分秋色的寡头都达到规模临界点了吗？是的，一个市场的终局往往是几家具备网络效应的寡头相互制衡，但之所以各家都能达到规模临界点，是因为它们虽然都在一个大市场，但各有千秋，每家构建的网络跟其他寡头并非同质，比如供给具备明显差异，主导客群有明显不同，主打的需求场景有很大差异，或者市场区域有分割，虽然彼此有擦枪走火，但差异性才是它们共存的理由。在一个主导平台的地盘里完全建立一个同样的竞争网络，从来没有成功的先例。

第三，网络效应规模越大、连接越多越密集，竞争优势就越大。

大鱼吃小鱼，小鱼吃虾米，这是亘古不变的生存法则，商业社会同样如此。那些节点规模大、连接数量多且密集的网络，可以将小而疏的网络吞并，比如阿里巴巴和京东综合电商平台对垂直电商平台的碾压，美团点评对其他团购和外卖小平台的团灭。

第四，网络越封闭，对参与主体控制力越强，网络效应就越强。

所有的平台都不希望用户侧或者供给侧过于集中，或者溢价能力太强。阿里为什么频频要求商家在阿里和京东，或者阿里和拼多多之间二选一？美团为什么不断强化对商家的赋能？苹果为什么强制一个封闭的应用商店？这些招数都是要提升网络的封闭性，降低多宿主的花心现象，提升平台对参与者的控制力，这样才能强化平台的网络效应。当然，这样的网络效应可能会带来行业生态的凋零，这也是监管部门希望打破垄断、遏制封闭乃至竞争排他的网络、建立健康竞争生态的原因。

第五，网络效应广泛存在。

网络效应是普遍存在的商业现象，互联网时代之前就有，互联网更是加速催生了大量整合供需、提高交易效率的行业平台。越是供需双方多且杂、集中度不高的细分市场，越容易出现有网络效应的平台。我们熟知的通信网络、社交网络、搜索平台、支付网络、电商平台、内容平台、开源社区乃至未来的各种主流元宇宙等，都具有网络效应。

网络效应的分类

网络效应不是生而平等的，有强的，也有稍弱的。网络效应有不同的分类标准。我倾向将网络效应分为五大类，包括直接网络效应、间接网络效应、双边网络效应、多边网络效应和非典型网络效应，每个大类下面都有一些子类。下面盘点一下这些烧脑的概念。如果有一天，你希望在产品中植入网络效应的增长机制，理解这些概念至少可以给你一些方向。

直接网络效应

直接网络就是人与人，或者同质节点间的网络链接，其价值随着用户数增多、节点增多和用量变多而变大。典型的有：

（1）物理实体网络，比如电话网、高铁网络、航空网络等。这类网络最怕技术变迁，因为会导致网络迁移或者更低成本替代。比如，电子邮件取代邮政网络，公路网兴起导致水路运输网衰落。

（2）通信/计算协议网络，比如基于TCP/IP通信协议的互联网、比特币和以太坊、各种主流的公链等数字货币协议网络。超大规模公司争相在新兴平台定义协议层标准，就是要争夺协议网络主导权，但协议网络很难由一家商业公司主导，通常都是由商业同盟发起并分享收益。

（3）个人/社交通信网络，这是大家最熟知的各种即时消息（Instant Message）工具，比如微信、WhatsApp、Zoom。这种网络一旦形成，将拥有海量节点、高频密集连接，增速惊人，是网络效应最强的一种。拥有这种网络效应的产品通常都会叠加多层双边网络和多边网络，不断提升商业价值。

（4）社交网络，是个人或组织建立的基于网络展示个体身份（职业、兴趣、其他人设）、状态和参与公众互动的社交结构。简单来说，社交通信网络是人与人之间、小群体之间的私密交流网络，而社交网络则是展示公共人设的平台，比如领英、早期的脸书、快手、抖音、知乎、B 站、小红书等。

（5）个人转账支付网络，比如支付宝、PayPal 和 Square 的 Cash App。这类网络通常都会衍生为包含商家和支付场景的双边网络。支付场景多样性、支付手续费往往是争夺焦点。

（6）虚拟世界/MMORPG，比如玩家过 2 亿的游戏《堡垒之夜》被美国科技媒体 The Verge 评为 2018 年最重要的社交网络，还有像《我的世界》、《罗布乐思》（*Roblox*）、Sandbox、Decentraland 等元宇宙游戏，都具备独立的世界观和规则，也呈现直接网络效应。

（7）互助/协作网络，比如贝壳旗下的 ACN（房产经纪人协作网络）和水滴互助的筹款人网络。互助/协作网络是一种促进协同的网络新物种，是一种有管理、有明确游戏规则的新型网络。贝壳的 ACN 通过改变 B 端（企业端）的游戏规则，将零和博弈变成共赢博弈，把经纪人之间头破血流的竞争变为合作，提升了全行业效率。截至 2020 年 6 月，250 余个品牌、4.2 万门店和 45.6 万经纪人，从原来线下的死对头，变成贝壳 ACN 平台上的合作方。恶性竞争减少，行业效率提高，不少门店的收入增长 1 倍以上，客户房子的成交天数也大幅缩短，从 143 天减到了 109 天。Web 3.0 中新型组织模式 DAO（去中心化自治组织）有望创造更高效的协作网络。

间接网络效应

间接网络效应指的是初始产品用量的增加会带动互补产品的使用和消费,从而增大初始产品的价值。比如,汽车增多会带动加油站网络的建设;电动车数量和使用频度增加会带动充电和电池换电网络的形成;更多公司采用诸如亚马逊云服务(AWS)、微软 Azure 云服务,也会带动相应开发者数量和应用增多。

双边网络效应

双边网络是指连接异质互补用户或者连接人与商品、信息、服务、内容的网络结构,也是目前最为普遍、独角兽数量最多的一类网络。当用户数量或者产品用量增多,就会为异质互补用户或供应商创造更大的价值;反之亦然。电商及社交平台就是最好的证明。典型的双边网络通常是同边互斥、跨边互补,比如相似的卖家会争夺同一批客户,高峰时段滴滴用户必须支付溢价才能抢到车;但也有兼具同边网络效应和跨边网络效应的,比如拼多多的拼团、好友助力砍价,以及淘宝直播间团购等机制激活了用户边的同边效应,通过增加用户互动量级,提升了整体平台的网络效应。

典型双边网络可以连接人与商品、人与内容、人与信息、人与服务、开发者与用户,连接供应商与采购商,连接客户与服务商,连接赞助商与贡献者的众包平台。每个细分领域都有可能形成一个或几个双边平台。

双边网络按照供需匹配能力与范围,可以分为全局匹配、局部匹配和渐近线匹配，其中渐近线匹配也叫渐近线市场的网络效应最弱。

天猫、京东等综合电商平台，谷歌、百度等搜索和信息发现平台，还有内容类聚合平台供需全局匹配，网络效应也会更强。

美团、闲鱼这样的平台部分业务有全局匹配能力，其他业务只有同城或区域的局部匹配能力，网络效应次之。

而类似滴滴、优步（Uber）这样特殊的本地服务平台，需求满意度不是随着供给线性增长，而是供给很快就达到临界点。供给在达到临界点之前是越多越好，达到临界点之后就会出现需求满意度停滞。供需曲线类似于一个渐近线。"渐近线市场"的特点是供给侧容易到达边际收益为零甚至递减的临界点。这意味着，这类网络供给门槛低，进入壁垒较低，容易受到新进入者的攻击，领先者保持明显的竞争优势并不容易。这也是美团宣布进军网约车市场后，便可以迅速在局部市场跟滴滴分庭抗礼，成功威胁到滴滴市场地位的主要原因。

多边网络效应

多边网络是超过两种异质互补用户的网络结构。主要有两种类型，一种是从双边网络拓展了一类新主体，比如内容平台在读者和作者之外新添加的广告主或者商家。多边网络会出现非对称的跨边网络效应，比如，更多的用户会吸引广告主进行投放，但反过来却未必成立；再比如，广告主越多，越可能吸引、激励更多创作者进行创作，但创作者越多，只有在带来更多用户的前提下，广告主才愿意增加投放预算。

第二种是当下比较流行的市场网络（Market Network），就是撮合多种不同角色的市场主体（个体或机构）直接交易的一种网络结构。比如，Houzz 是家装行业从业人士和工作室的直接交易平台，HoneyBook 是创意和策展圈的直接交易网络，还有类似 Upwork、Fiverr 这样有数百种职业的零工和远程用工的直接交易网络。这类平台通过 SaaS、数据和培训，赋能网络中的多类型参与主体，未必进行交易抽佣，而是通过 SaaS 订阅完成变现。在 Web 3.0 的生态中，DAO 带来的创新组织模式可能会催生各种新型的多边市场网络。

网络效应新物种：非典型网络效应

一些新场景下的网络效应的节点和连接性质跟前面四类典型的网络效应不太一致，比如节点是数据、设备、某种标准的文件，而非自然人或机构主体；或者节点是人，但连接是非实物连接；再或者要经过很长周期才有可能形成网络效应。这些新物种的网络效应可能是新竞争优势的来源。主要有以下几类：

（1）技术性能网络效应：加入网络的节点（设备）越多，底层网络负载就越均衡，网络服务性能更优，体验也更流畅、快捷。比如比特流（BitTorrent）或者早期 Skype 这样的 P2P 媒体网络、Hola 的 VPN（虚拟专用网络），以及 Cloudflare 和 Fastly 搭建的自动调度 CDN（内容分发网络）。在竞争中，技术领先是令人艳羡的优势，而技术性能网络效应是更持久、更有防御性的竞争优势。

（2）数据网络效应：产品价值随着数据量级增长而增加，且使用过程中产生更多数据，更多数据又能推动产品价值提升，这种现象就是数据网络效应。靠用户海量实时特征进行算法推荐的产品具备明显的数据网络效应，比如快手、抖音、拼多多。类似 Waze 海量用户实时标注路况的产品也有数据网络效应。数据网络效应跟数据规模效应不是一回事。数据规模效应不具备增长的防御性，但数据网络效应兼具极强的防御性和进攻性，特别容易让用户进入心流状态，用户黏性极高。

（3）文本标准/专业工具网络效应：Office 系列软件、DocuSign 签名软件、Adobe 的 PDF 软件、金山的办公软件 WPS，都是公认的文本制作、交换和签名的标准，使用的人越多，软件带来的价值就越大。这种软件形成网络效应的时间比较长，但一旦形成，就会加速扩散。这几年基于云端协作的新型设计 SaaS，比如 Canva 和 Figma，由于支持网络协同创作，形成网络效应的时间大大缩小。这种网络效应一旦形成，会推动产品加速增长，而且用户使用时间越长，转换成本越高。

（4）开源网络效应：包括类似维基百科、百度百科等开源知识平台，或者类似 GitHub、GitLab、MongoDB、Elastic 等开源软件社区。开源网络都是参与的贡献者越多，价值越大。

开源软件社区主要有两类用户：为项目贡献代码的贡献者和提供测试场景的用户。很多基础性软件都通过开源社区模式获得巨大网络效应，后续可以通过托管付费，或者将核心功能免费、周边增值服务和企业级管控功能付费来构建商业增长闭环。开源网络一直被认为是不赚钱的"活雷锋"，但被天价收购的 RedHat、GitHub，晋升为百亿美元独角兽的 MongoDB、Confluent、Hashicorp 和 GitLab，还有中国开源数据库 PingCAP 的巨额估值，让极客创业者眼前一亮，"开源"也可以"进宝"，不但利用社会化的资源推广了技术，而且形成网络效应后回报不菲。"开源"作为一种社会化的增长模式，大有创新潜力。

（5）共识网络效应：人类关于新观念、新潮流、新文化的群体共识，是一种最易被忽视但也最强大的网络效应。其实，宗教、意识形态、语言、货币、学术流派、教育传统等思想达到一定的共识群体规模后，都能产生网络效应，我称之为"共识网络效应"。

当有更多人力挺"新观念""新潮流""新文化"时，这些观念思潮就会变得越来越主流，影响力越来越大，也会强化粉丝群体共识与个人认知和认同。新品牌创业者如果可以成为新观念的引领者和塑造者，将产品变成新观念的"物化标签"，就可以借助"共识网络效应"，汇集一大群对新观念认同的个体，完成品牌的增长。比如特斯拉、Beyond Meat、Impossible Foods、露露乐蒙、Fenty Beauty 这些现象级品牌，无一例外都是环境主义、素食主义、健康主义和平权主义等新观念的旗手和推手；反过来，这些新观念的接受者通过消费这些新品牌表达了对新观念的拥戴。当群体规模达到临界点，实现"共识网络效应"，观念推动品牌，品牌反推观念，就形成了强大的新观念品牌的增长飞轮。通过"共识网络效应"的视角，我们就不难理解为什么会有 Supreme、泡泡马特等潮牌的崛起，就会理解追星的疯狂，这些本质上都是潮流文化粉丝和明星粉丝群体的"共识网络效应"在推波助澜。Web 3.0革命性和创新性的核心也是通过激发和激励超级个体，在更大范围内创建和激活"共识网络效应"。

（6）非正式互助网络效应：校友网络、同事网络、同乡网络等也可能构建出很强大的生意协同网络。比如中国有4万多家兰州拉面馆，每年销售额接近千亿元，是肯德基的两倍；这4万家遍布全国的兰州拉面馆雇用了18万人，其中99%的人来自青海的化隆县。著名的沙县小吃、杭州小笼包也是很多同乡网络互助孵化出来的。在美国，很多产业基本都是同一种族的人在控制。美国大公司里有越来越多的印度裔高管，一个庞大的印度裔经理人互助网络也日益影响全球的商业运作。你可能会问，"非正式互助网络"跟我们前面讲到的贝壳的协作互助网络有什么不同呢？前者更多是基于一些共同的职业、学业和同乡背景，自发涌现，网络效应形成更慢；而后者是一个由公司主导，利用游戏化，重构了系统规则而产生的。这两种互助网络效应一旦形成，就会产生巨大的效力。

网络效应形态各异，令人艳羡，引无数创业者竞折腰，但也不是无章可循。构建一个拥有大量活跃连接、黏性高、高速增长且具备网络效应的平台，需要天时地利人和，也要得法。我们在第五章会介绍网络效应的形成需要关注的关键指标和核心问题。

定律五：系统定律

互联网产品，特别是平台级产品，是个复杂系统。一方面，我们要简化增长逻辑，抓大放小；另一方面，有一定规模的复杂系统的各种增长要素之间会相互牵制，在持续增长过程中我们要平衡好各种约束。面对类似的复杂局面，简单的还原论方法很难奏效。比如，局部最优的增长方法，放在全局未必见效；短期非常有效的增长套路，长期来看有可能效果锐减，甚至翻车。系统定律为解决这类复杂系统的增长难题提供了独特的视角和方法，以避免在增长机制的设计中只看树木不看森林，只看现象不看本质，只看当下不看长远。

运用系统定律的方法也叫系统论。系统论是"化零为整"，强调的是整体，关注的是整体组成部分间的协同和牵制。它的对立面是还原论，就是"化整为零"，强调的是将整体拆解为组件，来理解整体的运作规律。还原论的视角是，理解了组件和局部的规律，也就了解了整体的规律。比如理解人体器官乃至细胞的工作原理，就可以了解人体的运行规律。但系统论认为，人体是一个复杂系统，各组成部分之间存在着相互联系和相互作用，不断有动态演变，因此，理解局部很重要，但不能简单外推到整体。

还原论是一种重要的思维方法，但增长操盘手脑子里要时刻有根弦，要逼问自己：局部、小流量有效的增长实验结论，外推到更多渠道、全量用户是否依然有效？另外，当约束发生什么变化的时候，当下有效的增长策略可能会被推翻。

比如，我们在小流量验证了某信息流渠道的买量效果，就认为该渠道可以以同样的CPA（Cost Per Activation，单次激活成本）进行数倍放量；再比如，某消费品在A城市地推获客模式有效，我们就认为可以将此策略外推到其他城市。很多创业者都有一种思维定式，就是单一市场、单一渠道、单一打法的增长模式可以完全踩油门加速复制，而对制约增长的潜在瓶颈全然不予关注，这就是"还原论"带来的陷阱。

如何避坑呢？这就需要了解系统论的思考框架。首先要理解"系统"，系统不只有参与的个体，更有一些隐含的限制，比如所依托的环境、群体规范和群体压力、制度和文化、个体之间的关系和角色设定等。这些隐含的机制和因素是常常被忽视但又影响复杂系统走向的最关键因素。

更具体地讲，系统就是"一组相互连接的要素"。这里有两个关键词，一是要素，二是相互连接。"要素"是系统参与主体，可以是具体的人、机构、机器，也可以是抽象的用户等。"连接"就是要素在系统中的"关系"，即"特定角色"之间的依附、互动和决定关系。这里面就涉及制度、治理、共识、群体规范乃至系统的一些隐含设置和限制，比如总量约束。

我们常规的思维认为要素可以决定行为，但事实是，连接关系在系统中更重要，要素和连接关系组成的"系统"才能决定个体要素行为。不知道大家是否听过著名的斯坦福监狱实验？24名无犯罪记录的志愿者被随机分配"狱卒"和"囚犯"的角色，模拟一所监狱。最后演着演着就假戏真做了，大家真的把自己当成狱卒和囚犯了，结果非常血腥。这个暴力实验告诉我们，"人在系统，身不由己"，即便是正常人，在一个非正常连接关系的系统中也会变得不正常。

这个实验的另外一个启示是，当动之以情或者施加压力难以改变要素行为时，可以通过改变连接关系来驱动行为改变。比如，三个和尚没水喝的困境，只要改成三个人每天有两人排班抬水，一个人当日休息就可以解决，或者每个人每日轮流挑水，其他两个当日休息就行了。

那么在系统中，怎么定义"连接关系"？如何调节"连接关系"来改变要素的行为和提升系统的绩效呢？

"要素"之间有四种"连接关系"：因果关系、增强回路、调节回路和滞后反应，这些连接可以增强系统或削弱系统。因果关系不言自明。因果关系动态化和循环化就形成增强回路和调节回路，其中因增强果、果增强因就是"增强回路"，因增强果、果抑制因就是"调节回路"。如果因不能马上带来果，有时间上的耽搁，有"潜伏期"，有"反应期"，就会产生"滞后反应"，也叫"长鞭效应"；滞后反应增加了系统在时间维度上的复杂性。而"要素"在这四种连接关系的作用下也会持续变化，所以又叫变量。变量和四种连接关系构成了系统的五大模块。理解了这五个模块，以及它们如何相互作用，就会深刻理解增长的本质，并对产品或者公司在不同阶段应采取什么样的增长策略和战术选择有更清晰的判断。

变量

所谓变量，就是系统中变化的数量，比如产品每日新增用户量、平台季度商家数、月复购超过 2 次的用户量。你可以看到，要素是静态的，简单且直观；变量是动态的，抽象、跟时间轴相关。系统定律中有个经典的"浴缸模型"，用来描述变量与时间的关系。在一个浴缸中，"水"这个"变量"有两种不同的状态：一种是存量，就是在一个静止的时间点，浴缸中积蓄了多少水；另一种是流量，或称流量差，就是在一个动态的时间段，浴缸进水（流入量）减去浴缸出水（流出量）。现在请问：让人能泡澡的，是浴缸里存量的水，还是水管里流量的水？当然是浴缸里存量的水。水管里流量的水不管多大，只要不能蓄积足够的存量，人就无水可泡。所以，期末存量 = 期初存量 + （流入量 – 流出量）。仔细看下，互联网的用户增长公式就是"浴缸模型"的典型实例：产品期末的活跃用户 = 产品期初的活跃用户（老用户）+（新增激活用户 – 流失用户）。也就是说，用户增长取决于用户拉新、激活和挽流失三个动作。"浴缸模型"虽然简单，却道出了互联网增长的几个关键点。

一是关键存量。一个产品有很多要素，很多变量，很多存量，但只有一些关键存量的累积才能提升产品的活跃度和总体价值；反之，这些关键存量的减少意味着产品价值的缩减。这些关键存量就是我们将在后面的增长实战中反复提到的"关键行为"，只有具备"关键行为"的用户才是增长意义上的"有效用户"。

二是流量差增速。流量很重要，流量差增速更重要，因为流量差增速是存量的"放大器"。流量差增速扩大意味着既要发掘新流量来源，扩大流入量导入速度，也要做好用户留存，提升用户黏性，减少用户流失，最终降低流出量。所以，一个产品的增长潜力不是看存量，而是要看流量差增速。

三是周转时间。用存量除以流量得到的数值，就是周转时间。这是一个常常被人忽视的重要增长杠杆。周转时间在商品销售中就是库存周转。开市客（Costco）卖得比竞品便宜，却比绝大多数竞品赚钱，核心就在于库存周转时间。开市客库存周期只有29.5天，低于沃尔玛的42天和塔吉特的58天。这意味着开市客用一笔钱进货之后，一个月之内就能把货物卖出去。这也意味着，同一笔钱，开市客一年可以周转12次，而塔吉特只能周转6次。

我们来算一笔简单的账。假如一批货物一半放在塔吉特，另一半放在开市客。在塔吉特的货两个月才卖出去，那么用来进货的这笔钱一年只能周转6次。很多人都知道，开市客的利润率最高不超过14%，我们假设它的利润率是10%。如果是相同的产品，塔吉特的利润率也不能太高，假设是15%，那么1元的进货款，在塔吉特，一年周转6次，只能赚0.9元。而开市客一年周转12次，就能赚1.2元。这就使美国零售巨头塔吉特很难与开市客在相同的品类展开正面竞争。所以，周转时间是零售企业最重要的竞争杠杆之一，周转时间越短，周转速度就越快，零售企业的利润也就越大。

因果关系

"变量"之间最基础的连接关系就是"因果关系"。在绘制"增长回路"这样的系统模型中，通常要用带箭头的线段，把孤立的变量连接起来，以表达变量之间增强或者减弱的连接关系。比如，用一条"带减号（-）箭头的线段"表示"减弱的因果关系"，用一条"带加号（+）箭头的线段"表示"增强的因果关系"。因果关系之所以重要，是因为人更易看到当下的"果"，却完全看不到隐含的"因"。比如，很多管理者的口头禅是"我只看结果"，这种评价体系看似公平，其实值得商榷，特别是在结果并不如意的情况下，是完全归罪于团队，让团队扯皮，还是用更有洞察力的方法，顺着因果关系，找到"原因变量"，来评估解决之道？这就是所谓的"菩萨畏因，凡夫畏果"。

在梳理因果关系的过程中，要避免几种错误：第一，因果倒置；第二，将相关性误为因果，比如有统计发现在深圳天秤座、处女座、天蝎座的人交通违章更多，貌似这三个星座的属性跟交通违章行为之间有因果关系，但真相是深圳人口生育高峰集中在9~11月，刚好覆盖了这三个星座的人群；第三，遗漏中间项，比如大家常说的经济不好时就出现口红效应，显然"经济不好"这个因与"购买更多口红"这个果之间遗漏了很多中间项，所以这二者是否有真实的因果关系值得商榷。

增强回路

因果关系的动态化、循环化和闭环化就是"回路"。回路不同于因果关系的线段，不是单次连接，而是循环反复连接，在效果方面可能自我增强，或者自我抑制。其中因增强果，果又增强因，这种不断自我增强的回路，就是"增强回路"。正向增强回路又叫"增长飞轮"，这也是系统中最强大的结构模块。我们在上一节中讲述的网络效应就是"增强回路"。比如，拼多多平台上买家越多，就会吸引更多卖家卖货；高性价比优质卖家越多，就会吸引更多买家下单。这一圈一圈不断增强的交易连接关系，就是增强回路。除了正向增强回路，还有一个大家熟悉的"恶性循环"，就是负向增强回路。

调节回路

花无百日红，产品总有滞涨的时候，在变化快速发生之时，系统中总有一些变量抑制或者抵抗这些变化，这种因果回路就是调节回路。增强回路追求加速，调节回路则追求平衡。增强回路就像一根皮筋，越扯越长，但扯得越长，往回拽的力量也就越大，往回拽的平衡力量就是调节回路。对增长来讲，调节回路亦敌亦友。

首先，调节回路提供一种系统自我修复机制。有踩油门加速的增强回路，就要有踩刹车制动的调节回路，对系统进行保护和修复，否则系统就会崩溃。

在增长中，我们除了关注留存，也会关注流失；除了关注转化，也会关注非转化。这些流失和非转化背后，可能就隐含着一些调节回路；改变这些回路，就可能找到提升留存的办法。

其次，最大的调节回路可能就是增长的天花板。这个天花板可能是天然的限制，也可能是程序员无心而为、一行写死的代码。这真不是开玩笑,我自己就经历过不下五次,一大拨技术人员十八般武艺折腾一个月,排查增长系统中的漏洞,最终却发现就是由一行代码引起的。

比如脸书网盟广告曾经有每日 10 亿广告展示的限制,超过这个限制,就不再展示广告。这是程序员无意写到代码中的,因为脸书在 2015 年夏天推出这个业务的时候,觉得 10 亿已经是天文数字了,但没想到这个天花板很快就达到了。直到后来中国的流量合作伙伴发现不管怎么扩流量自己的收入都不涨的时候,和脸书联合排查 2 周,才发现这个隐含的调节回路。改掉这段代码后,脸书网盟收入涨了,合作伙伴的分成也提高了,脸书股价又上了一个台阶。

最后,调节回路会给产品迭代、体验优化提供新的方向。互联网产品开发模式的先进性就体现在利用测试流程、实时用户反馈流程来搜集各种想到的和想不到的调节回路。这些与产品经理预期相反的行为会给产品经理提供改进产品的洞察,给产品创新提供新的方向。张小龙那句著名的段子"每天都有 5 亿人在说我们做得不好,还有 1 亿人想教我怎么做产品",固然彰显了一个产品大咖的深刻洞察和独立判断,但从另外一个角度看,这碎碎念的 5 亿人和 1 亿人也许不太靠谱,噪声多于信号,然而他们的各种吐槽、反预期行为,恰恰可能就是微信成功的最大动力。

滞后效应

滞后效应广泛存在,会极大增加系统的复杂度。这种复杂度通常体现为长鞭效应或者蝴蝶效应，一个小的初始扰动可能带给系统巨大的震荡。金融市场的震荡、公共卫生的重大事件、供应链的库存管理、互联网社区的信息风暴，都是滞后效应带来系统震荡的典型案例。

如何防止滞后效应呢？首先，要特别关注一些先行指标、同步指标，尽可能先人一步预见到滞后效应。其次，重新优化关键因果关系的中间链条或者流程，砍掉冗余链条，减少回路的滞后性。最后，通过平滑策略，降低系统震荡或波动。

滞后效应的另一面是它可能带来意想不到的惊喜，有点儿"愚公移山""憋大招"的感觉。这种万般努力，终结硕果，甚至从量变到质变的"滞后效应"，也被称为"慢变量"效应。中国40多年的经济持续增长，很大程度上应该归功于中国的"慢变量"带来的"滞后效应"，即中国在城市化、工业化、技术化、高等教育等方面的持续投资产生的溢出效应。

系统定律最重要的启示就是"结构影响行为"。我们在寻找复杂增长系统问题时，最难的往往是正确归因。所以，要提高产品系统的增长绩效，不能只停留在可见的功能、用户的直接反馈、静态的结果和各种数据分析层面，还要厘清各种隐含的关系，了解系统论的各种回路机制，这样才有可能做到正确归因，并有针对性地改变产品结构和增长路径，重构增长模型。

在产品设计上，如果希望用户"达我所愿"，就要在用户主要交互路径中有针对性分析、构造和调整四种连接关系，提供优质的用户体验，做到有效引导用户。简单地说就是设计调整"增强回路"，强化用户做出期望的"关键行为"，同时辅以防止用户行为走偏的"调节回路"，来达到产品目标。同时梳理回路中间的滞后效应，通过路径漏斗分析，找到改善滞后效应的办法。

在增长路径上，我们可以按照这五个模块搭建增长模型。第一，找到关键存量，就是具有关键行为的用户。这个关键存量，是增长中唯一重要的指标，是北极星指标。第二，找到关键因果关系，包括推动北极星指标形成之因，以及北极星指标导向之果。第三，找到增强回路，推动增长飞轮。第四，找到调节回路，优化抑制北极星指标实现的限制因素和隐形天花板。第五，梳理滞后效应的中间链条，优化回路周转效率。要经常对这五个步骤进行复盘，以便找到最佳增长路径。

学会系统思考，避免在设计增长体系中只看眼前不思长远，只看现象不看本质，这样才能做到真正的可持续增长。

定律六：进化论

系统定律虽然极大地拓展了人类洞察力的边界，但是我们面临的世界充满巨大的复杂性，比如隐含的甚至只是概率意义上的因果关系、无所不在的滞后效应、深藏不露的调节回路，不确定性和认知边界的限制也会阻碍我们的正确判断。

也许了解比人类社会更复杂的大自然系统的运作规律，比如进化论，可以拓展我们的认知边界。大自然的进化智慧，最精炼的总结就是达尔文提出的"物竞天择，适者生存"。简单地说，就是要理解"物竞"的规律、"天择"的趋势和"适者"的逻辑，从竞争的本质，从代际演化的维度，从环境的适应和反脆弱视角，更深入地理解增长。另外，在自然选择过程中，人这个物种保留的"适者"特征也会深刻影响人的习惯、偏好和心智。

"物竞"规律带来的启示

物种为什么要有生存竞争呢？因为生物具备生存和繁衍两大基本需求，物种天然有无限扩张的倾向，而自然资源相对有限，必然出现资源稀缺的矛盾。稀缺导致的必然结果，就是引发物种之间的生存竞争，以争夺稀缺的自然资源。生存竞争有三类：同物种的种内竞争、与其他物种的种间竞争，以及与大自然的竞争。企业作为商业世界的物种，面临的竞争与此何其相似。企业不但面临同行之间的生死竞速、价值链间的攻守博弈，还要接受政策的监管、法律的约束和公众舆论的监督。

所谓"同行是冤家"，种内竞争通常很惨烈，毕竟竞争对手都是同类，认知相近，能力相近，手段相近，资源相近，彼此都可以像素级复刻对方的战略，博的只是"微创新"，最终导致你死我活的同质化竞争。种内竞争最常见的结果是领先的玩家靠着微弱优势的复利累积，利用规模经济，最终形成稳定的全行业寡头。比如，中国的常温奶乳业巨头伊利、蒙牛，中国小家电企业美的、苏泊尔、九阳等。如果你的企业是这样的领先者，你要做的，就是少犯错，尽可能扩大优势，不给后来者机会。

挑战者要如何避免激烈的种内竞争，找到自己的增长路径呢？有两种办法。如果你要挑战的头部企业正值壮年，你只能等待一次环境的突变，看是否有重新洗牌的机会。比如疫情就是一次环境的突变。另外，更可行的办法就是另辟蹊径，成为新物种，占领全新生态位。虽然这意味着巨大的风险，但至少不用担心领先者的竞争和打压，这是挑战者最好的逆袭机会。

相比之下，种间竞争并没有种内竞争惨烈，相反却充满斗智斗勇的多变精彩，特别是捕食者与被捕食者的对抗，是攻守双方的对抗。双方斗智斗勇，见招拆招。短期博弈可能是弱肉强食，但长期竞争的结果会形成一种均衡，不存在完胜的一方，也没有完败的一方，因为弱势一方总会不断演化，迭代出更有效的对策。事实上，食物链中最顶端的食肉捕食者，比如狮子，往往扮演的是地区生态平衡的守护者，而非灭霸的角色。对应于商业世界，也会存在价值链条上下游的竞争，价值链顶端的玩家凭借市场地位和资源优势希望获得更大的议价权，但其弱点也很明显：顶端"食肉者"消耗的资源多，对一些薄利的"草本"市场天然不感兴趣，而更习惯靠"资源"驱动做增长。"食肉者"的结构特征反而给了一些更灵活、资源不充沛的"食草型"创业公司独特的生存空间和增长可能。

除了种内和种间竞争，物种也要面对与自然的竞争。能够留存的物种要学会接受自然的各种限制，要理解自然界独特的"共生效应"，比如植物独生不旺，同类聚集生长更容易根深叶茂、生机盎然。所以，各种生态达成联盟抱团取暖也是有效的策略选择。

"天择"趋势的启示

"天择"就是自然选择。自然没有人类的偏好，而是更像一个无情的剪刀手，把随意生长的生命之树修剪成自己想要的样子。

"自然选择"的趋势规律有三种。

第一，所有物种的性状，也就是遗传特征基本是稳定的，代代相传，虽然中间会有变异，但这些变异是随机的，没有明显的倾向性和目的性。

第二，同一个物种下不同变异个体对环境的适应性不一样。某些个体能够在环境中适应得很好、不断繁衍，其保留下来的遗传特征就是优势特征，而非优势特征就会被淘汰。

第三，新物种出现的机会主要在于分化，而非在原有物种上的演化。分化的逻辑在于新物种可以避免原物种发生惨烈的种内竞争。

符合"天择"趋势的优势特征有哪些呢？

第一，更能代表进化的速度，对变化环境的适应能力，快速的纠错能力。

第二，物种可以处理更大的信息量，朝更智能的方向进化，形成更高级的物种。

第三，具有优势特征的物种善于选择适于生存的环境，也就是生态位。基于这些特征的变异往往是有价值的。

"天择"趋势给我们的启示是,既然物种存在的终极意义是实现物种延续和扩张,那么产品增长的终极目的就是获得品牌和产品生态的延续;而支撑品牌增长持续动力的关键在于培育打造优势特征品类的能力。具体来说:

第一,新品牌最大的机会在于定义新品类,占据新场景。

不要试图与主导品牌正面竞争、种内竞争,否则只会败多胜少。历史上成长最快的公司90%以上都是开创新品类,或者重新定义新品类,比如苹果、谷歌、亚马逊、特斯拉、网飞、拼多多、Afterpay、开市客等,都是如此。重新定义一个新品类就是创造生殖隔离,让原有物种的主导者无法展开种内竞争。

当发现在PC(个人计算机)操作系统上很难超越微软时,苹果就调整了自身定位,转向手机新跑道,从而开启了一个智能手机新时代。永远不要为错过增长时机后悔,而要探寻增量市场的机会。当微软发现在移动互联网时代无法超越苹果和谷歌时,就全力以赴转向云计算,从而促成微软的伟大复兴。

随着竞争的加剧,靠功能粗粒度做品类区隔越来越难。利用场景细分,占据新场景,打造新品牌,也是行之有效的策略。

第二,基于数字化运营的产品更容易找准进化方向。

基于数字化运营的产品比起传统运营可以获得更快的反馈,更能找准进化的方向。所以,新兴品牌如果不能构建数字化的增长运营体系,进行产品迭代,就很难获得增长竞争优势。元气森林的异军突起,与其说是对年轻人的需求更敏感，对新流量运营更到位，倒不如说是全面运用数据化精准运营体系对传统品牌营销的降维打击。

第三，找到合适的生态位，提升与生态位的匹配能力。

新物种生存的前提就是找到一个合适的生态位，最大限度避免被其他强势物种进行毁灭式攻击；同时，新物种也要顺势而为，加强与生态位的匹配，将生态位变成"能力位"。我们在第三章会介绍产品的流量生态位，产品要选择合适的流量来源进行主动匹配，逐渐形成一个更易在该渠道获取流量的能力。找到合适的生态位有点儿"良禽择木而栖"的意味，这个"木"就是"禽"的生态位，在栖息的过程中，"禽"又强化在此"木"上独特的生存能力，所以"良禽"与"木"相互成就。

"适者"的逻辑：反脆弱系统的启示

虽然我们一直说"进化"，但其实更准确的翻译应该是"演化"。达尔文在《物种起源》中从来没有认为生物是进化的，他认为生物只是演化，而演化并无进步和退步之分，只有"适"和"不适"的区别。被自然选中的，是更适合的，而不是更强的，"适者生存"而非"强者生存"，这就是"适者"的逻辑。大自然的公平在于，并不是留下一个最强的物种统治一切，而是保留极大的多样性。恐龙再强大，在遇到环境的剧烈变化时，也难逃灭绝的命运。

我们固有的增长观一味追求更快、更大的发展，但与时俱进、顺势而为才是正确的姿态。

夏天时,"天下武功,唯快不破"就是王道;冬天时,"养精蓄锐""韬光养晦",活着才是王道,因为大自然会帮你淘汰掉绝大多数的对手。应付冬天,最好的选择是不追求增长速度,但要积蓄增长能力,等到春暖花开的时候,就可以更快更健康地进行物种繁衍,追求增长绩效。所以,熊市从来不是有准备的创业者的敌人,相反可能是提升竞争优势从而反超对手的最佳窗口。

应付寒冬的"适者"能力,就是"反脆弱"能力。"反脆弱之父"纳西姆·尼古拉斯·塔勒布认为万事万物有三元结构:脆弱态、强韧态和反脆弱态。他将脆弱态比喻成一个玻璃球,虽然看起来非常坚硬,却不能从高处摔落;强韧态更像是一个塑料皮球,摸起来非常柔软,却具有较强的韧性,从来不怕从高处摔落;反脆弱态则像一个乒乓球,不仅不怕从高处摔落,还会在落地的一刻借助地面力量弹到一个更高的高度。从这种角度来看,反脆弱态才是脆弱态真正的对立面。强韧态能够让我们具有较强抵御风险的能力,而反脆弱态则能够让我们从风险中获利,获得进一步成长。那些打不败我们的,必将使我们更强大。一个增长的"适者"仅仅强韧还不够,还要能够"反脆弱"。所以,评价一个公司的长期增长潜力,一定要审视公司的产品组合、组织能力及商业模式是否具有反脆弱性,不具有反脆弱性的系统即便短期内繁荣,也会面临大的系统风险。这次新冠肺炎疫情下,很多线下零售巨头纷纷宣告破产,比如大家耳熟能详的JCPenney、Neiman Marcus、第一大租车公司Hertz,就是因为它们的商业模式缺乏数字化和线上运营的能力，这种内在的脆弱性导致企业很难抵御突发的环境改变。2020年受疫情影响，美国有46家资产超过10亿美元的大型公司宣告破产。

因此，我们在搭建增长系统的时候，不仅要考虑进攻性、防御性，也要思考反脆弱性。我们会在第六章介绍一些方法来提升增长系统的反脆弱能力。塔勒布给出的建议是，采用杠铃法则配置资源，构建能力。比如，杠铃法则建议人们在投资时不要只看准杠铃中间所谓的较安全地带，而是要将投资分散到杠铃两端。其中，拿出绝大多数的资源投入极度安全和有稳定收益的事情中，确保资产安全，然后再拿出少量资源去配置高风险但可能有高收益的资产，这样才有可能从黑天鹅事件中获得额外收益。

将杠铃法则套用在增长原则上，比如当外界有巨大的不确定性，当很多公司面临紧张的现金流，公司应该将大部分的资源聚焦到此前已经证明过的爆款产品或者盈利产品上，同时将中间态的、可做可不做的业务，以及没有明确收益的开销都停掉，再把一份资源投入可能在危机中受益并在未来带来巨大增长杠杆的业务上。在这次新冠肺炎疫情过程中，我们看到一些品牌成功运用杠铃法则，最大限度降低了损失，比如苹果、星巴克、耐克、露露乐蒙，核心的做法就是关停经济模型不好的地区门店，聚焦基础款和爆款，通过门店自提和其他电商平台分销对冲线下业务停顿的冲击。另外，重点押注DTC（Direct to Consumer, 直接面对消费者的营销）能力，以及受疫情冲击小的中国和东亚市场，用中国市场和电商业务的高增长降低疫情对公司业绩的冲击。

"适者"生物学特征对人类行为、习惯和偏好的塑造

现代生物学和脑科学基于自然选择的视角，结合最新的研究，揭示了人类行为、习惯和偏好的塑造规律，比如人的习惯是如何形成的，人是如何进行理性和感性思考的，人存在哪些思维偏差。这些对人的更深度理解为我们设计产品运营和服务体验，提升用户中长期留存，提供了非常有价值的视角。

比如，人类很多行为偏差的成因都跟大脑的双系统理论有关。丹尼尔·卡尼曼根据进化论和认知心理学研究揭示了大脑有两套系统：系统1和系统2。系统1又叫快系统、直觉系统、感性系统，特点是自发、快速启动，不用深度思考，快速做决断，比如我们很多下意识的反应。系统1来自人类的本能，是一种自然选择的结果，用最低耗能的方式帮助人类快速判断，提升生存能力。系统1是无法关闭的。系统2又称慢系统、理性系统，其核心是自主控制，理性思考后再做反应，其特点是难以启动，需要经过统计、思考和分析，需要耗费很多注意力和能量。系统2需要缓慢地进入分析状态，梳理问题的原因和逻辑，再给出答案。

系统1和系统2基本不同时工作。大部分情况下都是系统1在运转，只有当系统1崩溃或者遇到瓶颈的时候，比如学习复杂新技能、做复杂计算等，系统2才启动。因为系统2的运行成本非常高，它会消耗大量的脑细胞和能量。而在亿万年的进化过程中，生命体的本能是保存能量、延续生命，所以人类进化的结果就是形成双系统。有研

究称，人类 85% 以上的判断只需要低耗能、直觉思考，习惯思考的系统 1 就可以完成。

站在进化论的视角，人类的发展过程其实就是把大量系统 2 不断内化成系统 1 的过程，这才能应对更复杂的信息环境。比如，习惯的形成就是系统 2 内化系统 1 做决策的典型过程。在《习惯的力量》一书中，作者讲述了科学家用老鼠在迷宫里搜寻巧克力的实验。这个实验记录了随着老鼠越来越娴熟地在迷宫游走并找到巧克力，老鼠大脑新皮质区，也就是负责复杂思考的系统 2 的区域，在接下来的实验中越来越不兴奋，最终进入了休眠状态。取而代之的是负责系统 1 的大脑基底核部位开始兴奋，来接管执行操作。基底核的聪明程度比新皮质区要低得多，差不多相当于远古时期爬行动物的水平，但是它耗能低，在处理轻车熟路的事务性工作方面非常高效。

除了人类的自然选择形成双系统深刻影响人的习惯、偏好和决策，我们看到用户的口味记忆、视觉记忆等有利于形成锁定效应的现象也跟自然选择相关。我们在这里就不再赘述。

进化论思维对我最大的启发就是提供了一个终局视角，来思考竞争的演化路径，如何面对竞争，如何调优组织与环境的匹配，从而成为一个活得长久的"适者"，以及如何构建长期的增长护城河。很多潮流性的新奇特品类、新产品短期内大红大紫，但不具备真正意义上的护城河，商业模式不具备反脆弱性，成绩和光芒只可能是昙花一现。相反，经历系统和环境大的变化之后依然可以逆风飞扬的公司，也许才是最终的胜者。

第三章

优术篇 A

搭框架,调节奏,优匹配

"以道统术，以术得道"，我们在第二章讲述了驱动产品和组织增长的底层动力和商业逻辑。除此之外，创业团队还要通过"优术"的锤炼，基于数据和逻辑优化增长框架、节奏和匹配，找到适合自身产品增长的章法、打法和技法，这样才能知行合一，驱动产品高速增长。

在从 0 到 1，从 1 到 10，从 10 到 100 的高速增长阶段，增长"优术"的核心可以总结为"增长即框架，框架即节奏，节奏即匹配，匹配即增长"，也就是"搭框架，调节奏，优匹配"。

增长即框架。框架是增长的地基，搭框架就是搭建数字化驱动的增长模型。关于增长框架的核心组件，我们在第二章中已经有所介绍，这些框架的细节我们会在接下来的内容中更深入地展开。

框架即节奏。由于增长是个动态演化的过程，从增长冷启动到快速增长，框架很大程度上要因产品节奏而变。不同阶段的产品有不同的增长目标和要解决的核心问题，增长框架也要顺应迭代。

节奏即匹配。过早投入和过多投入增长预算导致增长低效，就是投入与产品节奏匹配没把握好,这种现象比比皆是。另外,要关注节奏切换的问题,明确什么时候增长加速,什么时候放缓,什么时候切换增长因子和增长指标的接力棒,有选择地进行优化。节奏切换的火候与匹配状态相关。匹配没做好,切换的时候就会磕磕绊绊,有时候还得返工。

匹配即增长。好的匹配是因,好的增长为果,动态调校各种增长变量匹配的能力是高效增长的保证,是增长操盘手必修技。

在以上四个关键点中,精准把握产品节奏和增长节奏是框架和匹配优化的关键。有三个重要的增长节奏期:最小可行性产品阶段、产品市场匹配阶段、产品渠道匹配阶段。

首先,增长冷启动始于打造第一个最小可行性产品。该阶段也被称为产品验证期,重点要验证需要解决的问题是不是真问题、关键问题,是否值得去解决。如果是,解决方案是否靠谱?如果靠谱,打造出一个最小可行性产品并找天使用户验证;如果验证结果满意,将其产品化;如果验证结果不理想,可以再优化验证,或者抛弃,尝试新方向。最小可行性产品不但是一种日渐主流的产品开发理念,也是产品冷启动最高效的增长策略,其核心就是最小化、可行性和产品化。该阶段交付的是具备基础功能的产品,是被验证可以解决问题的产品,而不是实验品和展示品。最小可行性产品的精髓在于,如何既做到"最小化"又兼顾"可行性",实现二者的匹配。做到这一点,市场的反馈就会给出产品增长的方向,比如什么功能会驱动增长,什么定价会驱动增长。

其次,就是著名的产品市场匹配阶段,也称产品启动期,或者叫

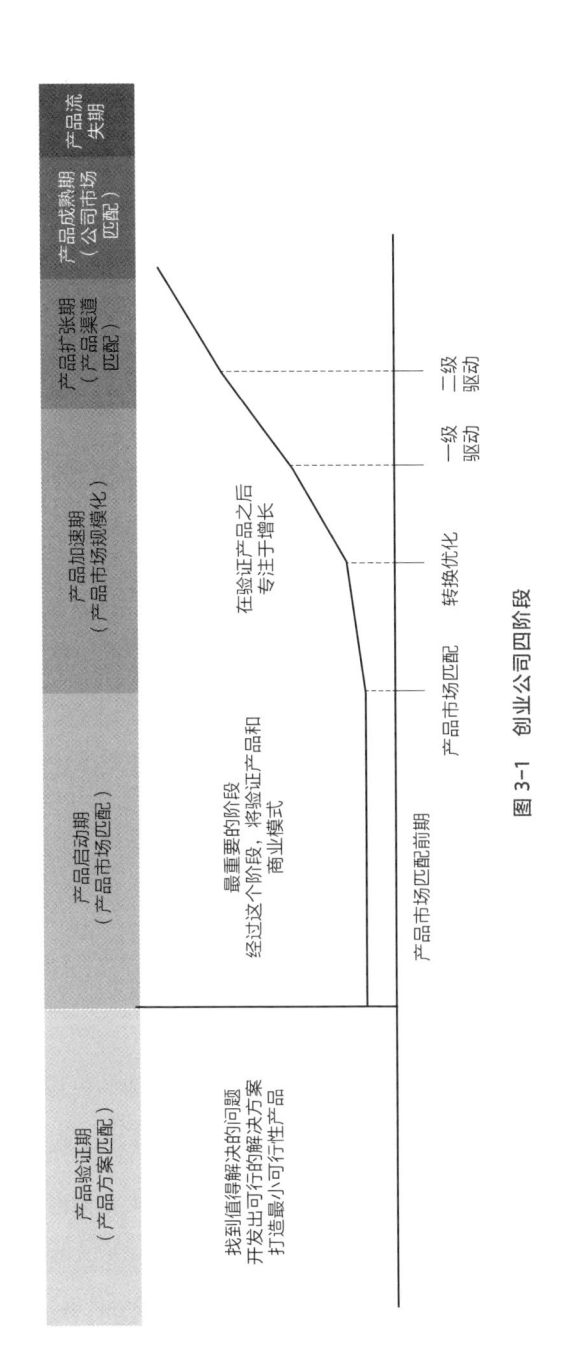

产品验证期 （产品方案匹配）	产品启动期 （产品市场匹配）	产品加速期 （产品市场规模化）	产品扩张期 （产品渠道匹配）	产品成熟期 （公司市场匹配）	产品流失期
找到值得解决的问题 开发出可行的解决方案 打造最小可行性产品	最重要的阶段 经过这个阶段，将验证产品和商业模式	在验证产品之后专注于增长			
产品市场匹配前期		产品市场匹配　转换优化　一级驱动　二级驱动			

图 3-1　创业公司四阶段

业务模型和增长模型验证期。在产品市场匹配阶段，产品正式发布，不但要在局部市场充分验证产品的价值假设，理顺业务模型，而且要开始建立产品的增长模型，通过调优激活和留存，以及用户转化路径和成长路径来为渠道放量和创新增长做好准备。在达到产品市场匹配之后，进入下一阶段渠道放量之前，还需要调优功能组合与产品的匹配、产品内部的供需匹配、增长能力与增长目标的匹配，补齐抑制放量的增长短板，确保放量增长的最高效率。

最后，在攻占局部市场之后，产品通常就进入增长放量阶段，也叫产品扩张期，或者叫产品渠道匹配阶段。这个阶段要围绕重点渠道做定向的产品优化、渠道素材和投放策略优化，确保重点渠道价值最大化。同时围绕产品自增长的渠道，将增长策略产品化（增长产品），找准流量生态位，驱动产品自增长最大化。

这三个阶段都是增长的爬坡阶段，先是小坡，再是中坡，然后是大坡。每个阶段都有各自的增长重点，我们将在下文详细阐述。

开发最小可行性产品，抢占增长起跑点

据统计，全球每天至少有几万款新产品上线，但遗憾的是，约有70%的新产品从没开发过最小可行性产品，全功能版本的产品就直接上线并同步展开推广。结果当然很惨烈，绝大多数产品要么无人问津，要么在一轮小热度之后迅速销声匿迹。最小可行性产品已经是非常主流的开发理念，但很多新产品团队只把最小可行性产品当作一个

样本的阶段，如果用户的反馈还过得去，就直接进行后续的开发。

最小可行性产品为什么这么重要呢？开发最小可行性产品的目的是用最小化设计，将产品的基础版本推向市场，供真正的客户购买、使用并反馈，验证产品具备解决客户真实问题的可行性，从而定义出产品对客户的独特价值。这是产品最初的反馈循环，以此确保产品方向不跑偏。在打造最小可行性产品的过程中，创业者如果能够定义产品的独特价值，而团队在此方向上刚好具备对手不易拥有的结构化优势，那么增长就有了一个不错的开局。

开发最小可行性产品阶段有如下步骤：

首先，要确认真问题、真需求和正确时机。真问题，不仅得是真实的问题，更重要的得是关键问题。最怕是伪需求，或者是痛点不痛、刚需不刚的非关键问题，抑或解决问题的时机太早或者太晚。

其次，要确认最小化版本的产品可行，一定要最小化，不要过度设计；还要追问，这个方向跟团队能力的匹配度如何，这个方向对于创业团队是否有结构化优势。

再次，找天使用户验证可行性，寻找隐含机会。

最后，复盘最小可行性产品，确定是继续推进还是放弃。

确认真问题、关键问题和正确时机

这一步的理想结果是要找到新需求杠杆，而且痛点够痛、刚需够刚，通常可以从人群和场景两个维度深挖。

第一是从目标人群出发，追问产品是针对现有市场不满意用户，还是一群渗透不足的新用户？如果两者都有，那就最好；如果是前者，就要关注主要的槽点是什么，甚至再多问几个问题，明确在槽点背后用户真正抱怨的是什么？用户会为了解决槽点的产品放弃现有产品吗？如果答案是否定的，证明这些问题还不够重要，槽点还不是真正的痛点。

如果面对的是新用户，有哪些是现有产品没能满足的需求？这些需求是刚需吗？新用户有多想要，有多需要？这些新用户群体够大吗？为什么之前没有这个群体，现在这个群体却变得越来越庞大，或者越来越重要？为什么之前市场主导者没有覆盖这个群体？是没注意到，还是觉得太小，还是服务这个群体可能出现左手搏右手的情况？最好的情况是巨头还没注意到这个群体，或者巨头没有优势服务这个群体，甚至可能要自裁。找到这样的群体就算找到一个需求杠杆。

比如，爱彼迎早期面对的是来旧金山这样的大城市参加大型会议、大型活动却饱受酒店高价折磨，或者订不到房的商务人士和游客。爱彼迎面对的不是新用户群，但这个群体却在不断扩大。现有市场从业者都关注到这个市场，但一房难求是刚需，短期内也找不到新型灵活的供给。所以爱彼迎找到的这个群体的确刚需够刚、痛点够痛，且当时市场还没有好的解决方案。

第二是针对哪个场景解决问题。最好是全新场景，或者之前被忽视、渗透率不高的场景，但只有开始快速扩张乃至将要爆发的场景才有价值。如果产品针对的完全是老场景，只改变一些组合要素，坦率地讲，这样的产品不是最小可行性产品的理想模型。

有两类全新场景价值比较高，一类是之前尚未出现，未来高速扩张的场景，另一类是极大改变老场景中对时间、地点、价格或技能的限制，极大拓展潜在市场规模的场景。

比如，完美日记开始创业的时候，正值中国众多95后女孩大学毕业，这些在自拍美颜利器下成长、深受颜值偶像影响的年轻女孩极度关注颜值；刚入职场，职场压力导致她们对美妆的需求更强，但她们的经济实力又不足以支撑选购大牌产品，因而需要找到产品品质和性价比兼具的美妆产品。自拍、买家秀、健身、职场，涵盖了95后年轻女孩日常生活的主要场景，在这些场景中，彩妆都是刚需。完美日记刚好通过小红书渗透进这一人群，激活了这个以前没有但一出现就高速扩张的场景。国内快手、抖音的崛起，碾压优酷、爱奇艺、腾讯视频长视频；而当年优酷、爱奇艺、腾讯视频也是碾压传统电视台，后浪压倒前浪的道理都是一样的，就是放宽了场景限制，解放了生产力。

从人群和场景中找到了真问题、真需求，我们还要继续追问是不是关键问题。越是解决规模大的目标人群、爆发性场景的关键问题才能撬动更大的需求杠杆，增长潜力也会更大。当然还有择时的问题：为什么在当下进入，既不能太早也不能太晚？

确认方案可行、结构化优势和团队匹配度

找到了支撑增长的新需求杠杆，接下来就要从供给侧寻找机会。

比如，追问之前的供给存在哪些结构性缺陷，导致针对这些人群或场景的痛点没有得到很好解决？供给侧是否有新的变化，比如技术突破、规模经济、产能转移、政策补贴、产业周期，甚至摩尔定律或怀特定律引发的成本迭降，或者效率激增，从而有一种供给侧新思路解决新需求的痛点？如果创业团队有能力捕获数倍优于传统供给的新方案，我们就认为找到了供给侧杠杆？如果创业公司的供给侧能力刚好击中了大公司固有的结构性缺陷，创业公司就获得了结构性优势，可以有效躲避大公司的追杀，获得相对宽松的增长环境。

典型的情形可能包括：

（1）原有市场主导者是付费业务模式，但创业公司采用免费业务模式，通过其他模式变现。由于大公司无法自废武功，放弃付费模式，使得小公司有可能通过新模式颠覆原有市场。比如免费的微信加上QQ独有的社交链颠覆了三大运营商曾经付费的短信，Robinhood这样的新型互联网券商颠覆传统券商。

（2）原有市场主导者由于战略选择、公众压力、监管约束，可能会主动放弃或者缩小一些优势供给品类或者供给模式，创业团队成功接管了这部分外溢的供给。比如当年谷歌退出中国成就百度，淘宝放弃"9.9元包邮"成就拼多多。

（3）原有市场主导者的渠道有地理限制或者线下依赖，创业公司可以打破这种限制，通过互联网渠道来挑战。互联网新零售模式，比如卖车、卖房、买菜甚至B2B交易平台都属于这样的类型。

（4）创造性找到全新供给杠杆，极大提高供给弹性，或者解除原有供给限制。比如，爱彼迎、优步都是针对以前就存在的市场，痛点非常明显，就是在某些场景下有效供给不足。这是结构性缺陷，没有特别规模化的解决办法。爱彼迎、优步创造了全新的供给模式，新模式供给弹性巨大，不但理论上可以提供百倍千倍新的供给，而且这些供给是现成就可以改造的供给网络；这些新的供给反过来又创造了很多新的场景，所以从逻辑上说解决方案是可行的，而且具备原有市场参与者不具备的结构性优势。再比如技术、材料和工艺上的进步，导致供给效率极大提高，原有供给经济模型极大改善。这些年光伏领域、电动车领域的创业公司突飞猛进，就是受益于此。

需求侧和供给侧找到增长破局思路之后，我们要审视团队的匹配度，比如组织能力、在增长层面中是否有非对称认知优势，以及如何持续保持的认知优势。要想打赢产品增长这场仗，一定要在最小可行性产品阶段之初就思考产品是否与团队的能力匹配，以及如何搭建具备增长优势的团队。

找天使用户验证可行性，寻找隐含机会

基于之前的方案做出一个极简化产品，找天使用户体验，收集用户反馈，进一步验证之前的假设是否成立。天使用户可以在典型用户的社交媒体、社区中寻找，或者在应用市场中做自然分发，找用户做访谈。员工或者朋友也可以邀请用户进行体验并做深度访谈，但只能

作为验证最小可行性产品的补充，不能取代真实世界天使用户的反馈。

验证的过程要关注如下要点：

第一，小范围、高密度测试。比如，猎豹的清理大师（Clean Master）开始时聚焦在Google Play工具类目的美国市场，美国是安卓最大的海外市场，工具类目又是数一数二的类目，所以用户密度足够，可以做比较置信的测试。再比如，美团打车测试最小可行性产品的时候，选择在南京和成都两个城市试点投放大量的车，确保足够高密度的车辆供给，这样测试打车App才能用可控的成本还原比较真实的市场供需。如果广撒网，在多个城市做测试，而每个城市投放车辆密度都不足，这样的测试很可能与真实世界的场景偏离很大，甚至产生误导结论。

第二，简单模式，避免复杂，聚焦产品最核心价值，看用户是否认同。

第三，最小可行性产品架构易于修改，可以快速灵活配置，还可以启用和禁用部分或全部功能的开关。这样当切断部分功能，屏蔽一部分用户时，不必取消整个测试。

第四，梳理有价值的反馈和数据指标，避免虚荣指标，避免数据陷阱。有价值的反馈包括用户对产品的整体感觉、是否喜欢或需要某项功能特性、某些流程是否合理顺畅等，一定要确认哪些才是体现用户新需求或者需求痛点的核心功能，以及用户对这些功能的认同度。比如Keep早期仅有锻炼课程视频，后来才泛化加入计划、跑步、社区等等，来满足更多用户多样性的需求。但如果一开始有人提出希望Keep能够做食谱、私教的反馈，而Keep也照做了，就会被这些非核心用户反馈带偏。

复盘最小可行性产品整体过程和指标，决定继续推进还是放弃

需要提醒的是，即便创业团队有资源，最小可行性产品也不宜做多。如果三个以上的最小可行性产品尝试效果都不好，说明最小可行性产品的设计有瑕疵。最小可行性产品测试效果不好，有两种可能的原因，一种是产品方向真的有问题，另外一种是你做得根本就不够深，样本不充分，人群不精准，导致无法产生置信结论。所以，与其多线作战，不如把最小可行性产品的流程优化迭代，争取一次就能成功。

找到产品市场匹配点，把握增长甜蜜点

搭建好最小可行性产品之后，我们就进入了产品启动期最核心的工作：发布产品，调优到产品市场匹配，占据一个局部市场。产品的成与败，往往跟能否做到产品市场匹配相关。产品市场匹配描述的是一个产品的健康度和活力状态，所以整个产品周期都会持续监测优化。

产品市场匹配越来越成为中国创业者和投资人认可的理念。尽快找到产品市场匹配点可以说是创业公司增长早期最关键的环节。产品市场匹配到底有多重要呢？最早提出产品市场匹配概念的a16z创始合伙人马克·安德森认为，所有的创业公司只有两种状态：一种是找

到产品市场匹配点的，另一种是没有找到的。

找到产品市场匹配点是一种什么感觉呢？有点儿像幸运之神来敲门，主要的特征包括：自然量激增，无论是2C产品的主动下载量、主动搜索量，还是2B产品的问询、订单都变多；在新增用户或客户中，老用户的推荐变多；用户忠诚度和黏性变高，产品开始拥有一些真爱用户，变现体现在使用频次变高，使用时间变长，甚至购买频次变高。如果有数据追踪，这些趋势会很明显。即便没有完备的业务数据系统，创业者也会明显感受到产品与市场出现匹配。

产品市场匹配状态虽然让人感觉既幸运又美好，但寻找产品市场匹配点并非易事。比如，推特最初的定位是一个能发短博客的社交网络，但直到确定140字短消息信息流的形态，产品数据才迎来真正爆发。TikTok的前身musical.ly最初也是发短视频的社交工具，但直到创始团队关注到美国每周四晚 *Lip Sync Battle* 这档电视节目引发年轻人制作"对口型"模仿视频之后，才将产品围绕这一核心功能进行重构，最终成就musical.ly的爆发式增长。很多今日辉煌的公司，比如美国的爱彼迎、中国的知乎都是摸索了很长时间才找到产品市场匹配点。找到产品市场匹配点终归是幸运的。相比之下，不少拿到B轮、C轮投资的公司，比如一些基金追捧的新消费品牌，烧了上亿美元，但依然没找到产品市场匹配点。虽然销量亮眼，但如果只有爆款驱动而没有复购，退货率和客诉率居高不下，这种靠资本续命的产品和公司多半晚景凄凉。

产品与市场的匹配度在某种意义上就是产品健康度，所以不仅在产品启动期重要,在整个产品周期都要被持续关注,防止恶化。比如,新渠道买量开放后涌入一批用户,留存状态、参与度都不太好,没有达到产品市场匹配,这时我们要反查这个渠道到底出了什么问题。再比如,当产品量级扩大 10 倍、20 倍,产品能否让更多样化的用户各得其所并保持市场匹配度?总之,对产品市场匹配不能掉以轻心。匹配一下一时爽,一直匹配一直爽。

击中产品市场匹配,谁才是命门?

产品市场匹配在很多创业者眼中似乎是门玄学,可望而不可即。比如,在产品市场匹配的过程中,至少涉及产品、市场、匹配程度和产品背后的团队四个关键点,那么究竟抓住哪个关键点才更容易达到产品市场匹配呢?这个讨论在硅谷已经持续了十几年,众说纷纭,莫衷一是。是产品重要,市场(场景)重要,还是匹配更重要,或是打造这一切的团队最重要?从逆向的角度来看,不能打的团队、粗糙的产品和迷茫的市场,哪个对创业团队来说更危险?

我相信大多数人给出的答案是团队,因为对创业公司和新产品团队来讲,团队是唯一可以掌控的,更何况这个时候产品甚至可能还没有上线,市场能否验证成功也是悬念。也许产研团队会认为产品最重要,苹果、谷歌、特斯拉不就是最好的例子吗?因为它们做出了最好的产品。没有好的产品,就没有伟大的公司。

但大量创业者和投资人复盘大量产品的兴衰之后,得到的结论更支持第三种观点,即市场是一家创业公司成败的最重要影响因素。市面上有很多非常牛的团队,但并非团队配置精良豪华就能把握住风口;很多产品很惊艳,但依然没有做到与市场匹配,烧了很多钱也难逃失败。

市场为什么重要呢?硅谷有一个很重要的观点:如果可以找到一个非常好的市场,比如拥有大量潜在用户群,或是服务一个爆发的场景,即便粗糙的产品也会做起来,因为市场会引导公司逐步优化产品;而好的产品如果找到一个好的市场,就会如虎添翼,甚至一飞冲天。当拥有一个好的市场时,你自然会吸引强人加盟团队,随时升级产品。相反,在一个糟糕的市场中,哪怕你有最出色的产品和最好的团队,最后的结果也乏善可陈。想想 ofo、无人货架的例子。

所以,产品、团队、市场固然都重要,但对创业团队来说,首先找到一个对的市场更重要。很多明星产品的第一个版本都是其貌不扬的,一点儿明星相都没有,比如早期的淘宝、早期的 QQ,再比如我亲身参与的,曾经数亿日活的猎豹清理大师的早期版本。你一定会很吃惊,这么粗糙的产品日后为什么有如此靓丽的增长?猎豹清理大师的第一个版本当时只有三个半人参与开发,不到一个月就上线了,产品粗糙是自不必言的。但首日猎豹清理大师就表现不凡,有超过 1.2 万用户被激活;更夸张的是,在猎豹清理大师达到千万日活用户之前,这个粗糙的用户界面基本没有迭代。所以,如果一个产品深深击中用户的痛点,深度满足了用户的需求,即便产品设计寒酸了些,也不妨碍用户趋之若鹜。这个例子再次说明在产品市场匹配中,市场才是第一性的,是最为重要的抓手。

在关于产品市场匹配的诸多论述中，硅谷精品基金 Benchmark 的合伙人安迪·拉切列夫有一段精彩的表述：

> 当一个伟大的团队遇到糟糕的市场，市场获胜；当一个糟糕的团队遇到伟大的市场，市场获胜；当一个伟大的团队遇到伟大的市场，就会有神奇的事情发生。
>
> 哪怕在一个很好的市场中，你也可能会搞砸（这经常发生），但是假设团队基本素质还行，产品也能够过关，那么伟大的市场会近似于成功，而糟糕的市场近似于失败。市场，才是最重要的。再好的团队或产品都不能完成对一个糟糕市场的救赎。

如果创业团队有幸找到了一个可能有爆发性市场的机会，那接下来该怎么做呢？按照安迪的推论，唯一重要的事情就是找到产品市场匹配点。这个点，就是创业者需要撬动的支点，也是产品功能的切入点，这个点要足够犀利，才能击中用户或客户的痛点或痒点。既然是点，就要聚焦，所以做到产品市场匹配，往往就是市场方向明确后的单点切入，全力投入，形成足够的压强，市场就打开了，增长的冷启动也就完成了。

在增长团队看来，产品市场匹配点是验证产品价值的关键点，在达到这个点之前，大规模投入付费增长没有意义。从某种意义上来说，所有创业公司的生命都可以如此切分：产品市场匹配前和产品市场匹配后。在匹配前，应该无限专注于找到产品市场匹配点。

找到三大杠杆，扩大产品市场匹配的概率

创业公司产品团队在寻找产品市场匹配点的过程中，特别容易陷入的一个误区是把"战略问题执行化"，以为增加产品迭代次数、不断征询用户的反馈，产品市场匹配自然会水落石出，而在驱动产品市场匹配的底层逻辑上思考不足。创业团队如能在巨头控制的黑暗森林中野蛮生长，拼的一定不是资源和执行力，而是能在一个发生巨大变化的市场找到一种非共识的巨大结构性机会。这种结构性机会往往是建立在市场主导者的结构性缺陷之上。只有在这个维度上大胆假设，小心验证，找到产品市场匹配点的概率才会大大提高。

具体来说，创业者可以从三个维度，即需求侧、供给侧和增长侧，思考市场主导者的结构性缺陷，以及创业团队可以撬动的更有爆发力的结构性杠杆。注意，不要混淆"结构性缺陷"和"一般性缺陷"。前者很难改变，如要改变，代价极大；后者可能仅仅是短期的投入不足、重视不够、重心不在此，但如果是在巨头业务的延长线上，这种"一般性缺陷"是可以快速补齐的。换句话来讲，如果创业者聚焦的领域只是市场巨头的"一般性缺陷"领域，那么从长期博弈来讲，创业者的胜算很小；但如果打的是市场巨头的"七寸"，是"结构性缺陷"，创业者的胜率就会大大提高。

再说一下这三个杠杆。需求侧杠杆通常是指一个非常刚性却未被充分满足的需求被激活了，或者是源于扩张性或爆发性新场景的出现。增长侧杠杆主要体现在新流量获取、新增长玩法和增长模型的升

级。供给侧杠杆就是找到一个极具性价比的方案，满足一个服务不足的市场；或者找到一个效率倍增、体验爆表的解决方案。仔细分析一下历史上现象级的公司和产品之所以成功颠覆原有市场巨头，是因为三者基本全做到了。如果能找到其中一两个杠杆并做到极致，可能就是比较优秀的公司了。拼多多、快手、抖音、美团、优步、爱彼迎甚至 Web 3.0 的 Opensea，都拥有这三种杠杆的优势。

拿我参与的猎豹清理大师来说，为什么这款产品能够起来？首先，从需求侧看，这款产品当年站在了一个全球手机从功能机转向智能机巨大的换机风口上。2011 年全球安卓手机出货量是 2 亿多部，2012 年是 4 亿多，2013 年是 10 亿，2014 年是 13 亿；而猎豹清理大师 2012 年 9 月底上线，刚好处于安卓智能机高速放量的当口。猎豹清理大师 2013 年 10 月做到 1 亿日活跃用户，并助推猎豹移动 2014 年 5 月在美国纽交所上市。猎豹清理大师的团队很优秀，而且很多当时的增长操作堪称经典，可圈可点，但是如果没有全球安卓手机爆发这个巨大的洪流，猎豹清理大师的发展也不能有当时的火箭速度。智能手机市场的全面爆发，以及早期的安卓智能手机糟糕的系统体验给猎豹移动团队提供了一个绝好的市场机会，猎豹移动通过超配的产品技术团队和运营团队，提供当时远超对手的用户体验，在需求侧和供给侧都找到了巨大的杠杆，所以才能异军突起。

从增长侧来说，猎豹移动的团队也抓住流量变迁的机遇。第一，流量分配模式从 PC 到智能手机发生巨大变化。PC 时代的软件下载受限于不同语言、不同国家各自不同的下载站，地域和语言分割非常严重，版本也非常碎片化。但在智能手机时代，随着 Google Play 和苹果应用商店（App Store）的出现，全球出现了统一的软件应用分发市场。所以移动互联网应用开发者有机会以近乎零摩擦的模式触及全球统一、规模更大的用户群体，在短时间内获取海量用户成为可能。

第二，在流量渠道的具体选择上，猎豹清理大师充分利用当时能够触及的两个渠道。首先在安卓市场选择上，其实当时有很多家安卓应用市场，Google Play 仅仅是其中一家，但由于 Google Play 已经占到 70% 的安卓市场份额，因此与其兼顾所有应用市场，不如聚焦 Google Play 的单一市场。其次，跟超级 App 合作。当时的策略是选择一个可以场景互补的超级 App，进行产品植入，完成用户的渗透。与猎豹清理大师最互补的、体量最大的，就是 Go 桌面（Go Launcher），所以全力以赴搞定这两个产品的产品级深入合作，也就抓住了触及海量用户的一个超级渠道。第三，从增长玩法中，猎豹移动团队找到用户最关切场景，做好跟热点事件高度相关的产品更新，利用事件营销驱动了一波接一波的自然增长。

总结来说，寻找产品市场匹配点这样的战略目标，创业者不能限于战术层面的迭代，而要思考产品市场匹配形成的底层逻辑，从而制定相应的战略规划。基于多年的增长实战和投资实践，我认为核心逻辑是：首先，全力以赴找到一个市场主导者有结构性缺陷，但对新团队来说有结构性优势的市场，最好还是一个具备爆发潜力、非共识的早期市场，这是产品市场匹配最可能产生的方向；其次，创业团队做些能力评估，看能否从供给侧找到更高效、更有差异性、更有独特体验的解决方案；第三，创业团队在增长侧找到触及用户的新流量渠道、新增长玩法。有了这三方面的战略认知和迭代，创业团队就有极大概率实现产品市场匹配。

调校增长模型，从执行层面优化产品市场匹配

找到实现产品市场匹配的明确方向后，我们就可以在战术层面发力，通过调校增长模型的关键因子，确保产品市场匹配度持续提高，并且在功能扩张、用户扩张的过程中持续保持市场匹配。在实践中，海盗增长模型 AARRR 和改良过的精益增长模型 ARRRA 是很多消费互联网公司普遍使用的，增长因子都是一样的，但优化漏斗次序有所不同。按照精益增长模型的内在逻辑，优化的次序可以按照 ARRRA（就是激活—留存—转发—收入—获客）来进行。其中，实现产品市场匹配，最重要的就是优化激活和留存。激活和留存的底子打好后，我们可以采用裂变、游戏化等新增长玩法，发挥转发因子、收入因子乃至获客因子的杠杆威力，开拓新流量渠道，从而开启增长飞轮。

激活的优化法则

激活是衡量流量到用户转化的关键点。如果不能激活，流量就只是流量，无法成为产品的用户。

新用户激活需要特别关注以下三点。

首先，这是决定产品存活最重要的窗口期，但此时新用户面对的干扰多，注意力不易集中，如果短时间内不能清晰感受产品价值，用户就会流失。

其次，新用户激活是产品使用旅程的入口，是留存的前置行为，对产品留存有放大效应。新用户激活率高，新用户留存率就高，对整体的用户留存也会有正向影响。

最后，新用户激活可以提高市场预算的回报率。新用户体验好，就意味着更多的新用户会成为长期用户，产品投资回收周期会变短，单位用户经济模型也会得到改善。

怎么定义一个有效的新用户激活呢？通常我们把用户通过首次体验产品的价值，完成关键行为的转化，定义为一个有效的新用户激活。什么是关键行为呢？用户与产品接触后会有很多行为，某些行为会表征他有可能成为真正的用户，可能会持续使用或者购买产品，这样的行为就是关键行为。只有具有关键行为的用户才是有增长意义的用户。一个短视频用户的关键行为可能是发布一个短视频或者浏览了无数个短视频；一个租房 App 用户的关键行为可能是查询某些地段的房子、搜索某价格区间的房源，以及预约看房。

如何优化新用户激活呢？首先要明确一个有效的新用户激活的关键行为是什么，其次要理解"激活时刻"的概念，也就是新用户首次体验到产品价值的时刻。在此基础上，设计和优化用户转化路径，争取最高比例的新用户尽快达到激活时刻。

实战的操作流程通常分四步：筛选备选行为，确定激活行为，找到优化新用户激活率备选方案，评估确定激活方案。

第一步，筛选备选行为，就是找到能够让新用户在开始使用产品时最快感受到产品长期价值的所有路径和行为。类似新用户登录和注册这样的行为，由于无法让用户感受到产品价值，因此不能被视为备选行为。筛选备选行为，除了基于业务逻辑的判断，也要结合用户调研和数据分析。用户调研就是对比不同行为特征用户的访谈记录，发现产品对用户最重要的价值，找到备选的激活行为。然后将备选激活行为进行分群，做行为与留存的分群分析（Cohort Analysis），找到与留存高度关联的用户行为集。

第二步，确定激活行为。将筛选出的高关联度的备选行为集，按照激活周期、备选激活行为的用户渗透率、用户激活成本、留存价值、变现价值等进行排序，选出一个得分最高的备选行为集作为激活行为并进行优化。对其他得分高的备选激活行为，同步进行观测。

比如，对于一个短视频社区的新用户，有创作行为的用户留存一定是高的，但是这个行为的渗透率对UGC（用户生成内容）社区来说很难超过15%；对于PUGC（专业用户生成内容）社区，创作者渗透率就更低了，所以短视频制作上传是个好的备选激活行为，但可能不是最佳激活行为。相反，用户观看短视频的数量可能是一个更高频的用户行为，渗透率通常不低于90%，激活成本更低，而且数据通常表明，随着用户观看短视频数量的增加，用户留存也会显著提升，所以用户观看一定数量的视频可以作为一个优选的激活行为。为确保这个激活行为是个可置信的关键行为,我们要设置一定门槛,比如用户观看2个以上视频,并且每个视频播放完成度超过50%,就算是一个激活行为。

确定激活行为后,下一步就是优化了。这里我们先引入一个增长的核心概念——啊哈时刻。其实,啊哈时刻就是一个特定的激活时刻,是具有一定频次激活行为的用户突然对产品价值产生心动和认同的时刻。比如,如果我们发现,从观看2个短视频、3个短视频,一直上升到观看18个短视频的新用户次日留存持续上涨,比如达到了50%,而从第19个短视频开始,次日留存开始在50%左右徘徊,有提升,但幅度很小,我们就把这个短视频应用的啊哈时刻定义为观看18个短视频,且每个视频的播放完成度超过50%。

从上面的分析可以看出,大家梦寐以求的啊哈时刻是个特定的激活时刻,是新用户激活行为边际留存收益最大的那个时点,那个时点的激活行为次数及特征,就是增长团队关于新用户激活和留存最需要优化的核心目标。

第三步,找到优化新用户激活率的备选方案。

基于前面的分析,这一步的目标就是确定新用户激活率,也就是新用户在一定时间内达到激活时刻的比率;同步观测新用户达到啊哈时刻的比率;在新用户激活率提升的同时,推动更高比例的用户达到啊哈时刻。

具体优化方法通常有三种。

第一种是用户行为转化漏斗分析法,就是分析用户到达目标行为集的行为路径，以及每个路径的转化率，找到转化流失较高的环节，分析导致流失的核心原因，然后重新设计或者改善产品交互路径，提升到达目标行为的转化率。分析导致流失的核心原因通常需要重点关注相应的失败案例，常见流失原因有环节过多、过于复杂、加载过慢、逻辑冲突等。

第二种是用户行为分群分析法。由于用户诉求不同、能力不同、意愿不同，所以需要识别出更容易激活的人群，以及更容易到达啊哈时刻的人群。优先在产品中识别这些用户，优化这群人的激活路径，这样可以更高效地提升新用户激活率。

第三种是用户场景拓展分析法，重点关注达到目标行为的场景能否拓展，特别是与用户其他高频操作相关联的场景。

以上前两种方法是优化存量，第三种方法是优化增量。在优化存量的两种方法中，第一种是从用户的行为轨迹分析进行优化；第二种是将用户分层，识别高意愿、高价值用户，优先针对这个人群进行产品优化。这三种方法都是增长团队普遍使用的优化方法。

新用户激活率的优化同样也有三种方法。

第一种方法是新用户激活转化漏斗分析法。

首先梳理新用户流程，从头到尾记录整个新用户体验过程，梳理出完成激活行为的主要路径（覆盖90%用户行为的路径）。假设我们找到以下两个主要路径：

（1）从渠道获取→产品下载/访问→注册→完成激活行为。

（2）产品首次打开→注册→完成激活行为。

一种方法就是从高流失率环节下手。比如，我们发现在上述两种路径中，"注册"都是高流失环节，流失率超过60%，那么一个典型对策就是列举出优化注册环节，比如，支持第三方快捷注册；跟运营商合作，自动取号，快速注册；也可以设计不同页面，通过提示用户注册带来的价值（比如可以做评论、上传、关注操作，或者领取新用户礼包）吸引用户注册。然后设计相关实验，进行AB测试，确定优化策略。

另外一种方法就是审视激活路径，看哪些间隔步骤可以省略，可以跳过，或者可以重新排序。这样的操作进行下来，可以去掉非常明显的流程漏洞和无用设计。但是有一类环节相对比较难处理，就是所谓的"支持行为"环节。这些环节不能让用户获得核心价值，却是用户到达"关键行为"之前需要完成的行为。有些"支持行为"是必要的，可以保留；但其他"支持行为"可能对这个场景不是必要的，可以暂时去掉或者调序。

通常"支持行为"的优化遵循以下原则：

（1）去繁求简：触达激活时刻前的步骤越复杂，用户流失的概率就越大，因此不必要的支持行为越少越好，以便让用户更快捷地触达激活时刻。比如主流的短视频产品，打开产品后，第一步就是短视频浏览而非注册流程。

（2）权衡利弊：少数支持行为虽延迟了用户触达激活时刻，但存在长远价值，比如首次进入产品时提示用户开启推送权限。当然，这个推送权限也可以在用户有了激活行为之后引导用户开启，或者等到其他场景或新用户准备退出应用时弹出提醒。

除了间隔步骤优化，增长团队也会关注异常的间隔速度，还要看一下客户端和服务端的性能，看是否有漏洞延迟了间隔速度。

第二种方法是用户行为分群分析法。就是将用户标签分群，在此基础上，首先看他们的激活率。围绕激活率超出平均值的人群再做激活路径和拆解激活漏斗的流失分析，重复方法一的优化原则。

第三种方法是用户场景拓展分析法。思考是否有其他场景和路径激活产品？比如我们可以用典型的 2×2 矩阵做分析，横轴是激活的方式，可以分为主动和被动，纵轴是激活来源，是产品自身触发还是外部渠道触发。通过这样的矩阵分析，产品自身按照一些社交关系，通过推送（Push）来激活用户，可能就是一个值得尝试的备选激活方案。

第四步，评估确定激活方案。

通过以上分析方法，可以筛选出各种激活方案，然后按照预期收益（用户渗透率和激活率提升），以及预期投入（时间/开发成本）进行优先排序，通过增长实验逐步实施。

另外，对于还没有建立增长团队的创业公司，我们可以采用两种简单的方法评估激活方案，一是用户行为公式和"激动指数"，二是"7秒激活窗口"法则。

用户行为公式是这样的：用户行为 =（动力 – 阻力）× 助推 + 奖励。创业团队列举出达到激活行为的动力项、阻力项，同时设计各种显性的提示，也叫"助推"，比如文案提示、推送、进度条等，并设计好用户完成激活行为的奖励逻辑。这里面有激励相容的问题，就是确保激励不能纵容用户短期撸羊毛，而要跟产品建立长期关系。按照这样的简单设计，可以设计多种"激活行为"的方案。如何评价激活方案的优劣呢？脸书曾提出一个叫作"激动指数"的工具，可以参考一下。"激动指数"是指新用户在刚体验一个产品时，往往带着一些尝鲜的"兴奋感"，产品的激活流程和交互设计会提升或降低用户的激动程度。动力项会提升激动指数，阻力项会降低激动指数。假设新用户进入应用时激动指数是100%，那么用户从进入应用到触发激活行为，激动指数通常要不低于初始值的70%~80%，如果"激动指数"可以大幅高于100%，用户留存的概率就会大大提升。在实际操作中，可以围绕新产品和新功能，找一定数量的新用户做一个应用内的调查，让用户给体验打分。这种量化反馈会帮助创业团队更有针对性地迭代产品功能，提升激活效率。

"7秒激活窗口"是一个比较简单的经验工具，用于评估手机应用的激活效率。这个规则是基于行为设计学。研究发现，当用户打开手机上的一个新App时，前7秒是赢得用户体验的最佳窗口，如果7秒内用户一直等待，找不到需要探索的产品功能，用户离开产品的概率会大幅提升，所以7秒也被称为"激活窗口"。这个经验法则有一定局限性，比如对企业服务类产品可能未必适用。另外，如果用户认为这是一个必要的工具，或者用户可以获得激励，那么用户可以忍受更长时间，达到激活状态。这个经验规则只是表明，新用户冷启动体验至关重要，体验越顺畅，激活时间越短，用户留存下来的可能性就越大。

留存的优化法则

激活是留存的前置行为，留存则是一切增长优化的核心，也是衡量产品市场匹配度的重要指标。无法留住用户的产品，不管功能多么强大，设计如何标新立异，黑科技如何炫酷，都形同虚设。我们先梳理一下关于留存的各种定义，以及留存质量的评判标准。然后，我们梳理一下留存形成的逻辑，包括短期、中期和长期留存形成的驱动因素。最后，我们介绍一下留存优化的一些主要方法。

留存的定义及留存质量的评判标准

关于留存的定义，其实就是留存率。计算留存率的分子是留存用户量，是指用户在某段时间内开始使用某应用，经过一段时间后仍然使用该应用的用户的数量；分母就是开始使用该应用的用户数量。仔细揣摩这个定义，至少有三个重要的维度。

首先，关于用户的定义。增长中最多使用的新用户和老用户，拿移动互联网应用来说，新用户是指首次下载使用App的用户，而对电商产品来讲，新用户既可以被定义为首次下载或是首次打开App的用户，也可以被定义为下了首单的用户。增长中涉及渠道优化，所以非常关注用户的渠道来源。根据渠道来源，用户可以分为自然增长用户和来自不同付费渠道的用户。分渠道看留存，可以优化渠道的转化效率。根据不同的生意业态，创业者可以选择比较合适的用户自然属性来看留存，比如分城市、分年龄段和性别看用户留存。另外，在一个双边和多边市场中，用户角色有多种，所以也可以根据用户角色看留存，比如在用户留存之外，也要看创作者留存、商家留存、服务商留存、广告主留存等等。不同用户角色的留存也会相互影响。

其次，在用户的定义中，时间是个重要维度。这个时间又有两个维度，首先分子、分母可以都在一个时间点，这是最常用的留存定义，比如我们常说新用户七日留存，分子是第七日那个时点的用户，分母也是初期日当天时点的用户。但我们也会看到，有些生意形态把留存的分子、分母都定义为一段时间，而不是一个时点。比如不少 DTC 品牌的创业者所说的月复购（留存）是指上一个月已经购买的用户，下个月依然购买的比例。请注意，这里分子、分母都是一个月的用户数量。但是，习惯看互联网 App 留存的投资人，当听到月留存时，很可能将其当作上个月某一天的购买用户一个月后还有多少比例进行购买。这两个数字可能差异巨大，通常分子、分母是一段时间的，留存率相对更高一些。所以，创业者跟投资人沟通的时候，一定要了解竞品是怎么定义留存的，否则就会出现苹果跟橘子这样的不同尺度的对比。

时间的第二维度是间隔时间，比如是日活、周活、月活、90日活跃还是年活跃。有些生意周末属性较强，比如电影院、亲子中心，观察周末活跃数更合适。而女性健康产品，以月作为周期会更合适，所以看月活更有意义。比较长周期的活跃数据可以评价产品的长期黏性和结构性变化。但长周期的留存观测太慢，不利于产品迭代，所以很多创业者还是习惯用日活和周活作为最重要的留存观察时间维度。

留存定义中第三个维度是用户行为。虽然分子、分母定义的行为是一致的，但留存行为本身可以有不同定义。"留存行为"越是靠近转化漏斗下方，越能反映产品价值，但是对于一个创业早期的产品，由于产品不成熟，可能用这样的行为定义反而不利于产品迭代。比如，对于美团外卖这样的产品，如果把新用户定义为完成首单而且收款成功的用户，这可能是最真实的新用户留存率。但如果在美团外卖 App 试水早期，这个定义可能就很苛刻。相反，将新用户定义为首次激活美团外卖 App 并有下单行为的用户，也许更合适，因为早期美团配送体系尚不健全，配送不稳定，导致用户取消订单的比例较高。

留存形成的逻辑

理解了留存的定义及其三个关键维度，接下来我们讨论留存形成的底层逻辑，以便找准优化留存的方向。简单来说，短期留存看激活频次、是否达到啊哈时刻，中期留存看习惯养成和心智建立，长期留存看习惯固化、心智强化和价值沉淀。留存不但取决于产品的黏性，也跟用户是否有其他选择及其他选择的迁移成本密切相关。

用户短期留存本质上是激活阶段的延伸，只有在特定时间段内重复使用产品达到一定频次，用户才可能建立一个新习惯回路，感知新产品价值，从而主动留存。这就是我们前面所说的"啊哈时刻"。比如，安卓手机清理软件如果两周内清理不足两次，用户大概率会弃用该产品。社交类和内容类 App 都有类似的规律。换句话说，如果一个产品的激活行为在一定周期（跟产品特性相关）没达到频次的临界点，用户大概率就会流失。当然，一个产品的激活频次，很可能受突发事件影响，或者与临时补贴相关。比如 Zoom，受疫情影响，提升了激活频次，也让更高比例的新用户尽快达到了啊哈时刻，所以短期留存有了很大的跃升。

除了补贴和突发事件带来的留存影响，短期留存率通常可以作为衡量产品黏性的一个重要指标，这个阶段的产品体验将决定用户是继续使用或者购买产品及服务，还是使用一两次之后就"沉睡"。短期留存窗口期并没有一个统一的时间长度，对移动 App 来说可能是一天，对社交网络来说可能是一周，对 SaaS 产品来说可能是一个月甚至一个季度，对电子商务来说可能是一个季度，对一个品牌来说可能是产品 1.5~2 个正常消耗周期。增长团队可以根据产品的行业标准及对用户行为的分析，来决定产品的短期留存窗口期应该多长。

短期留存的好坏直接影响中长期留存。研究表明，新用户在新手期从产品中获得的价值越大，他们长期使用产品的可能性就越大。新手期通常是优化用户体验、赢得用户口碑的最佳窗口期。

解决了产品的短期留存，创业团队要对冲用户对产品新鲜感开始消退的挑战，建立和巩固中期留存。中期留存的核心是帮助用户养成使用习惯的闭环，让用户从产品中获得满足感，使产品变成其生活或工作方式的一部分。中期留存优化的一个关键是随着用户群体的扩大与泛化，产品能否通过功能延伸、产品组合或个性化推荐和运营服务，保持差异性或者高性价比的优势体验，建立用户对产品的依赖。中期留存的重点是用户习惯和心智的建立。中期留存好不好，就看一个产品覆盖的群体有多少比例在某个场景内不假思索、下意识地使用产品。

亚马逊 Prime 会员计划就是用户习惯养成驱动中期留存的一个经典案例。从短期用户体验来看，很多人对 Prime 计划并不看好，因为免费配送成本太高。但如果理解用户习惯养成的成瘾模型，就能理解 Prime 会员的机制设计了。首先，Prime 会员每次购买 Prime 计划内的商品就能获得两个重要并且诱人的回报——省下的配送运费及两日达带来的即刻满足感（非 Prime 会员的配送时间没有承诺，通常要一周或更长）。其次，每次用户在亚马逊上购物，都在证明他们当初花 99 美元注册 Prime 的选择是明智的，都有占便宜的感觉，这也是一种显性的心理回报。Prime 会员每次看到购物省下的配送费（而且通常 Prime 商品在价格上也有优惠），他们就会对自己说："看吧，花 99 美元很值，帮我省了这么多钱。"亚马逊 Prime 项目负责人认为，Prime 会员费的意义"绝不仅仅是 99 美元。它真正的意义在于改变人们的心理，让他们不去别的地方购物"。由于 Prime 会员权益不断累加，目前 Prime 会员定价提升到 119 美元，但用户仍趋之若鹜，到 2020 年 6 月底，Prime 会员已经有 1.5 亿名。Prime 会员计划的成功实施，不仅促成用户在亚马逊购物习惯的养成，也促成了商家在亚马逊卖货习惯的养成；双边市场的心智养成和相互强化，加速了亚马逊增长飞轮的形成。

中期留存构建的过程中要提防竞品对用户习惯养成的干扰，或者提供更优的体验来抢夺用户。中期留存期通常也是产品的放量扩张期，放量的过程中难免挂一漏万，让对手有机可乘。所以，创业者需要针对不同渠道做定向优化,为不同来源的客户提供清晰的建立用户习惯的路径。

对于长期留存,最重要的驱动因素是习惯固化、心智强化和价值沉淀。习惯固化推动心智强化,心智强化带来用户的更多投入,更多投入带来价值沉淀,价值沉淀加上品牌传播又会推动品牌强化,品牌强化反过来又带来习惯固化和心智强化,就这样形成了一个覆盖更多人、更强大的习惯增强回路。相应地,从产品角度,要确保产品长期价值逻辑成立且价值稳定,通过品牌强化用户对产品价值的预期和认同;通过显性和隐性的用户激励体系和价值体系的沉淀,提升用户对产品的投入,加大用户的退出成本;如果产品自身能够形成网络效应,从而放大用户价值,不但可以放大增长效果,也能提升长期留存。

优化留存率的通用方法

关于优化留存率的通用方法,我们沿用"优化激活率"的三个方法,重点介绍用户行为分群分析法,这是留存优化中最常用也最具延展性的方法。按照前面提到的用户留存定义的三个维度,我们可以按用户的来源渠道、用户的自然属性、用户进入产品的时间间隔,以及用户的特定行为或者特定运营策略,将用户分群,来审视留存的变化,从而找到优化的路径。我们还可以利用用户留存转化路径漏斗分析法和用户场景拓展分析法,找到其他提升留存的线索。此外,要结合产品所属行业的整体趋势,与头部产品做标杆对比分析,找到差距,获得改进留存的更多洞察。

把用户留存数据按照不同进入时间或者激活行为维度进行分组，也叫 Cohort 分析（用户群或同期群分析），建立用户行为与留存的关联模型，从而找到留存优化的线索和路径。也可以把用户留存数据按照来源渠道进行分群，以分析不同渠道带来的用户的质量。

Cohort 其实是一个组群的意思，所以 Cohort 分析就是分群分析，最常用到的一种分群分析就是按照用户进入的不同时期，分别考察其后续的行为情况（比如分别统计第一周、第二周、第三周……获取的新客户在后续几个月的下单或者激活情况），所以 Cohort 分析又叫同期群分析。同期群分析可以做横向比较，可以看出每周新增用户在后续各周的留存率衰减情况，也可以做纵向比较，可以看出不同周新增用户分别在当周、下周、下下周等的留存表现。

通过横向比较和纵向比较，一家好的公司应该看到的趋势是：

第一，横向的留存数据最终会在某个月份之后停留在一个固定的留存率上，比如某周获取的 500 个用户，在 12 周后每周的留存率都稳定在一个数值，比如 50%，后续不再衰减，这就说明这批用户是稳定留存下来的，不然如果留存率一直下降（哪怕下降的速度很慢），就会在之后的某个月份归零，也就是说不管新增多少用户，最终一个都剩不下。

第二，纵向的留存数据应该是越来越好的。因为公司和创始团队会根据历史情况不断改进产品和体验等，所以越后加入的用户，应该能享受到越好的产品和服务，后续几个月的留存率也应该更高。

如果有一周的留存数据横向衰减加快，纵向较之前的分组恶化，就可以确定那一周产品出问题了。此时可以配合那一周的用户反馈回查该周的版本发布、渠道投放、运营活动，找到留存问题所在，进行排解优化。

除了常用的基于进入时间维度的分群分析，我们还可以对用户行为、用户属性或其他任何可以切分的维度进行分群分析，找到留存改善点。比如，我们可以用激活行为的频次替代时间维度来做分群分析。我们之前关于啊哈时刻的分析，就是分析新用户激活行为频次与留存率的关联，找到边际留存收益最佳点。

除了按用户行为分群，也可以按照运营策略分群，看运营策略是否对提升留存有效。比如，参与了优惠活动的客户在后续几个月的留存是否会更高？下单金额是否会更高？等等。总之，左侧是按照某种行为属性或者策略属性区分的用户群体，右侧是这些用户可被监测的某种动作，可以是留存，也可以是任何希望优化的目标，比如 ARPU（每用户平均收入）。

用户行为分群分析是个极为强大的工具，不仅可以用于留存分析，也可以用于企业整体运营的优化改善。

关于"用户留存转化路径漏斗分析法"，我们勾勒出用户的主要激活路径，然后每种路径对应不同的分群，这样就可以用上面的分群分析法，找到留存从高到低的激活路径排序。通常我们会找那些渗透高且留存比较低的激活路径，进行路径简化或者重新排序，或者改善交互方法，改善这些激活路径的留存，从而推动整体用户留存。

用户场景拓展分析法和头部公司标杆对比分析法可以结合使用，通过头部公司场景分析启发，看哪些场景可以迁移过来。

如何确认产品市场匹配的甜蜜点？

讨论激活和留存这两个增长模型的核心因子的核心目的，是要实现产品与市场匹配。当创业者没有成建制的增长团队来做复杂的数据分析时，是否有简单的工具可以鉴别关于激活和留存的优化是否达到预期，是否帮助产品达到市场匹配的甜蜜点？下面介绍六种简单的工具。

与天使用户定期沟通，监控负反馈是否收敛

天使用户往往是早期产品最好的产品经理。与天使用户定期深度沟通，可以帮助创业团队形成对目标市场和目标用户的深入认知，找到产品与市场匹配的最优点。来自多个成功DTC品牌和互联网产品的经验是每周都要针对天使用户（包括内部员工）的投诉和吐槽进行重点复盘并做出改进。如果这些负反馈随着时间的推移和用户规模的增长，能够成比例乃至下降，负反馈逐渐收敛，这是表征产品与市场匹配的重要信号。如果能够将用户的反馈系统化，甚至将部分产品研发过程开放给天使用户，这也是快速找到产品市场匹配点最有效的方法之一。比如，小米的成功与其早期的粉丝文化、让用户深入参与产品研发是密切相关的。

NPS 调查

如何将早期用户反馈系统化呢？NPS（Net Promoter Score，净推荐值）就是一个普遍使用的工具。NPS 是表征产品与市场匹配度的常用指标，特别是对企业软件和 DTC 品牌类的产品。NPS 调查的核心问题是"你有多大的可能向你的朋友或同事推荐某个产品或服务（0~10 分，10 分表示非常愿意，0 分表示非常不愿意）"，见图 3-2。

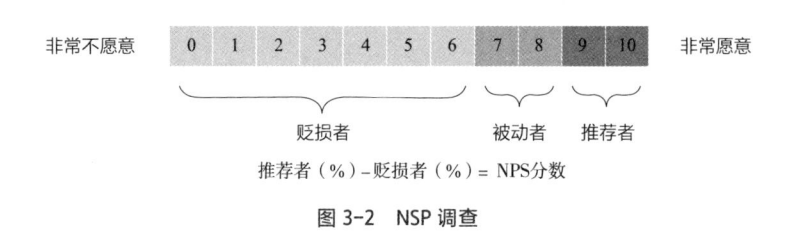

```
非常不愿意   0 1 2 3 4 5 6   7 8   9 10   非常愿意
             ─────┬─────   ─┬─   ─┬─
                贬损者      被动者  推荐者
           推荐者（%）- 贬损者（%）= NPS 分数
```

图 3-2　NSP 调查

怎么计算分数呢？用推荐者（9~10 分）的比例减去贬损者（0~6 分）的比例，中立态度者（7~8 分）的比例不算分。比如 10 个人中，如果有 7 个人推荐，有 1 个人持中立态度，还有 2 个人持贬损态度，那么 NPS 的分数就是 70% 减去 20%，也就是 50%，如果总分数是 100，那么 50% 对应的就是 50 分。目前从业者的共识是，如果产品的 NPS 达到 50 分，就意味着一个良好的产品与市场匹配度；40 分则表明产品与市场达到基础匹配度，可以持续优化。有一些明星公司的 NPS 很高，比如特斯拉接近 97 分，苹果是 93 分，Peloton 达到 95 分左右，开市客会员的 NPS 也达到 91 分。不仅消费品公司重视 NPS，面向企业服务的公司也开始高度重视 NPS，比如 Zoom 的 NPS 是 69 分，而 Zoom 创始人的老东家 WebEx 的 NPS 只有 34 分。

可以找专业的公司定期来做 NPS，但这对创业公司来说往往负担较重。退而求其次的方法，是设计简单的应用内或者社群内 NPS 调查。小米早期曾用过一个简单有效的方法，叫"四格体验报告卡"。当时 MIUI 有个"橙色星期五"仪式，每周五发产品，下个周二粉丝会提交一个简易版 NPS，即四格体验报告卡，主要问题包括"你对本周的产品满意吗？""你认为最有爱的点是什么？""有哪些槽点？"，然后小米汇总用户喜欢的功能点、抱怨的槽点，并用这些反馈作为版本迭代优化的依据，而且同步将这些改进公开给"米粉"。这样透明与用户共享的反馈过程，不但可以与粉丝用户共创产品，加速实现产品与市场的匹配，还增强了用户对创业公司产品的好感和参与感，加速了 NPS 的提升。NPS 是一个客观地检验现有用户对产品口碑认同程度的指标，持续定期地搜集 NPS 可以监测产品的健康状态。

失望度调查

失望度调查也称"埃利斯测试"，是"增长黑客"概念的提出者肖恩·埃利斯实践过的一个调查方法。他认为，当用户被询问是否对一个产品满意时，用户表达的满意度可能只是敷衍，未必是真实态度的反映。只有当用户被询问没有该产品是否会失望时，用户的反馈才更接近真实的态度。如果用户表达失望，那意味着用户已经对这个产品形成了一定的依赖，同时也反向证明了用户对产品的满意度。所以，与其问用户满意度，不如问失望度。失望度在一定程度上衡量了一个产品的转换成本。

埃利斯曾经针对 100 多家公司做过类似的调研，询问用户的典型问题是：如果今天这个产品突然没办法使用了，你会有什么样的感受？第一个选项是非常失望，第二个选项是有点失望，第三个选项是无所谓，第四个选项是不会再使用该产品。埃利斯认为选择非常失望的用户正是一个产品需要寻找的目标市场中的典型用户。在分析了对这 100 家公司的调查结果之后，埃利斯发现了 40% 这一比例：增长缓慢的企业很难有 40% 的用户选择"非常失望"，而增长势头强劲的公司的这一比例总是会超过 40%。所以一个产品如果有超过 40% 的用户选择"非常失望"，那么这就是一个比较好的产品，具有一些不可替代的价值，让用户无法离开。

比如，在 2015 年 Slack 针对 700 多名用户的一项开放研究中曾提出上述问题，结果有 51% 的用户表示如果无法继续使用 Slack 会让他们"非常失望"。Slack 当时已经拥有超过 50 万付费用户，这表明该产品确实已经做到产品市场匹配。

失望度调查除了对整体产品进行评估，也可以单独让用户评估产品的核心功能，这样创业者就可以心中有数，知道哪些是用户必需的核心功能，哪些只是产品团队认为重要但用户未必认同的功能。当然，用户也未必言行一致。为了确保调查结果的置信度，更为了获得对用户的深度洞察，创业团队可以通过用户回访的方式进一步确认访谈用户的选择动机，以及那些产品市场不匹配的槽点，从而确认产品优化方向。

失望度调查执行成本相对 NPS 会更低，创业公司的产品运营团队可以不定期或定期做抽样用户的失望度测试，甚至在应用内做在线调查。不管调查结果是否达到40%的甜蜜点，只要结果的趋势是逐步增长的，至少表明优化的方向是正确的。企业也可以特别关注一下调查中"有点失望"的用户失望度是否发生改变，促使这个群体改变的策略往往就是产品后续增长过程中最值得重视的杠杆。

监测新用户的核心指标

创业团队即便没有成建制的增长团队，也建议在种子轮就组建数据分析团队。对于互联网应用类产品，数据分析团队如果无法做各种精细用户维度的留存和激活分析，可以看一下新用户的核心指标，比如新用户激活率，即新用户使用产品的核心功能比例，还有新用户的参与度，即新用户的使用频率和强度（时长/消费金额等等）。如果新用户的激活率和参与度都是随着时间推移总体趋势变好，那么产品通常留存率会变好，产品与市场匹配度也会增强。

如果是DTC品牌，重点可以看不同阶段的新用户的后续复购率、退货率和用户口碑变化（社交媒体和电商平台）。如果这些数据趋势向好，成交金额同步提升，品类销量排名开始快速爬升，产品与市场匹配度也会开始变好。

留存曲线

我们还可以利用留存曲线观察产品市场匹配（见图3-3~图3-5）。留存曲线的横坐标是时间，纵坐标是留存率。通过一段时间的观察，如果发现曲线到了某个时间点就不衰减了，我们就认为达到了产品市场匹配点。非常多的产品用户留存曲线随时间一直向下（见图3-4），这说明没有达到产品市场匹配点，那么花再多的钱也没有意义。留存曲线也可以应用于复购判断，如果一个爆款产品在复购周期内没有复购或复购率很低，那么该产品可能只会昙花一现。

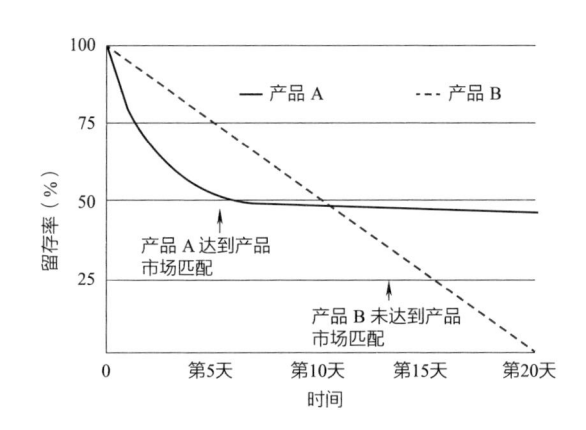

图3-3　产品留存曲线与产品市场匹配

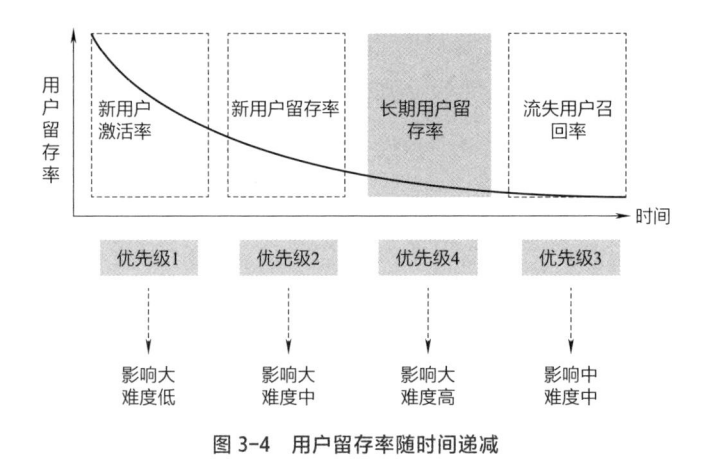

图3-4　用户留存率随时间递减

- - 功能 A　　—— 功能 B　　—— 功能 C

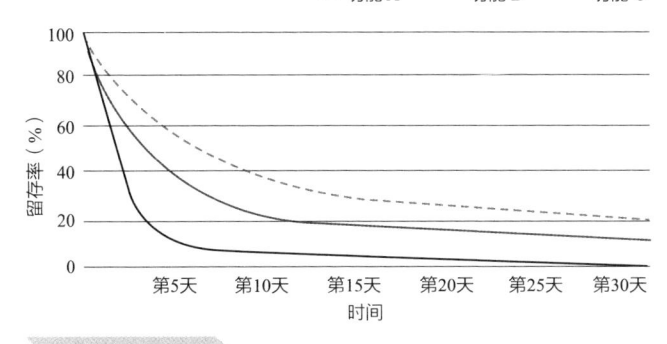

哪些是好的迹象

- 按照时间维度进行对比，将新的留存曲线与旧的留存曲线进行对比，观测新留存趋势是否较旧留存曲线起点更高、斜率更小、曲线更平滑。
- 对比分析增长策略实施前后的留存，看增长策略是否奏效。
- 与其他行业头部产品比较数据差异性。

图 3-5　利用留存曲线动态评估产品市场匹配

做留存最重要的是影响新用户，尤其是在新用户刚启动、刚进入的阶段，通常前三天新用户流失最多。从产品市场匹配干预来说，做好新用户留存往往对整个留存变化影响是最大的，收益也最大。因为新用户留存做好之后，能够让新用户迅速达到啊哈时刻，从而对产品产生价值认同。开始培养一个新习惯的时候，越早干预越好，否则用户就流失了。

在发布新功能的时候，也要注意观察留存曲线的变化，如果曲线能够上移甚至往上翘，形成"微笑曲线"，就说明这个功能值得继续投入。当然，"微笑曲线"有可能是由于有补贴，或者是由突发事件的影响带来的。如果去除这些外力，"微笑曲线"依然存在，那的确是表征产品与市场匹配的重要信号。

超核用户曲线

用户参与度最终决定产品市场匹配，因为用户参与度变高，说明用户价值在提高。一个产品或平台的用户参与度的直接体现，就是这个产品或平台用户黏性高的比例在提高，这个具备超高黏性的用户或客户，就是我们通常所说的超级用户和核心用户，简称"超核用户"。

以内容社区为例，在 PGC（专业生产内容）社区中通常会有 1% 的超级用户、9% 的核心用户、90% 的消极用户，超核用户比例是 10%，而好的 UGC 社区可以达到 5% 的超级用户、25% 的核心用户、70% 的一般用户，超核比例超过 30%。超核用户主要是平台的创作者，也包括超级活跃铁粉。所以，可以观测到的现象是好的 UGC 社区通常比 PGC 社区黏性更高，而且在两类社区中，超核用户比例逐步提高，甚至出现大比例的社区原生的超核用户时，社区产品的长期留存率也会变高，产品市场匹配越来越明显。企业服务类产品也是一样，尤其是采用 PLG（Product-led Growth，产品驱动增长）的 SaaS 产品。观测这类产品的产品市场匹配，除了看 ARR（客户留存率）和 NDR（金额留存率），还有一个重要的先行指标是看这个产品的超核用户比例是否在增多，也就是我们常说的"内部渗透率"是否在提高，以及该产品的平均使用人数、使用部门或者使用场景是否在增多。如果这些方面出现显著的变化，也表明产品与市场匹配度在提高。

产品与市场匹配之后，还要优化哪些匹配

在验证产品市场匹配的时候，涉及的流量来源最好能够收敛到一两个渠道，将其做扎实。这样既可以保证测试流量的供给，也可以避免过多渠道干扰。在达到产品市场匹配之后，真正开始增长放量之前，还要注意优化几个比较关键的增长杠杆。第一个是功能和产品的匹配，第二个是供需的匹配，第三个是排查增长放量可能遇到的限制和系统性风险，确保增长能力与接下来的增长目标匹配。

功能产品匹配的执行要点

刚刚开始做产品市场匹配的时候，产品的功能相对比较简单，但在后期加功能、改功能的时候，如何确保每一次迭代后总体数据都能够螺旋上升呢？如何确保功能迭代不只是服务部分用户，而是确保整体产品最优，达到功能产品匹配？

首先，我们要确保在新功能测试中不仅功能留存和功能渗透率提升，同时产品整体留存也提升。如果新上的功能在小流量测试中用户留存不佳，那么也许这个功能不该正式上线。只有功能的用户留存好转到一定阈值之后，才可以考虑扩量，并观测该功能的渗透率是否提高，以及该功能的渗透率提升之后对整体的产品留存是否有促进作用。对于交易平台，还要看新功能对点击通过率、交易转化率、成交金额和复购是否有正面提升。

比如，某短视频产品在用户体量不是太大的时候就上线了同城功能，该功能前三天用户留存尚可，但是过了第三天就开始快速衰减，更糟糕的是，上了这个功能版本的产品整体留存在下降。产品团队反思之后发现，在用户量少的时候，同城匹配会特别稀疏，涌进来的用户要么出于猎奇，要么多多少少有擦边球问题，这又干扰了老用户，导致产品留存三天后开始下降。产品团队后来采取的策略是，只有一个区域达到一定的日活密度后才开放同城功能，而且在审核上也做了一些特殊处理，直到功能留存和整体留存都呈正向。随着用户规模达到新的阶段，同城的体验才变好。所以，在上线新功能之前，一定要做好功能和产品之间的匹配和平衡，最好能够强化整个产品的用户黏性和核心体验。

其次，新功能要确保用户关键行为的渗透率，加速新用户到达啊哈时刻，还要评估对老用户体验的延续。换言之，新功能也要促进用户激活率，或者促进用户更快达到激活时刻，也就是用户使用产品"关键行为"的时刻。

在优化功能产品匹配的时候，要从用户角度思考怎么提高用户参与度，包括用户频度和用户强度，例如打开频次、使用时长、订单量和交易频次等。比如，在某汽车平台上增加"新车降价提醒"，在某房产平台上增加"房源订阅"。这样的小功能都能提高用户参与度，提升用户留存，也有助于提升交易转化。

还有一些新功能，初始设计入口较深，但留存较好，可以试着将功能入口前置，或者扩大展示场景。这种功能优化排序通常既能提升功能渗透率，也能提升产品整体留存。

如何做好供需匹配

如果把需求满足置于竞争的维度中去看，我们会发现：供给差异性是确保需求持续满足，达到产品与市场匹配的关键要素。要找到供给的差异性，最好的办法就是抓住供给侧的杠杆，高效撬动供给。例如，拼多多早期就抓住了这样的杠杆。一方面，2015年5月淘宝取消了9.9元包邮，淘宝低价产品出现真空地带，阿里系全面做天猫化、做消费升级，这对阿里来讲也是合适的策略。这部分供给开始脱离淘宝，其产业链完整、聚集度高，却突然无处安放。另一方面，当时中国城市人均月可支配收入只有2000元，低价商品需求依然旺盛，这就给了2015年9月开始通过微信公众号做电商的拼多多一个很好的结构性机遇。供需两侧都有大杠杆，而且天然匹配，拼多多只需要将供给杠杆和需求杠杆连接起来就行。

在供需匹配过程中，供给侧会存在人无我有、人有我好、人有我快、人有我省、人有我全、人好我优等不同层面的竞争。越是热门赛道，越面临着同质化竞争。如果这个赛道处于市场巨头的业务延长线上，这种惨烈的同质化竞争几乎无法避免。今天一些大体量寡头平台已经达到了系统自运转的临界点，或许大家可以共存，相安无事，但对很多没有达到临界点的小公司来讲，供给侧没有差异化优势，随时可能被团灭。深究这些共存的寡头平台，其实供给还是有很多局部差异的。

所以，从竞争的角度思考供给对需求的匹配，要关注三个指标：第一是供给的满足率，第二是供给的优势率，通常也是供给满意度的代名词，我们只有相比对手能够将这二者做得更好，才能获得更好的需求匹配、更高的用户留存和持续竞争优势；第三是供给的利用率，这个指标会影响供给的留存率，最终也会反向影响需求的留存率。供给的利用率低也说明供需匹配效率低。

什么是供给的满足率？通俗来说，供给的满足率就是多大程度满足目标客户的核心需求。供给满足率主要体现在以下几个层面：

第一，需求深度，就是有多少合适的供给可以满足每个用户的单点需求。比如，对于单一搜索关键词，百度有500条比较合格的匹配结果，搜狗有300条，总体来讲，百度市场深度更深，供给满足率更高。但这也不是绝对的，匹配深度并不是越多越好。比如知乎只有100条结果，但如果质量更好，也是能满足用户需求的。供给满足率通常要超过一个阈值才有意义。有竞争力的供给满足率就是确保用户核心需求在更细颗粒度上的品类和商品需求都有合适的供给予以匹配。

第二，需求精度，这往往跟算法高度相关。比如，同样的新闻聚合，今日头条就会比竞品提供相对更精准的匹配，结果是用户阅读文章更多，时长更长。淘宝的匹配精度也很高，供给也超级丰富，所以有"万能的淘宝"的美名。

第三，需求维度。除了价格，用户还会关心产品的其他层面，比如体验顺畅度、产品设计、服务、履约速度等等。可以通过用户NPS的深度访谈了解一个产品的供给满足率。

什么是供给的优势率？优势率是相对于主要竞品而言的，可以是价格优势率、覆盖品类的优势率、履约的优势率、创作者覆盖和投稿优势率等等，因产品不同而不同。比如，主打下沉市场和低价的去哪儿与携程进行竞争，在同样航段的情况下，去哪儿如果要活下来，就要保证机票在某些价格区间的优势率，即价格比携程便宜。去哪儿如果不能保证足够比例的业务具备这种价格优势率，就很难跟综合性的旅游平台携程竞争，因为携程可以交叉补贴，用户量更大，更容易撬动供给价格杠杆。

第三，还要看供给利用率。供给利用率太低，供给留存率就不会好，供给持续性就很难保证。改善供给利用率有很多种方法，比如：

（1）筛查供需间是否存在错配，即供给在品类、履约、定价等方面跟需求是否产生分离，或者由于推荐和规则的问题，导致平台内出现牛头对马嘴。供需错配是平台基础体验问题，要首先解决。

（2）鉴于优质供给通常利用率更高，所以可以用资金和流量去补贴优质供给以撬动需求，防止优质供给的流失。但需求达到一定临界点，也就是我们所说的订单密度足够，优质供给就会留存在平台中，自我运转。

（3）找到精准供给赋能点，比如提供高效且有特色的创作工具、效率工具，让供给方能够降本、提效或者增收，这样供给侧就更有动力服务好需求。

（4）激发需求变成供给，比如从买家升级成商家，从内容消费者变成内容创作者。

（5）以供应链金融等方式为供给赋能。

供给也要保证上新率。另外，供给和需求这两侧都不能太集中，否则对平台不利，没有议价权。

增长放量之前的内外组织协调

当产品达到与市场匹配，同时也能在产品功能迭代过程中做好功能与产品匹配以及供需匹配，产品部门能做的准备算是到位了。但增长放量毕竟需要创业团队的大量投入，需要组织内外的相互协调，所以内部要凝聚共识，外部要渠道畅通，而且要有防止突发事件的预案，这些都是容易被忽视但至关重要的环节。

制定北极星指标，凝聚内部共识

创业团队在找到产品市场匹配点之后，需要一个北极星指标统领各部门以支持公司的整体增长。北极星指标是同一公司不同部门，包括产品部门、品牌部门、研发部门、增长部门一起背的一个共同指标。北极星指标能表征产品的状态和使用情况，能代表产品的核心价值，但又不是最终的收入指标。

北极星指标通常有几种：对于类似互联网社区的产品，注意力最重要；交易类型的产品，订单最重要；SaaS 产品，订阅量或者消耗量最重要。像脸书、今日头条这样的产品，最重要的北极星指标就是日活和每日总时长。为什么用日活来定义，而不是月活？社交和资讯产品是高频类产品，用户每日都有可能使用，所以用日活定义是合理的。

为什么关注时长？因为时长越多，用户黏性越高，对创作者的激励越好，算法越有稠密的内容浏览行为做训练。此外，每日总时长直接关系商业模式。脸书、今日头条类产品的赢利模式主要是靠广告变现，时长越多，即便广告的负载不高，也能保证收入提升。所以，定义一个清晰的北极星指标，是创业团队凝聚跨部门共识、共同聚焦增长目标的组织保证。在北极星指标之下，各部门再去拆解具体的KPI（关键绩效指标），明确推动公司产品增长的具体任务。

北极星指标是统揽全局的，它的增长代表的是整个产品价值在增长。很多创业者容易陷入一个误区，认为北极星指标就是收入指标，但其实通常情况下不是这样的。如果将北极星指标定义为收入指标，首先这可能只是商业部门的局部增长目标，其次很可能是将公司的增长战术聚焦在对短期收益有提升的动作中，而对那些长期重要但短期不容易见效的战略视而不见。比如，脸书如果把收入定为北极星指标，团队肯定主要关注提高广告填充率，特别是那些愿意出高价的广告主和广告类型的填充，而不会太关注那些重要但不紧急的战略动作，比如总体时长和用户参与度。长此以往，脸书的收入固然可以在几个季度内大幅提升，但完全收入导向的增长动作通常会伤害用户体验，对长期用户和收入增长都不利，反而抑制公司长期的增长目标。

排除抑制增长的内外瓶颈和障碍

在增长放量之前，我们首先要排除增长内部运营瓶颈，包括确认数字化基础设施、增长团队和用户体验模型是否支持扩张。第一，要搭建一些数字化基础设施，因为一切都是数字化驱动的，如果产品中缺少数据，即便放量买更多量，也无从知晓用户是否流失、用户有没有激活、体验好不好、有没有复购。第二，设置增长团队，无论是专门搭建还是组成虚拟团队，都需要有人对这些指标负责。第三，要考虑用户体验模型。增长中可能出现越扩张用户体验越差、单位经济模型恶化的状况。产品市场匹配阶段的目的之一也是希望将用户体验调整好再去扩张。增长放量的过程一定要关注投入产出比和经济模型的变化，防止出现因为加速放量而加速失血的"增长劫"，比如著名的"C轮死"就是如此。

其次，我们要排除增长放量的系统性风险，比如监管风险；还要排除增长渠道被封杀的风险，比如产品起量依托的社交渠道，或者是类似苹果、谷歌和各种应用商店的分发渠道。枪打出头鸟，很多明星产品都有过突然爆红，但很快被苹果和谷歌商店下架的遭遇。所以，一旦产品起势，如果有爆发性行情，要关注该渠道是否有持续放量的系统性风险。比如，手机直播鼻祖 Meerkat 在测试最小可行性产品的时候，发现有些用户竟然会用推特直播一些现场演唱会，于是做了一个与推特账户关联的视频直播应用，使用者可以通过这款 App 实时分享视频。

Meerkat 的视频直播使用的是推特的 API（应用程序接口），所以当用户打开 App 后，按住"Stream"进入视频直播状态，Meerkat 就会同步连接到发布者的推特账户，自动关联到推特上的关注者。Meerkat 会自动生成一个直播链接，发布者可以选择即刻以推文形式发布，也可以预先设定直播时间，选择晚些时候发布。任何一个点击直播链接的人都可以观看发布的视频，但如果看后想要发表评论，则需要在推特上回复。这个利用推特导流的模式非常讨巧，找到了年轻人喜欢直播且阅后即焚的爆点需求，又很好地借助了推特的流量杠杆，从而快速起量。

Meerkat 的意外成功引起了推特的注意，这个寄生在推特的 App 可能会带来推特的流量清洗。情急之下，推特曾突然掐断所有通过 Meerkat 渠道发布的推文，但在几小时后就恢复了畅通，同时给 Meerkat 发出了一个收购要约。但 Meerkat 没有接受，也没想到如何处理这个来自推特的系统性风险，所以风光不到两个月，推特通过收购 Periscope 推出了类似功能，并且彻底封杀了 Meerkat。更悲催的是，在推特渠道被截断后，Meerkat 迅速转投脸书，期望借助新平台再火一把，但脸书也很快推出了异曲同工的 Facebook Live。其实，Meerkat 凭借势能，是有可能跟巨头商谈一个比较好的合作模式的，或者在利用推特和脸书导流的同时，Meerkat 应该想到怎么在应用中沉淀用户的模式，但它并没有这么做，导致在同一条河里翻了两次船。

调优产品渠道匹配，进行增长放量

当产品与市场开始匹配，并在局部市场验证了业务闭环，增长的逻辑聚焦在内部增长模型的优化、改善产品的激活和留存，乃至付费转化效率之后，创业团队应该将增长的重心转移到扩张外部渠道和扩大增长规模上来。当然，增长放量不是为了规模而做规模，而是通过规模，实现规模经济，获得更大的结构性优势，反过来再助推增长效率。对于边际成本近乎零的互联网软件和平台型公司，规模一定是王道。没有规模，创业公司很难将供给侧杠杆变成供给侧壁垒；只有靠规模的支撑，公司才有可能获得供应链的议价权，才有可能从本质上优化单位经济模型。

如何有效放量做大规模呢？核心是理解主导渠道的流量分配逻辑，做好产品渠道匹配。这个阶段的增长逻辑就是从围绕目标人群做产品，到围绕典型渠道优化产品，从而放大用户规模。

怎么理解"产品渠道匹配"？我认为就是"渠道产品化，产品渠道化"，这是跟产品渠道投放完全不同的概念，是要将产品相关功能与主导渠道的特性深入打通或者集成，同时利用渠道流量分配逻辑，最大化挖掘渠道流量潜力。

猎豹清理大师的增长策略之一就是比较精细地贯彻了"产品渠道匹配"原则。比如，猎豹清理大师早期跟当时的流量巨头 Go Mobile 合作时，提供了一个功能接口，替代 Go 桌面自身的 Go Clean 功能，完整嵌入。这个产品级别的功能集成给猎豹清理大师带来了第一波爆发式流量，而且持续了很久。这段经历让我深刻认识到"产品渠道化"的增长威力有多大。另外，猎豹移动也是率先在利用脸书、谷歌及网盟渠道投放的过程中，将广告素材完全原生化，与渠道场景完全契合，并在充分分析各平台的竞价规则和流量逻辑之后进行相应优化，这样才做出了远超同行的广告转化率。这就是"渠道产品化"的价值。

"渠道产品化，产品渠道化"，也启发我后来在操盘内容产品和社区产品的时候，搭建渠道和产品无缝整合的各种系统，以自动化和智能化的模式强化产品和渠道的匹配。比如，针对国内外信息流投放的自动化系统，就贯彻"广告即内容，内容即广告"的原则；针对搜索渠道的自动化落地页生成和展示系统，做到"查询即内容，内容即查询"，通过词云工具，找到海量有流量价值的长尾词匹配海量内容，将审核过的内容自动生成与长尾词匹配的动态落地页，来获取"蚂蚁雄兵"的长尾流量；此外，跟手机厂商的预装和框架合作也是根据合作旗舰机型的系统能力、手机商店、信息流、文件夹等场景，进行无缝"拟态"，这样才能获得更优的增长效果。很多人一想到流量渠道，首先想到的就是简单的投放逻辑，实际上，这只挖掘了渠道潜力的冰山一角。

产品渠道匹配 vs 产品渠道投放

产品渠道匹配不等于产品选择渠道做投放，而是把产品按照主导渠道逻辑重构，增加便于承接该渠道流量的功能，并将产品按照核心渠道的流量逻辑进行极致优化，同时将来自渠道的第二方数据跟产品的第一方数据打通，实现无缝结合。

为什么要这么做呢？

第一，不是所有渠道都是生来平等的，如同采矿一样，总有贫矿富矿之分。对于一个特定产品，总有一些特别适合的渠道，无论是人群匹配，还是流量分配机制的偏爱，这些渠道对于早期产品增长的贡献是呈幂次分布的。所以，平均用力，找各种渠道雨露均沾式投放，效果大多平平，很难实现快速增长。只有找到最匹配且尚处于流量洼地同时流量充裕的渠道，全力以赴深挖渠道潜力，才有可能在短期内把增长规模做起来。

第二，找到这样的主导渠道，不是简单地增加产品投放预算，而是要把产品按照该渠道的流量逻辑全面优化。一个有经验的团队既能兼顾放量规模和单位成本收益，也能利用渠道带来的各种用户属性（第二方数据）特征来跟产品的第一方数据相结合，优化产品的冷启动和后续转化，这样才能做到针对该渠道的全链条投资回报率最优。创业团队如果对渠道逻辑有深度认知，并且重新设计产品以更好地承接该渠道流量，即便有一天有更多竞争对手开始在该渠道中抢量，也有机会抵御强敌，把握渠道红利。

成功的产品几乎都遵循这个原则。比如，拼多多一定是微信渠道最大的受益者，它之所以有这样的成就，并不是因为大家没有看到微信的红利，而是拼多多从一开始设计产品，就是按照微信的社交流量分配逻辑来做增长的，即便在拼多多应用站内，各种商品推荐逻辑也是延续基于关系链的推荐，只有这样基于渠道流量逻辑优化产品逻辑，产品才能获得这个渠道的最大流量杠杆。

猎豹清理大师能在一年内做成日活跃用户数量过亿的产品，就是源于在每个阶段死磕一两个主导渠道：一是针对其他超级 App 的产品漏洞，第一时间专属清理方案形成口碑，驱动 Google Play 的用户主导下载激活；二是跟 Go 桌面的深度产品渠道定制，完成拉新。在日活跃用户数过千万乃至达到大几千万之后，猎豹清理大师又针对网盟渠道和脸书渠道做了定向优化。再往后，产品和广告的优化又开始针对 Google Admob、网红评测、厂商预装等渠道。每一次深度渠道优化都帮助猎豹清理大师完成一个新的产品渠道匹配，也进一步推动这款产品高速增长。

每个超级独角兽成功的背后都有对少数核心渠道的反共识洞察，通过极致优化产品渠道匹配，获得规模性增长。比如，估值近百亿美元的移动电商购物平台 Wish 前三年的高速增长，就是因为抓住了脸书的渠道红利，不仅在产品侧利用 Facebook Wishlist API 获得精准的买家意图数据，同时结合海量动态广告素材带来的用户特征，精准推荐用户商品，快速完成冷启动，从而完成爆发性增长。很遗憾这个产品的供需匹配和履约体验没能做好，否则其影响力可能堪比 Shopify，完全有机会挑战亚马逊。

类似地，在搜索引擎如日中天的年代，垂直领域崛起的社区或交易平台，在搜索引擎优化（SEO）和搜索引擎营销（SEM）方面都有十分过硬的绝活；美国的旅游社区猫途鹰（TripAdvisor）、旅游预订平台缤客（Booking.com）、最大的点评网站 Yelp，70% 的用户增长源于谷歌；中国的 58 同城、去哪儿、汽车之家、易车网、大众点评、马蜂窝、爱奇艺的用户增长基本都源于百度。美国在 2008 金融危机之后成长起来的一拨新经济公司，比如爱彼迎、优步、Zillow、Rover，基本上都少不了到分类信息龙头 Craiglist 那里薅羊毛。

对品牌来讲，每个时代的品牌都有当时的主导渠道，每个爆品打造和大单品崛起都与其所匹配的渠道高度相关。今天的品牌如果不能在淘宝、抖音、快手、美团、拼多多、小红书中找到产品渠道匹配的杠杆，就很难在竞争中脱颖而出。

用"产品渠道化，渠道产品化"重构产品，深耕流量

"产品渠道化，渠道产品化"的思路对外可以最大限度挖掘渠道流量潜力，对内可以重构产品，让产品具备面向渠道的增长基因，更易吸附渠道流量。换句话讲，就是让产品占据渠道"流量生态位"。

产品渠道化，产品即增长

要理解"流量生态位"，先要理解"生态位"。生态位是指在生态系统中每一个物种都拥有特定的角色和地位，占据一定的空间，发挥一定的功能。比如，鹰击长空，鱼翔浅底，其隐含的意义就是物种只有找到适合自己的生态位，即在特定的时空中，在特定的位势和资源下，才能够躲避天敌的攻击，更好地生存和发展下去。我们如果看一下世界上繁衍最旺盛的物种就会发现，它们不一定是奔跑最快、在食物链最顶端的猛兽，相反可能是那些选择独特栖息环境、更容易适应环境的物种。

在互联网生态中也是一样，某些产品自带吸附、承载和扩散某种流量的属性和位势，更容易积累流量势能，这就是"流量生态位"。所以，产品即增长的含义就是增长始于构造具有流量生态位的产品，能天然吸附主渠道流量的产品更容易获得自增长。比如，58同城拥

有海量本地生活分类信息；汽车之家拥有最全的车库，以及各种与购车和用车相关的小工具；京东拥有海量商品的电商目录，这种内容结构天然就是面向搜索优化的，当搜索是最主要的流量供给时，这些公司自然会得到额外的流量青睐。领英增长攻略中也把每个人的详情页特别做了面向搜索的优化，所以自然就获得了超越同行的结构化搜索流量优势。

由于互联网流量类型主要是搜索流量和社交流量，而每种流量类型又有不同的传播介质，比如以前图文搜索最重要，而现在在谷歌生态中，YouTube搜索占据的权重越来越高；在社交流量中，除了微信，快手、抖音这样的短视频和直播已经成为如今主流的流量形态。所以，创业公司在走过产品市场匹配阶段之后，更要思考如何在产品中加载针对特定流量的磁石，既不影响产品的核心体验，也能更好地承接特定性质的流量。

我们将这种吸附特定流量的磁石定义为流量友好度因子，通常有这样几种：

1. 搜索友好度因子（S因子）

搜索流量除了传统的图文关键词，还有相当一部分进化为推荐流量。此外，今天的搜索越来越多地与社区和场景相结合，例如YouTube和Instagram中都有大量的搜索。

搜索很多时候容易被忽视，但在今天的互联网生态中，搜索仍是重要的流量来源。例如，有多个调研显示，从2016年到2019年，知乎超过45%的流量来源是百度搜索，远超直接访问知乎网站和App

的比例（不足 1/3）。为什么百度给知乎送来这么多流量？原因很简单，就是知乎独特的"问答体"。貌似简单，知乎的问答体（比如：A 和 B 相比，那个体验更好？如何评价 XXX？YYY 是怎样一种体验？），实际上完美地匹配了用户在百度搜索时的输入。对搜索引擎来讲，精准的匹配＋海量更新高质量原创内容＋高权重站点，使得知乎内容毫无悬念地优先展示在百度搜索结果的前列，虽然百度也在刻意力推百度百科和百家号等自家的内容体系，但是仍无法撼动对知乎的流量倾斜。

领英善用谷歌搜索的例子也是一段增长佳话。领英将其简历产品的展示进行了大量面向搜索引擎的优化，利于爬虫抓取，所以力压竞争对手，成为谷歌搜索的宠儿。

如果创业公司能够针对搜索引擎去优化产品的特定功能，创造大量原创内容（比如 UGC 模式），让内容展示更接近搜索引擎的爬虫构造，更接近用户或客户的自然查询话术，可能很多流量会不请自来。

除了针对谷歌、百度传统的搜索引擎优化，创业团队也要重视嵌入多样化场景的搜索新模态。例如，应用商店搜索优化（ASO）越来越重要，在某种程度上，排名对于流量的影响降低了，搜索和推荐权重越发重要。再比如，社交搜索优化（SSO）也有创新的玩法。例如，微信中的"搜一搜"已经成为重要的流量入口。根据 2021 年年初微信公开课上放出的数据，2020 年使用微信"搜一搜"的月度活跃搜索用户超过 5 亿，逼近 2020 年第三季度公布的百度 App 5.44 亿的月度活跃数。不管现在微信"搜一搜"是否已经后来居上，但它肯定是一个应该被重视的新流量入口。一个产品要想天然吸附微信"搜一搜"的流量，就要了解其流量分配逻辑。比如，目前搜索结果的主要排序逻辑是：搜狗百科或品牌官方账号，朋友圈，公众号，视频号；可能中间还有其他相关搜索。其中，品牌官方账号是知名品牌可以主动申请的。另外，朋友圈、公众号和视频号的排名，都要符合微信"搜一搜"PeopleRank 中强调的粉丝质量和交互强度，简单来说，越多公众号和视频号展示越多与品牌和产品相关的高质量内容，这些内容更能被"搜一搜"优先展示。考虑到"搜一搜"在手机屏幕中首页只展示 15 条搜索结果，如果你的品牌和产品不能进入这个短名单，被展示的概率就会大大降低。这意味着，不能只找少数高质量公众号发布内容，而要采取"蚂蚁雄兵"的方法，尽可能让品牌的微信粉丝通过朋友圈、各种垂直公众号和视频号创建和扩散内容，这样才有可能得到微信"搜一搜"的青睐。微信"搜一搜"还提供了服务搜索，这样也给商家服务小程序提供了导流机会。

对于一些垂直品类，特别是低频高价值、有深度内容价值的产品品类，如何在小红书持续产生爆款笔记，以及如何对 B 站的知识视频进行搜索优化，也开始变得格外重要。

最后是电商搜索优化（ESO）。京东和阿里本质上就是搜索公司，对产品销售来说有非常多的优化机会。例如，淘宝平台上每天都有大量热词，聪明的商家会积极地去与之匹配。

2. 游戏化因子（G 因子）

好的产品，要学会利用游戏化设计和 IP 属性为用户创造心流，同时产生"社交货币",吸引社交流量。

产品如果内嵌好的游戏化机制,用户很容易进入一种心流状态。"心流"是由心理学家米哈里·契克森米哈赖提出的,指人们在专注进行某行为时所产生的一种心理状态——忘了自我、忘了时间。

好的游戏化设计,要让人有明确的目标和及时的正反馈。为什么大家在拼多多上买东西会很爽?因为拼多多的产品设计中有很多游戏的参与感和奖赏机制,让人产生多巴胺,变得兴奋,花钱的时候不会觉得痛。支付宝蚂蚁森林的各种游戏化设计能贡献近3亿月度活跃,除了带动支付宝打开频次和功能渗透,也成为大淘宝一个重要的流量池。

3. 钩子因子(H因子)

钩子因子(Hook Factor)有两类"套路"。第一类是价值前置,要么利用极致低价的爆款和引流款,要么利用"限时抢购""限量预约",利用稀缺性和专属性来加速用户激活。这是交易平台惯用的增长产品之一,这种产品通过给用户一个极有诱惑力的钩子,吸引用户完成首单。一旦完成首单,按照前景理论,用户就会改变对平台的评价,变得更加认同平台,这样交易平台再推出其他高客单价产品就更容易转化。淘宝最早崛起靠的就是"9.9元包邮";唯品会的特卖、弹个车的"1成首付购新车",都是把"钩子因子"作为整个产品的核心功能,带动自然流量。

第二类是价值预留,提升用户留存和复购率。在设计产品时,让用户每次使用都留一些遗憾或者念想,也就是留一个"钩子"吸引用户再来。比如，7-11 的饮料第二杯半价、电商网站和购物网站的各种赠券，都是价值预留。

4. 裂变因子（K 因子）

裂变就是增长模型的转发因子，又叫 K 因子。K 因子是一个可衡量裂变增长效果的指标，公式为：K= 裂变拉新用户数 / 种子用户数。K 值越大，说明裂变增长的效果越好；K 值大于 1 就会是很成功的裂变产品。裂变产品有三个关键点：分享点、沉淀点和分享路径。分享点最好是创造有内在吸引力的"社交货币"，或者以荣誉、福利作为诱饵；沉淀点最好回流到产品中，通过给予一些激励和游戏化设计，引发持续裂变；分享路径尽可能增加游戏趣味性，同时防止体验延迟。

设计一个含有高裂变因子的产品最重要的原则是制造"社交货币"，另外可以通过赋能分享工具或是提供激励，促进产品的病毒裂变。比如，产品设计中可以通过设计病毒性的创作工具，优化转发场景，调动社交关键意见领袖（KOL）和关键意见消费者（KOC），加速产品扩散和裂变。我们在后面的章节中会详细地介绍如何具体操作。

5. 储值因子

储值因子是在产品中设计一些增加用户主动投入的功能，增加用户的转换成本，提升产品的留存。社区产品提供的"记录性"或者"创作性"工具，以及用户在产品中累计的各种社交资本和各种权益，就是增加用户的沉默成本，促进用户习惯养成和固化。

渠道产品化，增长即产品

产品即增长，是指产品侧要找准流量生态位，做好搜索（人找信息）、信息流（信息找人）、社交流量（人找人传递信息）的承接。另外，关于在产品中设计钩子因子、裂变因子和储值因子，就是通过将增长模型关键因子产品化，提升产品内在增长潜力。

怎么理解增长即产品呢？只有理解不同渠道的核心规则、流量分配逻辑甚至一些隐含缺陷，才能更高效地从渠道买量，最大化渠道流量潜力。而这些必须要通过系统化、产品化方式才能完成，那些只依靠几个代理公司做创意、搞营销、投广告，或者找几个优化师做成几套、几十套素材测试广告效果的做法已经过时了。增长黑客的本来含义也是要在深刻理解渠道流量逻辑的前提下，自然获量和买量高效结合，才能最大化从渠道获取价值。

比如，中国最头部的互联网大厂增长部门，主要的核心成员并非广告优化师、创意专家和媒介计划专家，而是由很多产品经理、工程师和数据分析师组成的增长产品研发团队。他们的核心工作就是将增长引擎做成可以迭代的产品，不断基于数据反馈进行优化。比如专门做激活优化的 Push 产品，专门做站外渠道投放的自动化素材和自动化投放团队，专门做不同渠道分享回流落地页的产品团队，等等。甚至针对网红营销，从网红选择，到网红素材零代码生成工具，再到网红投放效果监测工具，这一切都从原有依靠运营人员的沟通转变为大部分工作都自动完成。下面介绍几种渠道流量模型，便于创业团队为增长能力产品化做准备。

1. 搜索流量

搜索依然是这个世界最重要、最精准、最庞大的流量来源。搜索流量虽然从量级上讲可能会输于社交流量和信息流推荐流量，但是从精准度上讲依然是最好的流量。

今天搜索也在进化，不仅体现在搜索引擎上，也体现在电商平台、社交平台、视频平台中，而且超过 80% 的流量都集中在移动端。百度依然有 3 亿多的日活跃用户数量，微信"搜一搜"也有超过 2 亿的日活跃用户数量，而且还在攀升。淘宝里每天搜索的独立用户也超过 1 亿，还有搜狗，以及后来者头条搜索。

搜索是长尾理论最重要的体现之一。今天，在搜索的世界中，长尾效应不是变弱了，而是更强了。比如，在谷歌每天 60 亿的搜索查询中，有超过 10 亿（占比 15%~20%）的搜索词是之前完全没有的。百度、微信、淘宝、京东都是如此。在搜索引擎关键词优化中，通常有两个概念，一个是"主词"，也就是广告主选择的核心关键词；另一个是"拓词"，也就是基于选定的"主词"拓展的词，比如在主词旁边增加地理前缀和一些描述性后缀。如果一个做搜索增长的团队只会拿几十个品牌词、品类词、竞品词作为主词，在此基础上只做简单"拓词"，是很难得到搜索红利的，不仅点击价格超高，而且不能带来太多转化。只有具备长尾的拓词能力，避免在竞价集中的"主词"竞争，才有可能形成收割精准低价的长尾流量，这样聚沙成塔的力量才可能形成超越对手的竞争优势。

随着搜索引擎越来越偏爱长文、长词和新词，而且有快速广泛自我进化的匹配机制，从某种意义上来说，一个增长团队的拓词能力就能代表这个团队对搜索的理解。没有10万量级的起点，通常很难做出有差异化的结果。今天好的拓词能力不能依赖人工进行穷举，而要看自然语言学习和各种数据分析工具，来不断智能地自动生成，这样才能确保拓词不但高质量，而且可以快速到达一定量级。此外还要优选出性价比最佳、最新鲜、竞争度较低的词，并能根据产品内容提炼出跟这些词匹配的个性化甚至动态落地页，这样才可能在搜索流量中获得超额收益。这一切必须仰仗产品和技术团队。

2. 信息流推荐流量

信息流是移动互联网时代最主流的展现模式，信息流的推荐流量也是移动互联网最重要的流量形态。除了利用算法进行优化获得信息流自然推荐流量，与信息流内容融合最好的原生广告是信息流推荐流量的最主要形态。原生广告就是创意素材与信息流上下文内容高度贴近的广告，又分形式原生和意图原生。如果具备两种原生，广告与内容的贴合度将更高，转化效果也会更好。

信息流平台广告运作模式大体是这样的：广告主按效果进行出价，比如按单次的点击或者激活进行竞价，而平台则会把点击出价转化成它的收益（eCPM，每一千次展示可以获得的广告收入）去进行排序；对广告主来讲，如果要想竞争流量，在出价相同的情况下，广告主应该确保自己的广告点击率表现更优。

平台根据广告特征和用户特征预估点击率，所以广告侧、用户侧和平台侧因素都会影响点击率。广告侧因素可以是素材吸引力、素材格式；用户侧因素可以是用户自然属性、兴趣特征和使用环境；平台侧因素包括频次控制、竞价策略和流量分配逻辑。

所以，提升点击率首先要确保创意素材贴合内容环境，也就是保证原生性。原生性体现在形式原生，就是让广告跟上下文内容或者功能长得一样；更进一步的是广告即内容，广告调性和展现逻辑跟内容完全一致，也叫性质原生或者意图原生。可以想象，广告即内容的吸引力更高，点击率通常也会更高，比如软文、品牌化内容、品牌小测试，用户可能完全感觉不到这是广告。短视频或者资讯平台可以筛选出高点击的内容，做成广告素材，这样效果也会更好。

因为信息流广告是基于算法的个人千面，所以要想取得高点击率，客观上需要海量广告组来定位不同细分人群，细分信息流场景。目前最高效的方法是通过自动化投放模式，针对不同人群提供不同广告素材。自动化广告投放对创业团队要求很高：创业团队首先要具备自动化海量生成素材的能力，高效地将素材结合广告模板做拼接，自动按照渠道规则做广告审核，按照渠道提供的广告定位生成海量广告组；更高级的功能还包括提供自动化策略，支持自动出价、自动调价、自动关停广告。同时增长团队还要根据广告效果筛选出优势素材、广告模板，定位人群，合理出价，然后启动下一个投放循环。

自动化广告系统是信息流中取得产品渠道匹配的重要支撑，但如果想进一步提高匹配度，还要将渠道的实时第二方个性化广告用户画像、素材特征与产品的第一方数据相结合，为自动化广告系统带来的新用户推荐内容和服务，这样广告不仅带来了新用户，同时也能利用个性化广告带来的数据进行相应的内容和功能匹配，确保用户被最大限度地激活，提升新用户留存。

另外，针对信息流的场景，创业团队还可以考虑利用产品的第一方数据和第三方数据，不断探索与其他广告主竞争度较弱的人群定向，这样可以用更低的出价找到同样可以精准转化的人群。举例来讲，通常广告主都会按照目标人群的年龄、性别、浏览行为、兴趣特征和购物行为出价，这样针对同一画像人群的竞价就会非常激烈，广告主不得不支付非常高的出价才能获得流量。但如果创业团队结合自身产品的数据，发现来自该渠道高留存用户的其他特征，比如都使用某个价格区间的手机，更偏向使用 OPPO、vivo，或者更偏向在 Wi-Fi 环境下激活，创业团队也许可以另辟蹊径，采用一些竞争较低的用户定位条件进行投放；这样做的好处是不但可以大幅降低出价，而且可能带来更多潜在用户，因为常规广告系统中的用户人群定位设计存在缺陷，可能永远无法给一类用户进行展示。

善用信息流流量，也要了解具体的信息流平台侧的流量倾斜逻辑。比如，通常社交平台或者内容平台都会有"质量分"的因素，除了广告自身点击、创意，广告竞价也会跟所对应的品牌页（如脸书 page）或者账户的表现挂钩，如果品牌页的内容点击率、互动率都不错，平台会提高该广告主账户的质量分，让广告主以更低出价获得流量，或者以同样的出价获得更大范围的用户触达。反之，来自用户的负反馈也会影响质量分。比如，标题党广告、特别出位的广告素材在吸睛的同时也会引起用户的反感，从而给出负反馈，这样会触发平台对该广告主的广告账户进行处罚，不但会降权，导致广告成本变高，而且会限制乃至取消在渠道的投放。

3. 社交流量

社交流量主要是通过关系链来触达潜在用户，简单来讲就是通过撬动社交网络中足够的相关节点（KOL/KOC），通过能够产生"社交货币"的原生内容，加速触达潜在用户，形成转化。

我们前面谈到，广告内容化，即原生化，一定是大势所趋。但原生化如何能海量化，除了部分大平台有条件可以支持自己的海量内容进行原生化广告改造，对品牌来讲，更有效的模式是通过社交平台的"任务/接单广告"，即通过选择匹配的达人或明星完成相应的定制品牌内容，触达他们的粉丝，来完成获客转化。目前主流的平台有微博的"微任务"、快手的"快接单"，还有抖音的"星图"。

从社交平台的逻辑来考虑，最终一定要去头部化，即便是淘宝，也不希望电商主播持续控制流量。所以，从平台演进逻辑和长期投放效果来看，增长团队不能只盯着头部网红进行短视频或者直播带货合作，而是应该采用"蚂蚁雄兵"的策略，发掘一定量级的关键意见消费者和品牌达人，进行分布式、潜入式品牌推广，这样效果会更好，也更能在相对隐蔽的运作下获得超越对手的非对称优势。

不同类型的达人拥有不同定位的粉丝群体，品牌要寻找有高忠诚度、高兴趣度、高参与度的粉丝群体，以及符合品牌价值观的达人进行合作，同时也应该发动核心用户、员工和品牌粉丝，大量自建社交账户，并基于平台算法的规则，逐渐构建自己的社交账号矩阵。

与短平快的信息流广告不同，品牌应该根据社交媒体传播规律引导合作达人批量生成更易传播的品牌化内容，比如达人产品评测、买家秀、创意挑战赛（配合拉新获得更多游戏权益）、互动小短剧等等。不考虑渠道的内容和社交特性，只追求品牌 Campaign 统一化的品牌活动，效果一定会大打折扣。

以上就是主流渠道的核心流量逻辑，创业团队必须要结合选择的渠道，深入研究和布局，将自然流量和付费流量最大化，将渠道流量与产品无缝结合，才有望产生好的效果。

还有一点特别重要：投放过程中一定要做 LTV/CAC（生命周期总价值/用户获取成本）的测算，LTV 可能是估计出来的，但要尽可能趋于真实。假设你的产品达到市场匹配，LTV/CAC 应该至少是大于 1 的，否则就没有持续投放的道理。增长老手的经验规律是：LTV/CAC 值大于 3，才值得做付费投放。

把握节奏，切换下一个产品渠道匹配

一个公司的最佳扩张期往往受窗口期约束，这不仅因为渠道有红利期，还因为有竞争对手快速逼近，公司先发优势被消减。所以，在实现产品市场匹配后，能否顺利找到产品渠道匹配点，决定着公司的成功与失败。

但成也渠道，败也渠道。产品渠道匹配既能带领一家公司走向辉煌，也能使一家公司发展停滞，甚至走向败落。为什么呢？因为产品渠道匹配是处于不断变化当中的，当新流量出现或者旧流量红利消失时，原先找到的产品渠道匹配就很有可能失效。

从发展的角度来讲，很多渠道的流量红利都是阶段性的。旧流量红利消失既有可能是流量平台出于平台生态考虑的主动封杀，也有可能是因为技术变迁，出现了全新的平台。比如，脸书对调用社交链和用户隐私信息 API 的封杀，导致明星独角兽 Zynga、Pinterest 一度衰落，后来 Pinterest 开辟了新的渠道，走出了脸书的阴影，而 Zynga 则从此泯然众人矣。类似的很多借助微信流量起盘的社交电商，比如云集，由于没能在被微信封杀之后迅速完成新的产品渠道匹配，发展开始停滞。

另外，新平台崛起导致的旧平台衰落，也会导致依附旧平台成就辉煌的产品衰亡，这样的例子不胜枚举，比如 PC 时代的瑞星、江民杀毒软件，曾经如日中天的人人网、开心网等。这些曾经都是产品市场匹配和产品渠道匹配的标兵，但无奈世异时移，不能完成新渠道、新流量背景下的市场匹配和渠道匹配的产品，命运多舛也是意料之中的事。

为了避免上述惨剧，创业团队除了要对新流量极度敏感，还要将现有产品顺利带到新渠道，完成新一轮产品渠道匹配，这并不容易。首先，新渠道往往流量基础设施不健全，导致 LTV/CAC 非常不理想，所以内部面临新渠道迁移的巨大阻力。其次，新渠道可能要求产品做出重大改变，而新老渠道用户有些特性天然是冲突的，如何有效平衡非常关键。

创业团队如何成功跨越渠道变迁，完成新的产品渠道匹配呢？如果新流量不是平台级的迁移，只要做好产品功能的平衡，通过兼容版本迭代，基于数据做好功能的个性化匹配和 A/B 测试，就可以有效接纳不同渠道的用户。比如很多产品都推出极速版，就是希望抢夺低端机型，下沉市场，所以在保持品牌一致性的前提下，可以做适度的简化功能，同时做好低端安卓机型适配，这样就可以针对下沉市场的渠道做好匹配，完成增量用户的获取。

但如果新流量是平台级的迁移，或者从中国迁移到海外，考虑到各种数据的安全和数据合规，也可以在保留核心产品模块的前提下，重新封装一个新产品，完成跟新的流量平台或者海外市场的匹配，拓展新的渠道红利。比如当年的淘宝，PC 时代的成功曾经束缚了它在移动时代的改版，最终推倒重来，完全按照移动互联网的原生体验重新设计，才使得阿里巴巴在移动时代重新延续 PC 时代的荣光。无独有偶，脸书也曾经遭遇移动流量的困境，而且试图把 PC 端的 H5 体验生搬到移动端，但很快发现这条路完全走不通，所以将策略切换到"移动优先"，成功穿越了周期。那些成功抓住一个个新渠道红利，又能避免旧渠道束缚的公司，就是穿越周期、更容易长青发展的公司。

第四章

优术篇 B

调结构，筑壁垒，保增长

增长如登山，每一步都面临抉择。早期的创业公司在经历高速增长期之后，增长的阻力与日俱增。一方面，低垂的流量果实已经收割到位；但另一方面，又面临巨头的像素级模仿和疯狂阻击。虽然这是一场艰辛的旅程，但出于对山顶的憧憬和对规模及增长的执念，成长期的创业公司终要寻找破局之路。它们不仅要持续投入原生业务，稳固增长态势并开始规模变现，也要思考升级改造原生业务结构，加固防御性壁垒，让对手难以近身。成长期创业公司不进则退，要从速度优先转变成更有质量、更有壁垒的持续增长，最初的增长框架也要进化为具有护城河的规模增长系统。只有这样，成长期企业才能不被巨头阴影所遮盖，走出独立的一片天。

追求有护城河的规模增长

基于互联网的产品和服务，具有防御性和进攻性壁垒的规模增长系统通常具备五种特征：网络效应，由数据嵌入、系统嵌入、关系链锁定、心智锁定、数据沉淀和习惯依赖带来的锁定效应，规模经济，有定价权和复购力的品牌效应，颠覆性技术优势。当然，面向增长的强大组织能力也是一种独特的壁垒，更是以上五种护城河得以实现的保证，但由于其特征难以量化，本书不做详细论述。

网络效应的自我强化机制兼具规模经济和锁定效应，是公认壁垒最高的护城河来源。由数据嵌入和习惯依赖形成的锁定效应也是壁垒次高、比较强大的护城河来源。颠覆性技术优势形成陡峭的学习曲线，竞争壁垒很高；规模经济以及具备定价权和复购力的品牌，也有比较高的竞争壁垒。增长"起靠增速，成靠壁垒"，到了 C 轮或 D 轮的创业者至少要思考如何将这五点中的一点或几点做实，构建真正持久的壁垒。

谈到壁垒，要谨防流行"伪壁垒"，包括：

（1）先发优势、先到先得未必成立。如果先发者没有构建高迁移门槛，将客户锁定在自己的生态中，或者没有构建陡峭的学习曲线，将攻击者拦在门外，那么很有可能后发者先至，这种例子比比皆是。

（2）新奇特的产品体验。对于实体商品，如果供应链没有结构性优势，没有足够陡峭的学习曲线，产品一旦起量后，就免不了遭到实力更雄厚的对手的阻击。对于互联网产品，如果留存不够好、用户参与门槛高，又不够高频，未建立网络效应，就很容易受到来自更高频、场景相近、已经具有网络效应的 App 的降维打击。比如，单纯做直播的 App，很难对抗具有更高频相近场景、海量用户的短视频 App，只能将直播作为功能子集。垂直货架电商即便有先发优势，如果不能拥有聚合产业深度资源的从业者构成网络效应，不能构建有陡峭学习曲线的差异性壁垒，也很难抵御来自综合电商平台的进攻。

（3）其他诸如有资源的"干爹"、"不差钱"的资本实力，还有"背景显赫"的管理团队，坦率地讲，这些跟形成护城河、构建壁垒没有必然的关系。

对于已经形成壁垒的企业，面对瞬息万变的市场变化时也不能掉以轻心。所谓的"一招鲜吃遍天"，在互联网生态中并不存在。靠单点优势暂时赢得的城池，还要形成多点乃至全链条优势，才能围成有壁垒的护城河。所谓在天气最好的时候修屋顶，就是要摆脱对某单一竞争力的笃信和迷恋，以免错失修筑长城的机会。

当然，创业公司到底能长多大，走多远，最终比拼的还是创业团队的自我进化能力。如果一个业务的扩张速度很快，但创业团队进化慢，导致业务等人，那么业务很快就会遭遇天花板。相反，一个能够快速进化的企业，只要遵循商业逻辑，就可以不断拓展新的边界，在新的疆域里建功立业。

网络效应及其判断指标

我们在第二章详细介绍过网络效应的五种类型，有些是非常典型的网络效应，很容易观测到，还有一些则是非典型的网络效应，要么特征隐藏较深，不容易观测到，要么因为有延迟，需要更长的形成时间，要么可能是不太完整的网络，需要演化发育成真正的网络。这些网络效应一旦过了临界点，价值就开始呈现爆发式增长。

网络效应为什么如此迷人？

对资本市场和创业公司来说，网络效应的确是最迷人的一个词。无论是美国头部的公司，比如脸书、亚马逊、苹果、微软、网飞、谷歌，还是中国的腾讯、阿里巴巴、美团、拼多多、京东等市值居高的公司，基本都有网络效应。网络效应不仅限于消费和综合互联网公司，新一代企业服务的龙头，比如Salesforce、Adobe、Shopify、ServiceNow、Zoom发展到今天，都得到了网络效应的加持。

网络效应对于增长的核心价值点在于：第一，网络效应代表最强大的一种护城河，有网络效应的公司更容易形成自然垄断和寡头垄断，而这正是增长终局的目标之一。

第二，具备网络效应的公司也兼具规模效应，能同时成为时间和规模的朋友，这是绝大多数商业模式所不具备的；网络效应类型有多种，也可以多层叠加，形成多层护城河，好比竞争壁垒的"俄罗斯套娃"。

第三，网络效应一旦形成，进入壁垒是非常高的，因为对用户有非常强的锁定，对手很难抢夺存量市场，想要重置一个达到同样规模的网络需要数倍资源的投入，还未必成功。

第四，有网络效应的公司可以相对轻资产，无库存运营，单位经济模型更好。

第五，网络效应形成之后，用户或业务量会加速增长，特别是当参与的主体是中小规模的企业或者个人时，一旦平台机制激发了自下而上的创造性、提供了更公平的利益分配机制和普通参与者上升通道的可能性，就会吸引更多主体加入。这就是我们通常所说的增长飞轮。当参与的多个主体具备系统的多重角色时，比如相当比例的买家也是卖家，相当比例的卖家也是买家，这时候增长飞轮就会具备明显的自我增强，带动网络效应加速形成。反之，如果能把阻碍增长飞轮的约束和限制识别出来，也就是确认"调节回路"并找到优化之道，我们将可以让增长飞轮重新增强，乃至越来越强。

网络效应被誉为增长皇冠上的明珠，所有互联网公司都希望自己的业务具备某种程度的网络效应。

评估网络效应健康度的指标体系

网络效应，特别是最普遍的双边网络效应的出现，往往跟规模临界点有关。只有双边用户达到一定规模的临界点，自我增强的网络效应才会出现。神秘的网络效应并非无迹可寻，我们可以通过下面多维的指标判断网络效应是否出现，或者是否有出现的迹象。另外要注意的是，网络效应也不是一劳永逸的，当面临巨头降维打击的时候，或者有监管事件发生，抑或在高速扩张过程中供需失衡，表征网络效应健康度的指标也可能出现恶化。理解指标的逻辑并持续监测优化也能确保产品系统的健康增长。如同产品市场匹配一样,"网络效应一下一时爽,一直网络效应一直爽"。

我们把评估网络效应健康度的指标体系分为 5 大类共计 16 种。这 5 大类指标体系代表了 5 个维度,称为"达摩五指法则",如果这 5 个维度的综合评估都能做到并且都在向好发展,则标志着比较强大的网络效应正在形成。

维度一:自然获客能力是否越来越强

具体来说,体现在自然获客量级、留存衰减、主动流量占比和获客成本 / 补贴比例的变化上。

第一,自然获客能力是否在提升,即新增获客中自然获客的比例是否提高。

一个平台或交易市场若要快速扩张,除了增加付费获客量级,新增自然获客比例也要同比提高。因为,从理论上来讲,在有可能出现直接网络效应的社交平台,用户的自发裂变会带动更多自然获客。在类似爱彼迎、拼多多这样的双边平台中,当规模达到一定临界点,买家为了更多的选择、更低的价格,卖家为了更大的销量、更高的收入,都会主动加入,用户口碑和裂变效应也会带来自然增长。所以,创业团队能否在产品放量的时候依然保持自然获客比较高的比例,对于网络效应的维持至关重要。

但是,当创业团队达到产品市场匹配并得到资本的支持,引起行业巨头关注并加入战局的时候，创业团队自然的反应是加油门，在付费增长中大干快上，防止巨头迎头赶上。但是创业团队做好产品渠道匹配并非易事，在很多情况下，短期买量过多不但耗费了很多资金弹药，而且如果反作弊不过关，加上巨头采用巨量补贴，产品中的老用户要么因为社区氛围开始变差，要么因为竞争对手诱惑太大，反而逃离产品，导致本来出现的网络效应夭折。社区团购、本地生活、社交产品中这样 B 轮之前风光无限，C 轮之后加速恶化的案例屡次出现，相信很多身在其中的创业者和投资人都有感知，此处就不赘述了。

总之，网络规模扩大时，它对用户的价值相应增加，此时对"买来的用户"的依赖应逐渐减少，为了达到临界点所做的双边补贴也要逐步减少，让平台的单位经济模型更加向好发展。

第二，新用户短期留存是否稳中有升，中长期留存是否停止衰减。

从逻辑上来讲，随着自然获客占比提高，加上网络效应的作用，新的 Cohort 的新客留存会比旧的 Cohort 的新客留存好（当然在放量和买量过程中会有数据波动）。另外，新老用户的中长期留存率通常会在一两个月后停留在一个固定值。从经验来说，一个产品的中长期留存越早停止衰减，越早平稳越好。

对双边平台来讲，双边的留存，不管是用户侧的留存，还是商家侧或者创作者侧的留存，都要遵循同样的规律，甚至要更早停止衰减。在面对 C 端的平台中，商家或者创作者通常投入更多，在产品中储存价值更多，在正常情况下，供给侧留存也会比用户侧留存更好。如果面向 C 端平台，供给侧留存衰减更快，那不是数据有问题，就是这个平台出大问题了。

对于一些高频交易的平台，更好的迹象是出现留存的微笑曲线，比如一个平台的某个 Cohort 新用户的 30 天留存开始固定在某个数值，但是第 90 天留存竟然开始提升，这多半是因为有些用户在中间一段时间沉默了，但后来随着周围很多好友使用该平台，用户又被重新激活了。微信、Instagram 都出现过类似情况，微笑曲线是网络效应出现的一个强信号。当然，要注意的是，微笑曲线是在没有额外补贴的前提下取得的。如果是因为补贴重新激活了很多老用户，那么这种微笑曲线是否长期对产品更好，需要更长的观察窗口，才可能判断。

第三，主动流量比例是否在逐步提升。

主动流量，又叫网络内生流量，是用户主动在 App、小程序和公众号、官网或者浏览器收藏入口点击或者交易。被动流量，也叫网络外生流量，就是通过搜索或者社交外链导入产品的点击或交易。

随着网络的发展，主动流量产生的交易来源占总量的比值应该逐渐增加，因为用户能从平台获取更多价值，黏性变高，最重要的是已经建立习惯回路，所以会在平台或交易市场上花费更多时间，有更多主动交易需求。

比如，淘宝早期主要依赖外部搜索带量，后来依赖淘宝联盟，包括各种导航站来带量。根据淘宝的数据，很多用户登录三四次之后，如果购物体验良好，那么大概率会把淘宝收藏到浏览器中，或者输入淘宝网址进行主动购物。所以，即便淘宝对外链流量需求永无止境，但是网络内生比例是逐渐提高的，这部分用户的复购频次也相对更高。到了移动 App 时代，这个趋势更为明显。

再比如汽车之家、马蜂窝这样的垂直平台，起初一定的搜索外链流量是其主要流量来源，当用户认可这样的平台，特别是网络效应开始出现时，用户的更多行为发生在产品之内，这就是主动流量驱动。

在美国知名的内容创作者平台 Medium 上，很多用户初期是通过搜索话题或者从推特和领英等社交平台的文章链接导流过来的，但当用户认可平台后，更多比例的用户就会下载 Medium App，主动关注更多作者，阅读更多内容。所以，主动流量带来的点击或交易占整体点击或交易的比重逐步提升，是判断网络效应出现的一个重要信号。

第四，补贴比例/用户获取成本是否开始下降。

基于前面的分析，当自然获客占比达到一定数值，网络效应加速后，用户获取成本会逐渐下降，特别是在用户侧。当然，由于跟竞品进行流量争夺，再加上大渠道的流量竞价机制，用户获取成本也可能在短期内并没有下降。但从长期趋势来讲，如果产品形成了网络效应，综合用户获取成本一定会下降，除非产品渗透率已经非常高，遭遇流量天花板。

对交易平台来讲，其成长早期一般会在受限边（多是供给侧，也可能是双侧）提供补贴。但随着用户和商家增长，是不是能做到停止补贴或者减少补贴比率？如果停止补贴，用户和商家留存随之变得很差，就说明网络效应还没有真正形成。

维度二：用户黏性相关指标是否出现改善

第五，具有关键行为的用户使用频次、时长、交易频次或金额是否出现提升。

具有关键行为的用户才是真正意义上的激活用户。随着网络效应的出现和加速，更高比例的新用户会出现啊哈时刻，并开始建立习惯，提升主动使用和交易频次；老用户也会强化习惯，保持比较高的使用黏性。所以，用户黏性指标，比如使用时长、固定周期内的使用频次和交易频次提升，也是衡量网络效应的重要指标。

第六，重点运营区域或者类目的用户留存或者交易频次是否在提升。

对于本地生活服务这样明显带有局部网络效应的业务，我们要关注不同区域业务的双侧用户留存率和参与度。比如，叮咚买菜在上海的订单密度并不会影响苏州用户的体验，但是上海用户的订单密度可以影响上海市场是否出现网络效应。所以，本地生活服务平台要分区域看是否达到网络效应。如果重点运营区域的用户留存或者交易频次都提升到一个目标数值，我们就可以判定在这个区域开始出现网络效应。

交易平台通常会运营多种商品类目。对于重点运营的类目，随着供给侧商品种类的增加，要看这个类目的用户留存、交易频次或金额是否在不断提升。如果是，这个类目就有形成网络效应的迹象，我们就可以开始优化其他类目的交易。

第七，超核用户渗透率是否有提升。

在用户分层分析中，通常会将用户参与度特别高的一群用户定义为超级和核心用户，简称超核用户。比如某内容平台每个月使用超过 15 天的用户，或者某交易市场中月度购买频次超过 10 次的用户。在企业服务的产品中，我们也会关心超过一定用户比例的客户数量，比如 Zoom 会特别统计 10 人以上的覆盖客户数。如果一个产品的超核用户群体占总活跃用户的渗透率在不断提升，这也是网络效应出现的强信号。

提升超核用户的占比，除了重点针对这类群体的渠道进行获客，还可以在产品中引导用户升级自己的角色，比如通过游戏化的方式设计用户角色升级的机制。通常，一个用户可以有三种角色的升级。

第一种是从消费者变成一个产消者（procumer），即用户既是消费者也是生产者，既是租客也是房东，既是买家也是卖家。内容平台鼓励用户投稿，淘宝推出闲鱼，爱彼迎针对发展现有用户的房东培训计划，都是在试图升级用户角色，让消费者成为产消者。产消者通常都满足超级用户的特征。

第二种是从消费者变成传播大使，变成关键意见消费者。

第三种是从消费者变成投消者（投资者 + 消费者），参与公司项目众筹或者成为公司股东。消费者跟平台绑定越深，越能成为超核用户，也会促进平台网络效应出现。

第八，SaaS 赋能的双边市场、付费侧客户的续费率是否稳中有升，甚至出现客户增购。

第四章 优术篇 B：调结构，筑壁垒，保增长　　147

比如，全球最大电商独立站平台 Shopify 从为逃离亚马逊平台的 DTC 品牌商家从最初的简单建站和商品管理工具，逐渐演进成拥有超过 5000 名开发者的服务生态。目前 Shopify 海量品牌商家中，每年已经有超过 80% 购买了 Shopify 自身产品之外的开发者提供的插件。所以 Shopify 已经构建了一个基于 SaaS 的双边市场，一边是品牌商家，一边是基于 Shopify 框架的开发者。如果商家续费率一直保持高位，甚至有提升，而且平均每个客户的付费金额也在上涨，出现所谓的"增购"，并且购买 Shopify 开发者插件服务的比例升高，这些都表明 Shopify 这样的 SaaS 赋能双边平台出现了网络效应。

维度三：竞争优势是否出现或者扩大

第九，多宿主用户比例是否下降，用户数量和交易单量市场份额是否持续提升。

双边平台面临的最普遍的问题就是用户一心二用，使用多个竞品。这种情况很常见，在经济学中被称为多宿主现象。双边平台竞争的结果是市场中很难在一个细分领域存在 5 家以上双边平台。当然，本地生活服务很大程度上只有局部网络效应，虽然在某个局部市场很难有 5 家以上双边平台，但从全国地理区域来讲，由于存在地理分割，是可以共存多个小平台的。

所以，当一个平台不能成为细分市场的主导平台之一时，就达不到规模临界点，难以形成网络效应。所以，这一条就是看有多少用户、创作者或商家在使用你的产品或服务的同时，也在使用其他类似的产品或服务？创业者需要思考的是，自己的平台是不是能够在竞争中逐步扩大用户数量、交易量和市场份额，成为双边都认可的不可替代的平台。

为什么交易市场或者双边平台有时候需要烧钱加速？就是为了最大限度地超越临界点，挤压对手，防止多宿主现象泛滥。

多宿主现象在某些领域普遍存在，比如对于陌生人交友软件，多宿主现象会成为抑制这些平台用户规模的天花板；但也正是因为多宿主现象的存在，这个领域可以不断有创业公司的机会。

多宿主现象也被大平台用来降维打击创新平台。比如 Instagram 跟 Snap 的重合度很高，虽然 Snap 推出了创新的 Story 功能，但架不住 Instagram 有 Snap 三四倍的用户量，所以当 Instagram 推出 Story 功能之后，创作者在 Instagram 上的 Story 播放量更多，涨粉更快，互动更多，潜在广告价值更高，创作者就会被激励持续生产 Story。在消费者侧，由于 Instagram 上的好友更多，可看的 Story 内容更多，也降低了消费者使用 Snap 的必要性。所以，在短视频的功能上，Snap 只能是起个大早赶个晚集。类似的例子还有微软利用将 Teams 免费来打 Slack。虽然 Slack 在企业即时消息上具备网络效应，但它是收费的，而微软利用 Microsoft 365 的其他软件收费可以交叉补贴 Teams，将 Teams 免费，防止微软客户迁移到 Slack。这也是巨头防御战的一种典型策略，利用多宿主现象打击侧翼的进攻者。

第十，双边用户转换成本及多宿主成本是否在不断提高，平台的"懒惰指数"是否在提高。

用户使用其他产品的转换成本有多高？如果用户同时参与不同平台，他们能获得多少价值？按照"新产品价值=（新体验-旧体验）-转换成本"这个经典公式来分析，防止用户切换到其他平台，除了要降低产品内的摩擦，还要不断提升用户在产品中的储存价值，提高转换成本，这样用户就不太容易对竞品投怀送抱。比如，微信用户转换成本极高，尽管用户可以零成本加入其他社交网络，但他们的关系链、工作和生活数据、圈层等都在微信上，其他替代平台很难为他们提供相同的价值。还有短视频、直播平台等，虽然产品切换的物理成本没那么大，但是用户在一个产品中建立了社交圈子，收获了一定量级的粉丝，自己发的作品中积累了很多的点赞和评论，也就是积累了足够多的社交资本，除非竞品能带来更好、更新奇的体验，否则用户很难对其他产品投怀送抱。

习惯的形成、心智的建立，是强大的转化成本来源。比如，通常情况下，用户可以随意选择搜索引擎，比如谷歌搜索引擎、微软的Bing等，但是当用户习惯了一种搜索体验，即便切换操作很简单，也不会轻易改变。

经济学中将一个交易平台的双边用户迁移到替代平台的动力高低称为"懒惰指数"。"懒惰指数"越高，平台用户就越不愿脱离平台，越没有动力或能力使用多个平台；反之，"懒惰指数"越低，用户就会越勤快地寻找替代平台，或容易被替代产品触达并转化。在双边交易市场中，供需双方的"懒惰指数"往往不同。而在壁垒最高的市场，往往交易两侧都非常"懒惰"，比如开发者平台、苹果或者谷歌的应用商店，用户侧受终端限制没法切换；中小开发者如果没有能力，也只会专注一个平台。再比如 B 站，其视频长度、视频形态跟其他短视频平台不完全匹配，导致 Up 主无论从心智上还是从操作上都不太愿意切换到其他平台，这样的设置也会提升 B 站的网络效应。

所以，一个双边平台既要找到更容易"懒惰"的一边，通过运营和补贴手段黏住，同时也要通过习惯引导和价值存储提升对"勤快"一边的锁定，这样才能建立比较强的网络效应。

维度四：供需匹配度相关指标是否越来越好

这一维度主要是看需求满足率（需求被满足程度）、供给利用率（供给被利用程度）、市场深度，以及供需集中度如何。

第十一，需求满足率是否在不断提升。

需求满足率就是需求侧找到合适的供给侧的比率，或者需求达到啊哈时刻用户的比例。不同业务有对需求满足率的不同定义。需求满足率首先要定义用户需求满足的啊哈时刻，然后提高达到这种状态的用户渗透率。需求满足率提高到一定值时，平台网络效应也就出现了。

比如，百度就将每个搜索请求对应首页搜索结果满足用户期望的比例定为搜索需求满足率。根据百度的介绍，如果用户搜索需求满足率超过 50%，用户就会持续留存，继续使用百度搜索。百度也把这个指标作为平台搜索质量的一个重要指标，不断改进细分搜索类目，以形成比较好的搜索体验。

再比如，美国打车应用 Lyft（来福车）研究发现，"3 分钟乘客等候时间"是需求满足的啊哈时刻，Lyft 的核心优化点就是不断优化不同地区的供给，确保在任何地区、任何场景下，都能够提供不超过 3 分钟的叫车体验。

而像 Upwork 这样的零工招聘平台，其需求满足率跟雇主希望的匹配时间相关。比如，雇主希望 3 天之内，最多一周时间就能找到合适的兼职者，所以 Upwork 的需求满足率就是每个月有多少雇主需求的岗位可以在期望时间内被满足。

需求满足率可以通过供给的差异化、供给优势率（价格、品质）及提升履约效率进行提升。

第十二，供给利用率是否在提升，达到供给侧不愿意切换其他平台的临界点？

相对于需求侧，供给侧通常是双边市场更为懒惰的一边。但如果一个平台提供的需求不足，或者供需不匹配，导致供给侧没有被消费或消费不足，或者供给侧整体收入和激励没有达到预期，供给侧就会积极寻找替代平台。

造成供给利用率较低的原因通常有三种：一是与替代平台相比，供给优势率（价格、品质）没有竞争力；二是需求和供给错配，供给侧卖的，不是需求侧想买的；三是平台流量不足，导致供给侧激励无法达到预期。最后这种现象，就是平台规模没有达到临界点。

供给利用率是平台特别容易忽视的指标，却至关重要。比如，在某二手车平台上，有超过一半的车没有成交，这里面有车主无成交意愿，只是来询价的可能，但这种比例很少；更大的可能是无效供给，也就是有些价位的车和车况较差的车根本无人问津,为了KPI而上架的车源注定是无效供给。如果平台去掉这些无效供给,不但可以提升供给利用率,还能大幅降低平台成本。第三种可能是推荐算法匹配不好,导致本来是有需求的车,但没能匹配合适的买方。

对于专业生产内容平台,不管是出于流量原因还是平台商业化原因,如果PGC创作者一段时间内收入或者账号粉丝上涨不能达到预期,就可能会抑制创作,或者转而寻找替代平台。

所以,供给利用率是个非常重要的指标,如果供给利用率在供给持续扩张的过程中也能逐步提高,那就证明平台的供需匹配效率高,这也是网络效应出现的信号之一。

第十三,市场深度是否足够。

市场深度是指针对某种约束条件的需求,平台能够匹配的供给数量,也叫匹配步长。市场深度太浅,会影响产品的易用性,也会降低使用产品的选择体验;市场深度太深,则有可能导致供给利用率不足,所以要做好平衡。

市场深度对于消费互联网平台很重要,它直接关系到用户体验。在提供非标商品供给的双边市场中,每一个卖家提供的产品或服务各不相同,例如小猪短租,其市场深度代表消费者有多大概率能找到想要的民宿。

对于同质供给的双边市场,比如滴滴,市场深度代表其有多少车辆可以提供服务。如果市场深度太浅,A用户的需求得到满足,那么接下来叫车的B用户、C用户就可能因为车辆不足而选择替代平台。

第十四，供需某一方的集中度是否在降低，任何一侧的马太效应是否在减弱。

平台对供需两侧都分散的市场双方都有议价权，因此更需要平台做撮合以创造更多价值，网络效应也会更强。如果市场中的供给或需求过于集中在少数用户，那么买卖双方很有可能绕过平台私下交易。供需两侧分散的市场发展到一定程度，也会出现顶流 KOL 或者卖家，导致供给侧马太效应增强，这会削弱平台的网络效应。

通常，我们会通过头部卖家或买家贡献的 GMV（商品交易总额）的百分比来衡量集中度，比如 Top 100 的买家或卖家 GMV 占比，或者头部 10% 的买家和卖家 GMV 的总体占比来评估供需侧是否集中度过高。

在存在海量供需双方的平台中，我们也会用"基尼系数"来评估集中度和马太效应。

在宏观经济学中，基尼系数是用以衡量一个国家或地区居民收入差距的常用指标。基尼系数最大为"1"，最小为"0"。基尼系数越接近 0，表明收入分配越趋向平等。国际惯例把基尼系数 0.2 以下视为收入绝对平均，0.2~0.3 为收入比较平均，0.3~0.4 为收入相对合理，0.4~0.5 为收入差距较大，当基尼系数达到 0.5 以上时，则表示收入悬殊。不同经济体有不同的基尼系数的警戒线。基尼系数太低，经济体就没有活力；过高则会导致贫富分化严重、社会矛盾加深，也会伤害经济。所以，基尼系数要保持合理，既要注重分配差异的刺激激励作用，也要平衡分配政策的调节保障作用。

如果把收入替换为平台 GMV、卖家收入、创作者收入、创作者粉丝、创作者互动数量、消费者消费金额等，就可以评估平台供需在哪些维度上集中度过高。通常，在平台发展初期，基尼系数的警戒线可以定得高些，要以强刺激激励优质供给入住平台。基尼系数高，也能吸引更多人看到平台潜力。随着用户规模的扩大，平台要逐渐通过算法或者规则的调整，将基尼系数保持在一个合理的区间，这样有助于打破顶层固化，为后来者提供上升通道。

维度五：经济模型相关指标是否日益改善

第十五，平台对供需双方的议价能力是否随网络规模扩大而增强。

既然网络效应是最强护城河的来源，那么其核心特征就是随着网络规模的扩大，供需双方用户的议价能力都会增强。议价能力最典型的呈现就是平台综合货币化率（如平台税、Take Rate）可以逐步提高，比如，苹果和 Google Play 可以收到 30%，亚马逊的 Take Rate 从 12% 提升到 18%~20%，而天猫综合货币化率也从 2014 年的 2.69% 提升到 2020 财年的 5.2%，美团外卖的综合货币化率从 2016 年的 8.9% 提升到 2020 年的 14.1%，而饿了么只有 9% 左右。

当然，有能力提高货币化率的平台也不能滥用定价权，而是要通过更多地赋能供给侧逐步收取与价值匹配的更高费用。通常最有效的做法就是基于数据做更好的供需匹配、订单聚集，提升供给侧的周转速度；还可以通过提供更好的支付体验、更有竞争力的支付费率、平台履约支持，或者利用 SaaS 软件和人工智能帮助供给侧优化选品、采购等环节的效率。通过赋能收取的费用只有给供给侧带来更好的收益（降本、提效、增收），给需求侧提供更好的体验，供需双方才能乐见其成，予以支持。

当然，20%的"平台税"通常被认为是交易上限（苹果、谷歌、微软商店除外），15%则是警戒线，超过这个比例，供需双方就有可能出逃平台。《堡垒之夜》的开发商Epic Games（艺铂游戏公司）跟苹果公司激烈的冲突就是源于Epic Games对苹果商店30%的"平台税"不满。另外，Web 3.0之所以成为新的共识，也是互联网用户希望破除Web 2.0的巨头垄断，回归更合理的货币化率，同时创作者和开发者也能自我掌控数据，获得更合理的价值回报。

第十六，平台单位经济模型是随网络规模扩大而变优。

双边平台最初或许只能靠补贴需求端或供应端进行冷启动，但随着网络效应出现，综合货币化率在提高，边际收益在提升；而单位获客成本的降低、补贴的逐步退出、交易频次的提高，又会推动边际成本降低。随着时间的推移，单位经济模型变得越来越好，LTV至少大于CAC，LTV/CAC的比值会逐步提高。

另外，对B2B电商平台来说，通常在出现网络效应之后，平台规模越大，自由现金流比率，也就是自由现金流与净销售额的比值也会提高。

对具有局部网络效应的公司来说，在出现网络效应的区域市场，单位经济模型会逐渐改善。订单密度、市场深度和履约网络密度的改善会提升该区域的单位经济模型。

平台的价值在于最大化"平台总剩余"

除了以上指标,从网络效应的本质来讲,新平台相比平台没有出现时,或者对标竞争平台,应该能创造更大的价值,所以供需双方也更依赖平台,愿意支付更高比例的"平台税"来换取更大的赋能价值。

这种价值通常体现在以下方面:

第一,该平台是否给交易双方带来更大的好处,即:对供给侧来说,可以降低获客成本,快速聚集规模订单,加速周转,提高收入,收入更稳定,数据分析更智能、更强大;对需求侧来讲,则是提供"多,快,好,省"的价值,交互体验更佳。

第二,该平台是否提升了一个高度分散的供需行业的整体匹配和周转效率,如果供需一侧过于集中,客观上也不需要平台做交易的撮合者。

第三,新平台是否创造了结构化新供给,极大地改变了原有供给丰富度,并极大地降低了成本。比如,爱彼迎和优步都将传统意义上的非供给变成供给,B站在动画和动漫视频上叠加弹幕也相当于创造了新的供给。未来随着人工智能技术的成熟,也会带来人工智能赋能的新供给。

第四,平台通过数据、算法、支付、供应链金融、履约、培训、营销、SaaS,提供供需双方的深度赋能,极大地提升了供给侧交付能力、供需双方匹配效率,以及需求侧的使用和交付体验。

这种具有网络效应的平台创造的价值,我称为"平台总剩余"

（Platform Aggregate Surplus），具体包括三部分：需求侧剩余（Demand-Side Surplus）、供给侧剩余（Supply-Side Surplus）和平台专属剩余（Platform-Specific Surplus）。需求侧剩余就是平台给需求侧创造的净收益，供给侧剩余就是平台给供给侧创造的净收益，而平台专属剩余就是平台独立创造的收益减去"平台税"后的净收益。

需求侧剩余和供给侧剩余的概念类似于微观经济学中的"消费者剩余"（Consumer Surplus）和"生产者剩余"（Producer Surplus），这些概念揭示了市场的价值，无论是消费者还是生产者，在一个有效的市场里，收获总是大于付出。我们总是在市场交易过程中获取额外的利益，社会的总福利在交易过程中不断增长。

简单来说，买卖双方都希望从市场活动中获得收益，传统市场的价值就体现在两者相加得利的"市场总剩余"上。但基于数字化，形成网络效应的互联网平台还能创造更大的额外价值。这种价值体现在基于双侧用户和商品画像，以及实时数据和算法驱动的供需匹配和撮合上，使得平台比传统意义的市场交易周转更快，供需匹配更为精准，同时平台还有可能提供单独的连接者（比如骑手、物流经纪人、鉴别真伪者、人工智能客服机器人）以确保履约体验，以及提供金融服务（支付、供应链金额、消费信贷），这些超过平台的 Take Rate 部分的价值，就是平台专属剩余。所以，一个平台能够持续提高货币化的本质在于平台专属剩余能够不断提升。另外，买家或卖家之所以逃离平台，可能是该平台需求侧剩余，或供给侧剩余变为负数，还可能是替代平台提供了更大的需求侧剩余和供给侧剩余。

所以，一个新平台持续增长并形成建立网络效应，本质上是因为创造了更大的平台总剩余，且三种剩余都是正数，平台和供需方都能实现持续共赢。唯此，才是供需和平台共生增强的生态。

以 BOSS 直聘为例，作为一款老板与人才直接对接的招聘工具，BOSS 直聘打造的直聘模式，提升了招聘效率，创造了更大的平台总剩余。

近年来，BOSS 直聘把目光紧紧地盯在解决中小企业与广大长尾求职者未能享受到顺利求职招聘服务的痛点上，挖掘出具有行业开创性的直聘模式：以移动端为核心，以智能匹配为基础，让需求侧求职端与供给侧企业端进行线上直聊，平台为供需双方创造更多价值。

当下，很多中小企业存在分布不均、品牌力不强、招聘预算不足等问题，而直聘这种模式恰好为这些企业提供了可主动与求职者面对面沟通、即时反馈、低成本乃至零成本招聘的机会，一方面降低了企业招聘的劳动强度，另一方面也提升了招聘的效率。

在求职端，平台支持求职者选择性地对企业端用户隐藏信息；经求职者确认许可后，企业端用户才能获得求职者完整的联系方式和简历的全部内容。

在与供需双方的连接上，技术能力永远是平台的核心。BOSS 直聘智能匹配系统的升级迭代，可提供更精准的匹配结果；筛查与监测系统的运行认证，将持续检查与验证企业端职位的真实性。

经过这些年的努力，BOSS 直聘已打造出属于移动互联网时代、具有颠覆性的招聘产品形态，借助网络效应，创造出了更大的平台总剩余，助力供需双方实现了持续共赢，大大开拓了传统线上招聘服务没有覆盖到的增量市场，成为中国在线招聘平台最大的黑马。

双边平台如何破解增长难题

网络效应虽然如此诱人，但此之蜜糖，彼之砒霜。对在同一细分市场竞争中率先到达规模临界点的平台来说，这个临界点可能意味着质变点、引爆点，而对落后又无差异化区隔的平台来说则可能是灭绝点和失速点。过了临界点，就是海阔天空，赢家通吃。这就是双边平台竞逐的惨烈之处。

在双边平台没有达到临界点之前，供给侧可能会游走于多平台之间，寻求最大获利点，需求侧的用户则会被竞品平台投来的橄榄枝所诱惑。所以，尽快达到用户规模的临界点至关重要。当双边用户在系统内获得的净收益超过离开网络的损失时，他们就会留在网络里。

双边平台冷启动的五种攻略

双边平台的冷启动有五种攻略，分别是单点试水、单边优先、借假修真、借花献佛、筑巢引凤。表4-1列出了打造双边平台的清单。

表 4-1 打造双边平台清单

类型	问题	√	如果是
单点试水	可以从一个城市/地域开始吗?	□	什么地方?
	可以从一个细分服务开始吗?	□	哪种服务?
	可以从一类细分用户开始吗?	□	哪类用户?
单边优先	可以先通过优化单边市场(需求或供给)提升网络效应吗?	□	哪一边?
	可以与相邻市场的谁合作去触达目标用户吗?	□	与谁合作?
	可以与相邻市场的谁合作去进入他们的供应网络吗?	□	与谁合作?
	可以与相邻市场的谁合作去利用他们的平台技术吗?	□	与谁合作?
	可以减少单边市场加入平台的风险吗?(通常是供给方)	□	如何降低?
	加入平台可以给予一定好处吗?(通常是供给方)	□	什么好处?
	可以简化加入平台的步骤吗?	□	如何简化?
	可以通过一定补贴加速使用平台的服务吗?	□	给哪方补贴?
借假修真	可以暂时充当平台的一方吗?(通常是供给方)	□	如何做?
借花献佛	你供给的部分是否已经单独存在?	□	哪部分?
	是否可以暂时使用已经存在的服务,以建立初始用户基础?	□	哪些服务?
筑巢引凤	是否有你的供给/需求方需要的其他单边服务?	□	哪一边?
	可以通过先提供上述单边服务,为平台建立单边用户基础吗?	□	哪些服务?
	可以为平台的任何一方建立一个信息门户吗?	□	哪一方?

单点试水

选择一个单点，可以在一个城市、一个社区或者一个细分赛道测试双边平台的产品市场匹配。当双边用户的留存和参与度都有不错的状态，再逐步扩展其他区域。

选择的区域除了要考虑团队的熟悉度，更重要的是这个区域要有平台需要的典型用户。比如，脸书最早是从哈佛校园发展起来的，因为大学生有旺盛的社交欲。优步最早在旧金山试点，因为上下班高峰阶段和城市里高频的商务展会导致一车难求。爱彼迎从纽约起步，因为络绎不绝的商务展会导致酒店一房难求。WhatsApp 是从硅谷圣何塞的一个俄语移民的社区起步的，因为免费的跨国通信对美国的外国移民来说是刚需。亚马逊最早从图书细分赛道切入，因为图书是标品，易保存、长尾，是早期物流仓储不完备时切入电子商务最合适的类目之一。而美国跑腿送货平台 Instacart 则选择冬季天气恶劣的城市，比如芝加哥，给那些畏寒、窝在家里的用户提供跑腿代购服务。

单点如何复制？首先，基于单点的打样和规律总结，形成下一步拓展指南。如果是偏线上业务，可以逐渐开放更多区域；如果是偏线下运营，就要在城市拓展指南中定下标准，哪些是规定动作，哪些可以由城市运营团队自行决定。爱彼迎在新开城的时候会提供一份帮助房东展业 12 个要点的清单，并在房东接到第一单的时候，主动打电话给房东，指引房东走完流程。

其次，要对双边平台更容易受限制的一边（受限边），通常是供给侧，启动激励转介绍。比如，优步和爱彼迎都发动第一个试点城市的现有司机或房东介绍他们在新拓展城市的朋友加入成为司机或者房东。有了第一批名单，加上介绍人的背书，优步和爱彼迎城市地面部队就组织当地的司机或房东举行开城培训沙龙，完成受限边的冷启动。对优步和爱彼迎这样的公司来说，有了供给，就不愁需求，只要双边完备，就可以进行城市维度的精细运营。

单边优先

先快速建立单边供给或需求市场，再逐步引入另一方。优先建立的那一边，就是刚刚讲过的受限边，比如优步的司机、爱彼迎的房东。再比如，内容平台的受限边是内容创作者，只有每天有一定量级的新内容，平台才能运转。在陌生交友平台上，女方通常是受限边，女方的邀请和留存一定是优先的。而对于 Upwork 这样的兼职平台，需求侧，即雇主侧，反而是受限边，要优先搞定。

借假修真

受限边优先搞定的道理大家都懂，但既然受限，就很难搞定，而创业团队资源又少，怎么破局呢？那就要借假修真。

比如，租车、租房平台最早的冷启动就是创业团队把自家和朋友家的车和房拿来出租，待流程跑顺再找其他供给。

再比如，美国最大的外卖平台 DoorDash 的创始团队把斯坦福大学所在的当地一些餐厅的菜单放到网上，一旦有人订餐，他们就去餐厅现买现送。当一家餐厅的订单达到一定规模时，比如10单，他们就跟餐厅沟通，让餐厅授权他们进行外卖合作。等团队跟几家餐厅关系稳定，餐厅也尝到外卖带来的收入甜头后，餐厅老板就会把他们转介绍给其他餐厅，这样就完成了餐厅侧的冷启动。

又如，内容平台的创业团队没钱买内容，很多团队的做法是先用爬虫把内容爬回来，然后通过各种运营账号上传，解决内容的冷启动。等产品有了一定用户规模，团队拿到融资后，再基于产品的数据反馈，定向跟内容创作者采买。

借花献佛

鉴于新平台往往是把原有分散化的需求和供给聚合起来，或以新模式替代原有平台，如果新平台确信可以给供需两侧用户带来更大价值，那么想办法撬动原有平台的供给或者传统市场的供给，通常是比较靠谱的方法。

比如，美国的各种本地生活服务平台，无论是民宿平台爱彼迎、租房平台Zillow或Redfin、二手交易平台OfferUp，还是二手车交易平台Cavana，早期供给的冷启动基本都源于Craglist。

阿里和拼多多的起步肯定少不了借势四季青服装市场和义乌小商品市场。所以，任何一个传统市场的拆迁或者衰落，都可能促成一个互联网创新平台的出现。无论是菜市场、花鸟鱼市场、古玩市场，还是二手汽车交易市场，上帝关闭了传统市场的一扇门，就开启了互联网市场的一片天。

筑巢引凤

如果觉得同时搞定双边的跷跷板有些力不从心，也可以先死磕一边。当一边的用户充分认可产品，且用户数量达到一定规模之后，就有了根据地和大后方，这时再去吸引另外一边的用户，最终形成双边网络。这样的策略叫"筑巢引凤"，虽然筑巢时间会长一些，但是每一步都会踩得很实，从根本上防止用户花心和多平台入住现象。

很多平台的初心也许只是做一个 SaaS 工具，但做着做着，发现还能搞一个双边平台，何乐而不为呢？

美国网上订餐平台 OpenTable 一开始是做餐馆预订系统的 SaaS。预订系统有一定客户规模之后，再跟消费者直连，这样 OpenTable 就变成了一个订餐平台。这种模式就是越来越重要的 SaaS 赋能的市场（SaaS-enabled Marketplace），简称 SEM 模式。

交易平台最难搞定的供给侧如何增长？

关于双边交易平台用户侧的增长，我们在前面已经介绍过很多种方法，这些都是标准的流量玩法。而对于供给侧，以下是主要的增长方法：（1）供给侧转介绍；（2）从供给侧扎推的老平台或者线下市场和社群进行撬动；（3）通过线下活动和会议营销拓展；（4）内容营销（案例、教程）加上搜索引擎优化；（5）对于低频业务，早期的品牌广告也有效，比如瓜子二手车的广告对双边用户都有成效；（6）免费给供给侧提供工具赋能；（7）引导买家升级为卖家或服务商。

除了这些方法，供给侧最重要的增长思想是重新定义"供给"，跳出原有供给源，思考是否有大规模创造结构化新供给的机会。有三种策略可以考虑。

一是提供原有痛点场景下类似品质的另类供给。比如爱彼迎，通过重新定义旅游和商务场景的居住空间，撬动了几十倍的供给。再比如滴滴出行，通过重新定义"出租车"，也撬动了一个理论上可以提供几十倍供给的市场。

二是提供一个创作成本更低，但创作品质接近的创作工具，大幅降低创作门槛，撬动更大量级的普通创作者提供内容供给。短视频、自媒体平台都是典型案例。

三是利用人工智能的服务机器人（最好是纯软件）替代真人来提供供给。目前服务机器人还是冰山一角，未来会越来越多。我们已经看到，在教育领域，服务机器人开始提供陪读、陪练、陪画的服务；在金融领域，智能投顾机器人也越来越重要；在交易平台领域，人工智能聊天和服务机器人也在参与交易。全美 NPS 口碑最好的保险科技公司 Lemonade 的所有购买流程都是通过名叫 Maya 的机器人来支持完成的。在可以预见的未来，人工智能驱动的服务机器人一定能在很多领域提供颠覆性的新供给。

对交易平台来说，短期看需求，长期看供给。优化供给、提升优质、面向未来的供给能力的增长，永远是交易平台制胜的关键。

叮咚买菜就是同业中唯一没有大流量进来，完全靠自己一点点打拼出来的平台。叮咚买菜通过"增长双飞轮"，建立了双边交易平台，完善了供需动态平衡；通过优化供给侧，提升了用户体验，同步实现了运营优化、规模经济和网络效应，最终走上了可持续增长的发展道路。

如何理解叮咚买菜的"增长双飞轮"？其创始人兼首席执行官梁昌霖给出了答案：叮咚买菜之所以有这么大规模，不取决于流量，而取决于存量；不取决于新用户，而取决于老用户的复购率。通过好的用户体验吸引复购，用户规模随之扩大。因此，叮咚买菜的第一个增长飞轮就是小区域、高密度，基于数据实现模式的细节优化，在规模经济和网络效应下，边际成本得以下降，经营效率得到提升。第二个增长飞轮是从农业供给侧提升供应链能力，进一步提高三个确定（品质确定、时间确定、品类确定），不断获得用户信任。图 4-1 所示即为叮咚买菜的"增长双飞轮"。

图 4-1 叮咚买菜的"增长双飞轮"

第四章 优术篇 B：调结构，筑壁垒，保增长

叮咚买菜最难的地方在于寻找推动力。在增长飞轮转起来之前是很难的，推动起来很慢，然而一旦运转起来就容易多了。创业就是要全力以赴，坚持到增长飞轮能转起来。

梁昌霖精准地描述了叮咚买菜的"增长双飞轮"，当然这里有一个前提，那就是"双飞轮"能够形成正循环，这是叮咚买菜运营的商业逻辑。

双边交易平台六大增长陷阱

交易平台都是复杂系统，复杂系统有驱动增长飞轮的"增强回路"，还有容易被忽视、约束或限制增长的"调节回路"，只有洞悉其中隐含的"调节回路"，并找到解决之道，才能建立强大的网络效应。下面就是双边交易平台会遇到的典型增长陷阱。

供需动态平衡陷阱

动态平衡如果出现问题，从短期来看，有可能短期导致平台的飞单，而从长期来看，则会导致平台网络的退化。怎么理解动态平衡呢？这是19世纪法国生理学家贝尔纳提出的一个生理学概念，是指在机体生存的两个环境中，虽然机体外环境不断变化，但机体内环境中的各种理化因素保持动态平衡的状态，也称为稳态。随着控制论和信息论的发展，动态平衡也指不同层级或水平的机体，比如人体、系统和社会群体各种要素的稳定状态。

在交易市场中,"动态平衡"特指某些需求方和固定的供给方在一段时间内多次达成同一交易。这貌似可以给平台带来复购,但是如果平台对交易双方绑定不强,交易双方又不希望给平台交税,就很有可能脱离平台进行交易,也就是"飞单"。

另外,一个网络的价值取决于节点间开放自由活跃的连接数,如果供需连接倾向固定,节点间缺乏流动和互动,短期内意味着平台稳定,长期来讲网络的价值就会变低乃至衰退。平台的这种两难选择也叫"动态平衡陷阱"。

"动态均衡陷阱"是抑制交易规模可持续增长的障碍。很多依赖"专家供给"的平台,比如提供律师、医生的交易平台不容易形成网络效应,就是因为这些领域对用户的容错率低,用户一旦跟一些专家建立比较好的合作关系,就会一直合作下去,从而导致飞单现象非常严重。另外,一些对服务者信任成本极高的市场,比如医美、宠物美容师市场,也有典型的"动态平衡陷阱"。"动态平衡陷阱"虽然是平台的一个致命缺陷,但并非无药可救。

第一,对于依赖专家供给的平台,平台有三板斧可以破解"动态均衡陷阱":首先,锁定飞单风险高的名医、名家的供给,深入绑定合作;其次,要对专家的供给生产环节深度赋能,比如提供交易工具和交易支持,由此提高专家脱离平台的转换成本;最后,通过开发标准知识付费产品,扩大每个专家的服务人群,在提升专家收入的同时,降低用户成本,完成供需和平台的多赢。比如,得到平台破解

第四章 优术篇B:调结构,筑壁垒,保增长

"动态均衡陷阱"就是通过锁定名家、独家帮助专家定制标准化知识付费产品来实现供需和平台三方共赢,从而避免了飞单。

第二,B2B 交易平台面临的典型场景是,即使供需双方通过平台完成交易,但由于后续履约均按合同周期交付,不再需要反复、高频的匹配,供需双方有可能在下次签约时绕过平台,进行直签。平台如何应对呢?可以考虑商业模式上将交易免费,但通过 SaaS 工具赋能双方,进行订阅收费;或者通过供应链金融和其他赋能业务,比如物流仓储进行货币化。这样交易双方觉得平台收取的是增值服务费用,而没有从交易中赚钱,飞单动力就会降低。

第三,需求侧有稳定的供给侧偏好,平台可以通过需求侧的动态不平衡和足够的单量来降低动态不平衡。如果再能锁定部分需求,就会进一步抑制飞单。

比如,在携程、美团酒旅这样的 OTA(Online Travel Agency,线上酒店代理)平台上,有一定比例用户的出行目的地相对固定,并且倾向于选择固定的酒店。为什么用户即便是酒店会员也依然选择携程这样的 OTA 平台,而不去酒店官网直接订房呢?原因就在于,一是 OTA 平台集合了海量订单,规模经济导致单一用户即便是酒店会员也很难拿到比 OTA 平台更低的价格;二是 OTA 平台订房体验优于酒店官网订房体验,还有游戏化激励,用户还时不时有些小确幸。通过高性价比、更好的订房体验,携程等 OTA 平台保证了需求侧动态不平衡,总有大量增量用户,订单密度及稳定性高。所以,酒店要确保入住率,只能跟 OTA 平台合作。另外,随着 OTA 品牌的壮大,以及在企业客户中的渗透率日益提高，很多企业规定员工差旅只能通过OTA平台下单，这相当于官方抑制了飞单的泛滥。

第四，将服务供给标准化。供给越标准化，平台对供给的定价、引入、考核就越容易，也就越容易扩大交易规模。以网约车为例，虽然司机、车辆不同，但对司机的要求是一致的，即把乘客按时、按路线、安全地送到目的地。基本服务流程也是标准化的，从上车时的系安全带提示，到行驶路线的全程展示，再到乘车后的乘客打分，所有信息都可以记录、数据化，并闭环影响供需的决策。服务供给越标准，就越容易扩大交易规模，提升平台价值。

第五，提供即时型和冲动性需求场景的快速供给，培养用户对平台的习惯依赖。当用户遇到响应时间短的需求场景，平台撮合供需的职能更难替代。比如，叫车场景用户无法等待太长的时间，用户难以与已经交易过的车辆线下交易，必须通过平台实时分发订单；再比如，在求职平台中，有各种灵活用工需求，比如突发的活动需求、运营需求可能需要大量临时工，这种临时性、时间紧的需求，就比较依赖平台来做交易撮合。为什么叮咚买菜要确保29分钟送菜到家，为什么外卖平台、电商平台花大力气投资优化配送物流，从次日达变成小时达乃至30分钟达？这的确是平台型公司的撒手锏。这种快速响应需求的能力，只有主导平台有可能持续提供，而且这种能力也会强化平台的网络效应。比如，亚马逊把物流和履约能力（FBA）持续优化成商家的一个重要赋能点，将商家锁定在平台上。

平台去中介化陷阱

互联网似乎存在一种天然使命，就是去中介化，降低信息不对称，干掉利用信息不对称赚差价的经纪人。但无数失败的尝试验证了平台无法代替经纪人的服务职能，成规模地处理个性化的需求场景。这种两难选择，我们称为"平台去中介化陷阱"。

比如二手房交易、租房业务，成交之前卖家通常要与多位买家接触，如果每次带看、议价都由卖家完成，卖家的交易成本就太高了，此时经纪人可以提供"带看与议价服务"。在议价期间，买方还会多头比较，这种比较是非结构化的，买方可能会有各种各样的个性化要求，这些高度个性化的场景只能通过平台的"连接者"，即经纪人来提供服务，从而完成交易闭环。

那么，交易平台业务在哪些场景中需要"连接者"这个中介呢？

首先是单纯的"履约中介"，其职责是连接买方和卖方，完成交易闭环，比如电商平台快递员、外卖骑手。当然，快递员可以是平台自营的，也可以跟物流公司深度合作。通常自营的更能保证履约体验，美团骑手最初是外包的，最终变成了自营。

其次，高客单、决策复杂、客户需求非常个性化的交易市场需要专业的经纪人或者销售顾问提供信息和专业经验，以提升双方的交易体验，进行交易撮合。平台的经纪人服务能力跟交易规模的增长息息相关，最典型的是各种车和房的交易平台。"连接者"在其中发挥的作用是节省卖方的时间成本（比如带看）、向买家提供更丰富的信息以提升成交概率。

最后，垂直电商社区更需要专业的鉴真和鉴定人作为连接者撮合交易。

比如，高榕资本投资的得物（前身是"毒"）这样的潮鞋社区和交易平台。为什么对球鞋爱好者来说，得物比天猫、京东这样的大电商平台更有吸引力？也许是因为限量款的独特供给，也许是社区的潮流氛围，但最本质的原因是平台通过专业在线鉴别师提供鉴定保真服务。

所以，即便得物上的价格比渠道高，用户也愿意在得物上买。这就给了得物更高的溢价空间和更高的毛利，更何况还有虎扑社区的导流因素和得物社区天然的人气，这些能够确保得物保持优秀的单位经济模型，并能持续投资"鉴真服务"优化，推动得物增长飞轮的加速。从事类似业务的 StockX 能在与亚马逊旗下 Zappos 的竞争中独善其身，鉴真师提供的保真服务是其重要的差异性壁垒。

过去几年又出现了天天鉴宝、对庄、玩物得志这样的文玩珠宝直播交易平台。文玩珠宝一直是淘宝直播中最受欢迎的品类之一，为什么这些公司能够在淘宝直播之外找到自己的生存空间？还是因为这些平台通过专业连接者提供了"鉴真和鉴定"服务。由于文玩珠宝市场的品类复杂、标准模糊，大平台做起来感觉有些鸡肋，而垂直领域用户又有切实需求，因此对鉴定的需求更加突出。

可以说，作为垂直交易平台中的专业连接者，"在线鉴定师"是平台独立存在并为平台买家创造独特价值不可或缺的中介。

公私域流量边界陷阱

所有交易平台都面临流量分配的两难选择：是尽可能把流量收归公域，让平台更有话语权，具备最大规模可支配变现流量呢？还是允许流量包产到户，卖家可以私域运营，比如留微信号、单独拉群、去站外交易？这与公司产品运营理念相关，不便统一定论。

通常在平台增长早期，对私域的管理可以相对宽松。一是因为这样可以吸引更多卖家入驻，将平台店铺视为自留地精细运营；二是平台增长早期很难做到货币化，而且团队小，平台没有定型，没有精力也没有能力制定特别细化的流量运营规则。到了平台增长的中后期，平台对各类管理风险的掌控越来越有经验，可以有更多精力反作弊和防止竞争对手流量反洗，同时也希望提升变现率，所以就会强化私域流量监管，将更多公域流量变现。在平台和商家博弈的过程中，公私域流量分配平衡经常是个难题。如果平台控制太多公域流量，商家流量成本将变高，而且很难经营复购，单位经济模型恶化，这会增加商家逃离平台的动力。平台给商家更多私域流量空间固然对商家有激励，却很难提高货币化比率。而且对有些不善于经营私域的商家来讲，公域流量不足，买量竞价价格会更高，也会造成流量分配不公，导致部分商家逃离平台。所以，私域流量和公域流量的边界界定是平台需要平衡的难题。

公私域流量边界和多方博弈的情况是平台长期存在的议题。比如，淘宝最初对私域流量是非常开放的，但企业发展到一定规模后，出于变现压力，淘宝开始试探性收拢公域流量，推出类似直通车广告的业务，立刻引起了商家的大范围抵制，最终被迫罢手。以当时淘宝的GMV规模，其实还无法与几百万商家强硬对抗；商家当时在淘宝上的业务规模和依赖程度也不足以支持淘宝做利益收割。直到一年多之后，淘宝重新推出直通车广告业务才实现平稳过渡。

监管边界陷阱

通常平台对交易双方的监管包括禁止规则（即不能做什么）和鼓励规则（即提倡做什么）。无论是禁止规则还是鼓励规则，各交易平台都有一些普适的监管目标，比如：降低交易过程中的信息不对称，增强交易对手信任感，促进交易持续有效进行；鼓励商家在以用户利益为先基础上的良性竞争；保护交易双方的资金、账户和数据安全；确保商家私有产权，包括商家各种评论、数据、评级和私域用户的运营权；商家商品或服务交付的质量控制；防止交易双方脱离平台，从事对平台利益有伤害、对用户体验有损的交易；提供扶植新商家、中小商家的政策，确保商家生态均衡。

在监管的过程中，所有交易平台优先发挥自由交易市场配置资源的机制，能不干扰用户就不干扰用户。但一旦平台发展到一定规模，各种"羊毛党""刷单党"，还有一些短期投机者一定会利用平台规则的空白，对平台进行有害的套利；另外，还会出现顶流商家和普通商家的分化，容易助长马太效应，形成顶流商家的寡头化。如果商家结构固化，新商家就没法参与平等竞争，这会抑制平台持续保证供给的多样性和差异性。

平台虽小，五脏俱全。在所有监管规则中，平台设计者应该做到平衡，比如兼顾公平和效率，兼顾各方短中长期的利益分配，兼顾部分类目和整体品类的流量平衡，兼顾新老商家需求，兼顾品牌商家和中小商家需求，兼顾公域和私域的管理需求。另外，除了平台自律监管，国家也开始密集出台各种法律和行业监管条例，防止平台的垄断，增强对平台参与者等中小主体的权益保护。以上均涉及监管尺度和边界拿捏问题，要避免"平台监管边界陷阱"。

如何掌握边界呢？一是守住底线边界，保护交易安全，保护商家私有产权，保护用户体验，保护平台利益，同时不要违法，要与各方和谐共处。二是处理好竞争边界，鼓励良性竞争，鼓励创新，鼓励新商家和中小商家平等竞争。三是要将监管规则流程化和产品化，用数据和算法测试监管边界设置是否合理，并在跟商家和用户的积极互动中迭代监管边界和规则，比如利用算法抓取违规场景，对不同边界进行 A/B 测试，找到最优边界点，再比如对于鼓励的规则，可以通过搜索召回和排序规则，在相关商品推荐规则中得以体现。

有人说好的制度就是最好的增长引擎，因为它可以引导交易主体的积极预期。所以监管规则和边界把握看似跟增长无关，实际上是交易平台持续增长的有力保证。

双边泛化陷阱

产品从无到有，通常都是抓住一个特定群体的需求并逐步扩大渗透率，当该群体的渗透率达到一定规模时，为了持续增长，必然要将一个产品的目标人群泛化，也就是出圈，将其他圈层的用户也揽入怀中。但人群泛化需要突破多重阻力，平台不但要对需求侧进行泛化，也要对供给侧做品类泛化，提供与新需求匹配的供给。

但泛化是有边界的，新人跟旧人审美趣味不一致，偏好也不一致，跨越边界的激进泛化，可能导致平台人群冲突激化，加剧平台内"鄙视链"的形成。更有甚者，快速泛化可能导致平台的"水化"——想得到新欢，却失去了旧爱。

所以，泛化需要有条不紊地从相近场景、相近人群开始，通过有效 A/B 测试，逐渐实现平稳过渡。有些泛化的方向相对阻力较小，边界容易把握，反之则要特别小心。

通常，平台面向的初始人群是年轻的、高线城市的，只要供给不做特别大的更改，平台往大龄人群、下沉城市的泛化相对阻力较小；反过来，从大龄人群往低龄人群，从下沉城市往高线城市泛化，则阻力较大。此时面临的不是边界问题，而是跨界太难。

如果人群泛化有难度，可以考虑围绕同一人群做场景和品类泛化，提升这个人群多场景的消费价值。

平台货币化陷阱

我们前面说过，平台通过创造平台总剩余，是可以也应该实现货币化的，但货币化率不能因为资本市场的期待而一提再提。货币化率是平台与商家博弈的结果，最终会被转嫁给消费者，形成连锁反应。当商家在平台上还没有获得充分的价值，产生足够的依赖，也就是供给利用率不足时，平台如果提升货币化率，可能导致商家逃离。

15%的综合货币化率被认为是一个交易平台抽佣的警戒线。平台税高，其实是对其他替代平台的一种补贴，促使其他平台以更有利的政策来争取商家和用户。

产品的经济性与增长限制

规模经济与规模不经济

规模经济和单位经济模型乍听之下跟增长系统没什么关系，但它们实际上是限制增长系统潜力的天花板，或者是导致增长系统崩溃的那块短板。

规模经济也叫规模效应，指的是在规模足够大之后，某些固定或者相对固定的成本会被合理摊薄，从而有效地降低成本。传统的规模经济是指单品的生产规模足够大，才有可能产生规模经济。

比如，好市多是典型的传统规模经济的受益者。好市多基本是成本定价，这种模式本身就是巨大的增长利器。成本优势导致大量订单规模，规模又能保证跟供应链的议价权，同时可以摊薄固定成本，用更低的成本与对手竞争。规模经济确保了好市多的成本优势，成本优势又带来更多用户成为好市多会员并持续续费。规模经济是好市多保持增长飞轮的核心，没有规模经济，好市多的模式将难以为继。

但是，为了适应用户个性化、精细化场景的需求，产品生产模式也逐渐转变成多品种、小批量、个性化生产，在这种新的趋势下，是否有可能实现规模经济？如果一味迎合消费者，企业将无法实现规模经济，甚至可能丧失成本优势，在竞争中处于劣势。新规模经济模式的实践者通过行业共享平台或者企业模块化生产中台，可以在多品种、小批量、个性化、可组合的生产场景中实现规模效应。这种模式下取得的规模效应被称为新规模经济。

需要注意的是，规模并不必然导致规模经济，规模扩大也有可能带来规模不经济，比如由于管理复杂度变高，需要增加更多的人员做管理，甚至合规成本也在变高。又如，对于大多数餐饮连锁的新消费品牌，当规模扩大到给定数量的多城市门店之后，部分食材的供给可能出现一些规模经济，但是由于管理复杂度高，管理成本快速上升，反而出现总体规模不经济。所以，规模不一定能带来护城河，只有具备规模经济的系统才具备防御性。

单位经济

与规模经济相关的一个概念是单位经济（Unit Economics，简称UE），即通过最小化单元的交易逻辑来评估增长回报和商业模式的可行性。

单位经济就是指在商业模型中，能够体现收入与成本关系的最小运作单元。由于整体交易数据是由所有的单笔交易叠加得到的，所以研究透单笔交易的逻辑可以洞察商业模式的本质，找到核心问题。

单位经济的商业逻辑是先看每单笔交易是否能赚钱，再看赚的这些钱加到一起是否能弥补获客成本（LTV>CAC），最后再算出考虑固定成本情况下的盈亏平衡点的条件，并且分析这些条件是否能达成，以及在什么情况下该如何达成。这样就达到了用数学逻辑验证商业模式的目的。所以，评价哪种商业模式更优越，更有利持续增长，UE是个重要的维度。

UE有多重要？一切脱离UE谈增长，都是耍流氓。1元成本的产品非要7角钱卖出去，自然可以创造无限的收入，也会赢得消费者奇高的NPS，口碑爆棚，但这样的模式最终还是行不通。比如，跟亚马逊同时代的天价融资电商平台Webvan就因为这种操作而"暴毙"。还有软银加持的Brandless，虽然用户口碑很好，但最后也折在UE上。中国曾融巨资的无人货架公司，还有部分生鲜电商公司，前期的获客模式基本都是靠负毛利做高单量，但当资本不能续命，这些公司自然也难逃劫数。所以，不少明星公司最后失败不是因为消费者不喜欢，而是因为单位经济模型没有跑通，导致要么夭折止损，要么再靠资本续命。

大家可能会说，市场中烧钱补贴用户的公司不是有很多吗？不是很多也很成功吗？不是各电商平台天天都玩百亿补贴吗？首先，成功的补贴策略从来不是简单烧钱。补贴的账是要算在UE中的，有些补贴只是减少了毛利，但不为负，甚至比用广告买用户的成本更低。其次，补贴是为建立供给或者需求的习惯，习惯建立起来后就有复购，甚至有交叉复购，连带购买其他商品，这时候的补贴相当于引流，单独看补贴商品 UE 不好，但整体看 UE 可能并不差。另外，如果养成长期习惯，持续复购，那么补贴就是贴短期钱，赚长期钱，长期的 UE 也会得到优化。

所以，在关注增长放量、指定补贴策略的时候，都要思考 UE。规模效应为什么重要，因为 UE 会变好，商业模式有可能跑通。网络效应不但会改善收入项，也会优化成本项，所以 UE 也会好。所有护城河的来源，最终都能在 UE 模型中体现，即使不是短期 UE，也会推动中长期 UE 变好。成长期的投资人也会把 UE 测算当作一个重要维度，选择入场时机。

商业模式与增长效能

2C 的互联网产品往往将获客与变现过程分离，早期先跑马圈地，中后期再考虑精耕细作，收割流量。我们前面介绍过精益增长模型的五种因子：激活、留存、转发、获客与变现。增长的最终指向是价值创造，这意味着变现是代表增长质量的终极因子，留存只是代表增长质量的过程因子。有黏性的用户未必能够带来商业价值；只有带来商业价值，且能持有带来商业价值的忠实用户才是最有价值的。变现模式的选择就是商业模式，好的商业模式是追求交易主体共赢，而且可以持续产生收入的变现模式。只靠短期流量、单次资产售卖的赚钱方式最多算生意模式，不是真正意义上的商业模式。

变现方法取决于不同的商业生态。在我们关注的主流商业中，无论是2C的品牌、游戏、工具软件、社交媒体或内容平台、交易平台，还是2B的企业服务和B2B的交易平台，虽然变现方法各异，但本质上所有好的商业模式都有一个本质特征，那就是可持续性，买单的"金主"愿意持续花钱，甚至花更多钱。如果羊毛出在羊身上，我们就希冀羊能茁壮成长，年年都有羊毛可以薅，年年羊群都可以壮大。如果羊毛出在猪身上，同样也希望猪能膘肥体壮，猪崽兴旺，短期可以卖猪鬃，长期可以吃猪肉。

在上述商业形态中，有四种主流的商业模式：一是商品或业务差价，二是交易抽成，三是订阅或用量收费（可能以会员、订阅、内购、软件授权、专利授权等方式体现），四是广告。从这些模式的表面意义来解读，貌似只有订阅和用量模式才是挣可持续的钱。其实差价模式、抽成模式、广告模式都跟续费相关。如果差价过大，会导致没有回头客；如果抽成过高、课税过重，会导致买卖双方不愿意持续在平台交易；如果广告主因为流量不给力，大比例流失，则不会有持续投放。这些最多算"生意"，但算不上好的"商业模式"。好的商业模式一定要关心"收入"的留存，也就是"金主"的留存。

至于创业者选择哪种商业模式，这可能跟产品的流量性质、变现场景和变现效率（成本收益）高度相关，跟商业形态中公司与用户、客户、供应商和替代者的议价权高度相关。波特的五力模型是能帮助我们理解商业模式选择比较好的框架，但商业模式并非一成不变，它也会创新和进化，不断追求与商业形态最匹配、变现效率最高的模式。商业模式还跟商业形态的参与方博弈能力相关，比如一个产业链上下游都依赖的"链主"更有定价权，商业模式也会更好。

商业模式要想可持续，收益必须足够覆盖成本。最好的商业模式肯定是支持长期投资回报率、变现效率最高的模型。

如果一个平台有可以转化成电商用户的流量，那么它是自建电商还是通过广告模式跟电商平台合作呢？除了未来的战略考虑，这主要就看自建和合作的投资回报率哪个更大。通常自建平台的投入成本和各种隐形成本都比想象的要高，而生命周期总价值可能远没有期望的那么好，特别是现有平台已经形成强大的网络效应，而自建平台要比现有平台创造出巨大的独特价值和平台总剩余才能获利。比起通过把广告导流给主流电商平台来进行合作，自述平台的长期投资回报率通常没有想象的那么好，更不用说自建平台可能是对公司能力圈的极大挑战。

除了广告这种"羊毛出在猪身上"的间接商业模式、交易收成的直接商业模式，我们看到可循环收费的订阅模型逐渐成为 2C 新品牌和 2B 企业服务比较青睐的商业模式，资本市场也更愿意为这种模式支付更高的溢价。这是为什么呢？

订阅模型最大的优势是收入的可持续性、可预测性，还能驱动客户养成习惯，而且 UE 模型也有可能越来越好。UE 优化的原因是 LTV 随着续费在提高，而 CAC 通常只是企业一次付费，长期受益。

订阅模型在企业服务和消费者工具产品中普遍采用，即便是售卖实体商品的，在商业模式选择中，有持续收入的"剃须刀+刀片"生意也要比收取一次性收入的"电动剃须刀"生意更受投资人青睐。

"电动剃须刀"生意就是一定要在本次交易中覆盖用户获得成本，商业模型就是赚取收入和成本差价。而"剃须刀+刀片"生意则是看中一个用户的长期价值，第一次交易时不追求赚钱，甚至可以白送剃须刀架，然后依靠长期卖刀片把利润做大。

"剃须刀+刀片"模式是20世纪初吉列公司创造的商业模式。这种模式后来又泛指用很低的利润，甚至是白送，销售一个耐用的产品，即"剃须刀"，以其驱动高毛利的自有耗材或者是可抛弃产品，即"刀片"。这种"一石二鸟"的商业模式既降低了首单门槛，保证了用户复购，又能保证经常性收入，培养用户长期习惯，提升品牌忠诚度，是塑造品牌的绝佳模式。

"剃须刀+刀片"模式适用于那些供给侧有明显差异性，需求侧具有耗材高频消耗的品类。中国品牌私域流量和用户运营体系的日渐成熟，也为这种模式的实施提供了便利。这种商业模式有几种变形版本，比如Freemium模式，即基本功能免费+增值功能付费；还有硬件+软件/内容订阅，因为软件和内容也算是一种数字耗材。

在新一代DTC品牌中，美国吉列的挑战者Dollar Shave Club和Harry's就是采取类似的定价模式。其他案例包括：硬件+软件/内容订阅，比如Peloton、微软/索尼/任天堂游戏机+游戏更新订阅、苹果；雀巢的胶囊咖啡机+胶囊咖啡包套装；自动洗手机+洗手液套装；

隐形眼镜+护理液套装；打印机+墨盒；商用洗碗机+洗碗液套装。

虽然成功案例很多，但是要玩转"剃须刀+刀片"模式还需要注意：

第一，这种模式首先要求企业拥有完整的产业链，如果产品拥有封闭的自有系统、自有产品标准及接口标准，会产生非常高的转换成本，这将是护城河最高的一种模式。如果在用户体验上过关，就会带来长期的复购。

第二，一旦封闭系统被打开，就要从品牌深化、产品体验甚至通过会员这种模式提升用户的转换成本，以确保复购率。

总之，商业模式跟商业形态的流量性质、变现场景和变现效率直接相关。在追求变现效率的过程中，要注意变现率的合理水平，毕竟变现要么意味着对用户收费过高（订阅和内购付费），要么意味对商家收费过高（比如交易抽成），要么意味着对用户体验干扰过多（比如广告），这几种情况都会不同程度影响留存，导致用户或商家流失。过高的变现率可能意味着杀鸡取卵，会伤害一个产品的长期投资回报率。

提升转换成本，驱动长期留存

要加强对原有用户的锁定，提高转换成本是一种具有结构性优势的护城河，可以极大驱动客户的长期留存。对单用户来讲，可以通过锁定数据、锁定口味（成瘾性食品）、锁定心智（习惯依赖）和锁定关系链（社交网络）来提升用户的转换成本。而拥有大体量用户的产品，可以通过更多的"嵌入性"设计，提升转换成本，锁定用户群。转换成本通常包括：

- 程序性转换成本，比如核心专利授权和核心流程嵌入。
- 关系性转换成本。
- 财务性转换成本。
- 数据性转换成本。
- 功能性转换成本，比如 SDK/API（软件开发工具包/应用程序接口）、硬件模组、App 手机预装、工业软件系统预装。
- 技能性转换成本，通常是专业技能网络效应带来的结果。

互联网或企业服务公司往往通过多种锁定策略，将自己的产品形成用户或客户依赖的"基础设施"。通常有以下三种主要的策略。

第一，简化产品，提升产品的嵌入友好度，使产品成为"基础设施"。

互联网或者软件产品可以通过将产品简化、封装核心功能、最小化 Footprint、将产品 SDK 化或者以 API 进行输出，硬件产品可以将核心能力模组化输出，便于其他产品低摩擦嵌入，将产品功能变成其他产品的基础模块。

互联网产品达到一个规模量级后，都应该思考如何将自己的一部分核心功能以极简的方式封装起来，开放给行业，成为行业的"基础设施"，从而提升产品的嵌入成本。比如账号体系、广告 SDK、实时音视频处理能力、安全检测能力、机器学习能力、算法策略能力等等。再比如微信支付，除了首创红包功能，又将微信支付封装成 SDK，嵌入其他几乎所有有交易场景的 App 中进行合作，使得市场份额从零做到跟支付宝等量齐观。这几乎成为互联网规模增长期的标准操作。

第二，加强其他主流产品相互嵌入，成为场景"基础设施"。

比如，微软的 Microsoft 365 覆盖了企业办公全场景的全套工具，彼此之间无摩擦互操作，无缝嵌入，而且跟所有主流的云服务都是无缝嵌入。一旦习惯了使用这套系统，强大的嵌入性将使用户很难切换到其他替代系统进行办公。

Salesforce、DocuSign、ServiceNow 等成功的企业级软件都是通过无缝的相互嵌入，锁定企业客户的习惯，同时这种嵌入性导致客户一旦脱离系统，一切都会变得不方便。在企业云服务领域，嵌入越广泛，越容易锁定客户心智，客户也就越难迁移，这也会导致强者恒强。

第三，通过投资并购"嵌入性"模块，保护"基础设施"地位，形成更强的锁定效应。

这是巨头惯用的锁定策略。比如 CRM 巨头 Salesforce 进行各种相近场景的产品并购，还有脸书当年在社交领域的几个果断并购，构建出了一个转换成本奇高的"产品家族"。

品牌嫁接网络会有增长奇效吗？

小米的联合创始人黎万强在《参与感》一书中透露，他做 MIUI

时有一个疯狂的想法，就是"能不能建立一个10万人的互联网开发团队"。而当时，MIUI团队只有20多人，MIUI是小米真正意义上的第一个产品。

显然，实现这个疯狂想法唯一的方法就是让互联网论坛上的技术大牛和产品爱好者深入参与到产品研发过程中。服务普通米粉的重任不再只是由小米开发团队来承担，而是由10万超级粉丝组成的众多虚拟开发者来承担。小米品牌这种独特的"用户开发模式"的好处是，用户越多，就能越快找到产品缺陷，越快推动产品迭代改进，用户体验就越好。基于这种开放研发模式的小米，不但具备粉丝之间的直接网络效应，而且具备10万超级粉丝作为服务者、千万小米用户作为普通用户的双边服务效应。

像小米这样以品牌为核心构建的用户网络或者粉丝网络，我们称为品牌网络。品牌网络用户达到一定规模时，用户之间有高频互动，品牌网络也可以具备网络效应。有机会打造品牌网络的产品通常具有如下特征：

第一，产品有一定的技能或技术门槛，用户需要提升经验值、解锁新技能，才能收获产品的最大价值。比如大疆无人机等相对专业的3C产品、专业的生产者工具和开发者工具，通过用户社区很容易构建品牌网络。除了这些需要硬核技能的产品，对于类似美妆这样的产品，用户也需要经验升级，所以一个品牌网络有助于普通用户从资深用户那里取经，收获更多的产品价值。

第二，产品有话题性，与正在崛起的社会、文化和科技潮流相契合，形成"文化共识"，而早期用户往往都是发烧友和重度爱好者，或者引领潮流者。比如小米的口号是"为发烧而生"，就是要在安卓系统中营造类似苹果系统的用户体验，这在当时简直是石破天惊。特斯拉、Beyond Meat、露露乐蒙、Peloton 都是这样的品牌。

第三，产品要能开放从开发到流通全生命周期的部分节点，让用户参与创造。开放的节点越核心，越能激发特定专业用户的深度参与，越有可能构建一个有黏性的网络。如果只是在社交媒体上开放用户评论，或者通过营销活动让用户参与，很难构建具有网络效应的用户网络。

第四，品牌要能提供社群功能，鼓励用户间的互动。如果可以有效支持用户参与社群治理，那就会强化品牌网络效应的形成。

第五，如果品牌的商品交易能够增加一些类金融特性，也会助力网络效应的形成。比如 Supreme 各种活跃的二手交易；再比如在得物上活跃的运动品牌，得物社区也为这些潮流品牌提供了类金融交易平台。未来非同质化代币（NFT）在品牌交易中的创新应用会增强类金融属性，也会强化品牌网络效应的形成。

第六，品牌可以通过转介绍和游戏化引导用户沉淀关系链，并参与促进网络形成的深度互动。

第七，品牌的加盟网络天然具备一定的网络效应，可以结合前面的 6 点经验进行增强。

下面我们分享一些新兴品牌构造品牌网络的实例。

露露乐蒙：瑜伽潮流、社群和游戏化驱动的品牌网络

我们先给结论，露露乐蒙借势全球日益壮大的瑜伽爱好者的观念共识网络，搭建了一个由门店教育家和本地品牌大使构成的供给侧，服务由瑜伽和运动爱好者组成的需求侧。这个双边人群构成了一个比较高频的包含训练、社交和交易的本地品牌网络。这个网络在疫情期间正在全面转到线上，变成可以跨越地理边界、用户与品牌大使之间都可以互动的平台。露露乐蒙线上社区提供网上课程和不断更新的训练计划，并提供用户之间交流训练故事和品牌故事的平台。露露乐蒙品牌网络在线上的延伸，不但帮助品牌抵消了疫情对线下店面的打击，还助推用户和交易规模逆势增长。

露露乐蒙品牌网络成功的经验总结起来有以下几点：

首先，抓住瑜伽运动在北美兴起，以及运动和休闲开始合流的风潮，通过解决瑜伽爱好者的运动服痛点，成功打开这个细分且不断扩大的市场——这个市场当时还不是主流，也没能引起耐克、阿迪达斯和安德玛的足够重视。露露乐蒙造势能力一流，算是全球瑜伽和运动生活方式的开创者、旗手和推手，将一群追逐这种潮流文化的疯狂粉丝纳入了品牌网络。

其次，品牌网络的供给侧由两类核心专业用户构成，一类是其门店员工，也就是门店产品教育家，另一类是由当地知名瑜伽教练组成的品牌大使，这些品牌大使相当于签约教练，他们共同服务消费者。

露露乐蒙对产品教育家的选择很严格，首先必须是品牌目标客

户 Super Girl 群体中的一员,另外教育背景要好,发自内心地喜欢运动健身,生活积极,有活力,认同品牌理念和文化,至少是个品牌 KOC。去过露露乐蒙门店的人对此都有体会。

露露乐蒙对品牌大使的选择也很苛刻。产品教育家要花费半年甚至更长时间,从当地的瑜伽老师、健身教练和瑜伽达人中选择品牌大使。这些品牌大使在当地有很多粉丝和较大的社群影响力,这为露露乐蒙提供了一个低成本精准获客的渠道,帮助品牌比较顺利地完成了本地品牌网络的冷启动。除了社区大使这个最主要的群体,露露乐蒙还有由 40 多名国际明星运动员组成的精英大使和瑜伽大师构成的全球瑜伽大使团队,负责培训社区大使,还与消费者直接互动,这对于网络两端用户的留存都很有帮助。

续约之后的品牌大使从网络中获得的激励包括肖像照上墙、品牌故事宣传、每年有 2000 美元的制装费、赠送新品,还有不定期户外团建基金。每家门店每周有一次社群活动,店内和店外各占一半,会邀请品牌大使来完成瑜伽的课程教授。每个季度都会有"品牌大使日",召集一个地区的门店经理、产品教育家和大使进行培训和团建。

总体而言,露露乐蒙门店的产品教育家和品牌大使互动非常频繁,而品牌大使又跟品牌用户有比较高频和深度的互动。如果把品牌网络当作一个平台来看,你会发现双边用户黏性都很高。

这个品牌网络有几个特点:

- 高素质的产品教育家群体,而不是普通的销售人员是维持品牌大使和品牌粉丝的桥梁。他们采用的专业沟通模式圈粉能力极强。比如，去过露露乐蒙店的用户应该会有这个感觉，就是店员跟潜在客户聊的不仅仅是衣服。如果客户面临选择困惑，店员会与客户讨论健身的场景、健身的习惯，然后才推荐商品，并介绍相关的社区活动。

- 产品教育家这个群体工作量很大，工作时间之外还要去本地瑜伽馆探店、面试品牌大使，还要组织每周的社群活动。如果不是因为热爱，教育家群体很难如此投入。
- 露露乐蒙除了给品牌大使一些制装费、赠送服装，也会在闭店时间免费把门店提供给品牌大使，用于给粉丝做公开课和体验课。当粉丝看到品牌大使穿着最新的装备来训练时，自然会询问了解。品牌大使在训练场景下对粉丝潜移默化的种草，极大提升了粉丝的复购频次，这是门店、品牌大使和用户的多赢。用户在此过程中找到很多同好，也提升了这个社群的黏性和网络效应。
- 网络的主角是消费者而不是品牌，品牌更多的是撮合产品教育家这样的专业用户与热爱瑜伽和运动的普通用户的连接者和赋能者。品牌不是高高在上，而是通过这样的网络，帮助产品教育家和普通用户实现外在目标和内在梦想。

在新冠肺炎疫情期间，露露乐蒙试图在线上通过品牌大使组织用户利用 Zoom 这样的工具进行在线训练，同时也提供了很多 PGC 教程开放给用户，以加强用户之间，以及品牌和用户之间的互动。

第三，露露乐蒙的产品教育家激励体系也值得借鉴。这些激励体系能够保持门店教育家群体对职业的长期热情，形成"职业心流"。

所有产品教育家都需要在店面工作满一定时间，通过跟客户沟通积累运营经验。之后，有三个职业发展方向：一是负责门店陈列，门店上新橱窗、海报、主视觉等等；二是负责社群运营，包括门店每周的社区活动策划、执行和效果评估；三是门店运营，包括负责和门店产品相关的大部分运营，如新品培训、每周收货和盘点、和总部同步采购需求等等。

由于产品教育家拿的大多是时薪，这群人最初是因对品牌的热爱而来，如何防止这群人在工作三年后产生职业倦怠，特别是其中的女性员工较多，结婚生子是不可避免的问题，如果没有好的激励机制，产品教育家群体就会失去长期工作的热情。当然，如果公司业务增速不够，没能提供足够的激励和晋升空间，也很难留住好员工。

产品教育家在经过实习期后，可以晋升到小组长、门店副经理和门店经理，每个级别薪酬都有至少 50% 的涨幅，还有更好的奖金激励体系。奖金激励机制大体是这样的：门店开业第一年是非考核期。此后每年调整一次门店运营目标，细分到按月和按天的营收目标，以及配套的奖金池。通常有三档，目标完成 80%，时薪 35~50 美元；目标完成 100%，增加时薪 13 美元；如目标完成 120%，再加时薪 13 美元。这个数字因区域不同而不同，由一整套 UE 模型精准测算。

总部还会给各个门店评级。目标达成门店规格会升级，配货会更全。门店若无法达到目标，则无法升级，款式无法更新。更多更好的爆款会配送到表现更好的门店，避免库存积压。总部对电商部门单独考察，按全球不同区域进行销售竞争，通过游戏化手段激励销售团队取得更大的绩效。

以上就是露露乐蒙构建品牌网络的一些经验。类似地，苹果门店销售也倡导"专家"文化，有点像"产品教育家"；星巴克则倡导"伙伴"的文化和组织体系，都是以用户为核心，形成一个自我增强的人际网络。如果横向对比，露露乐蒙执行体系更加严密，社群氛围更加浓厚。

小米手机：品牌粉丝网络与小米生态链网络

今天大家都在谈 DTC 品牌，但小米应该是中国首推，也是迄今为止最成功的 DTC 品牌之一。小米的所有早期产品只通过论坛和小米商城售卖。小米的"米粉文化"道出了私域流量的核心：粉丝文化。小米品牌的早期用户增长策略有很多可圈可点之处，特别是小米从 MIUI 工具起步，通过构建社群，逐步发展出一个粉丝网络，后来又进化成一个包含小米生态链的更大的网络。

小米是中国品牌最早提出粉丝文化的，倡导"员工即粉丝""粉丝即正义"，一切以"米粉"为中心、共同参与的用户开发模式。小米手机在正式发布之前，通过一年时间优化 MIUI，也就是小米版的安卓操作系统。在此过程中，小米构建了一个由小米员工、1000 个外部资深"荣誉测试组"成员、10 万个开发版用户，以及众多 MIUI

用户构成的品牌粉丝网络。

在MIUI取得成功的基础上，小米又将开放用户开发模式延展到手机开发和升级中，构建了一个更大规模的品牌粉丝网络，开放节点也从研发、测试，拓展到设计、营销、销售等层面。

在小米手机成功的基础上，小米又在基于小米账号的线上线下平台中，构建了一个包含由小米及其生态链组成的供给侧和小米全线用户组成的需求侧的双边网络。

小米的早期增长经验在小米联合创始人之一黎万强的《参与感》一书中有详细介绍，雷军在很多场合也有精辟阐述。作为小米早期比较近距离的一个旁观者，我说一些对我比较有启发的点吧。

第一，小米"橙色星期五"的用户开发模式，免费撬动了一个由1000名资深开发者组成的"荣誉测试组"和由10万人开发版用户组成的小米超级用户开发团队。通过这个模式，小米成功在小米手机发布之前构建了由50万MIUI铁杆粉丝构成的类似"维基百科"的品牌开放网络。这个网络拥有独特的荣誉机制和利益机制（主要是F码，就是朋友邀请码），并开放节点，让用户加入，加速了MIUI的迭代优化，所以创造了极强的网络效应。这些铁杆用户也成为一年后小米手机销售破冰的最初种子用户。

"橙色星期五"模式大概是这么操作的：

- 用户通过每周二提交的"四格体验报告"，汇总上周用户喜爱、吐槽和期待的功能，然后组织开发。周四内测，周五下午发布新一版有小米橙色标志的 MIUI。

- 对米粉来讲，每周的发版循环形成了一个有仪式感的习惯回路，而每周五新版 MIUI 的发布就是对参与米粉的精神酬赏。这些热爱刷机、体验新系统和新功能的发烧友，最大的成就感源于参与设计 MIUI 的某个功能，修复一个他们发现的重大漏洞。所有有贡献的粉丝在论坛上都会被提及名字，提得多的人就被小米社群视为"大神"。这种酬赏带有随机性，就像游戏通关一样，使得发烧友每周都不能懈怠。这种近乎成瘾的发版循环带动了更多手机发烧友加入进来。

- MIUI 每周升级有两个设计非常新颖，一个是升级公告会每周有视频教程，点击看完视频后可以到论坛交流；另一个是系统升级重启后，会有消息引导用户去微博炫耀最新版本的体验。这些操作会强化粉丝的深度参与。

- 小米为员工设立了"爆米花奖"，授予每周新功能用户点赞榜第一名的项目员工。奖品虽然是一桶爆米花，但员工收获的是粉丝拥戴的"大神"般的荣誉感。当员工和用户通过论坛零距离接触时，无论是被称赞还是被吐槽，不需要领导分配任务，每个研发工程师都能自我驱动改进产品，产品研发效率非常高。

- 小米将研发团队彻底小组化，两三个人围绕一个核心模块，根据米粉反馈，持续迭代优化。这种开发模式是不是让人感觉小米就是由很多开发者小组服务米粉的双边网络呢？

- 粉丝如何成长呢？成长体系是从稳定版用户，到重度活跃用户，再到开发版用户,最后到荣誉内测组成员,简称"荣组儿"。小米前期花费了大量时间,从最活跃用户中筛选 10 万个对产品功能改进非常热衷的开发版用户,然后通过反馈水准再筛选出具有极强专业水准的 1000 个荣誉内测组成员。这些海量编外产品及测试人员驱动了小米 MIUI 的快速迭代。

- MIUI 的升级制度因此形成了不同的灰度和梯队版本,其中更新最快的是荣誉内测组的内部测试版,每天升级,有最快的新功能尝试和漏洞修正测试;其次是开发版,每周升级;最后就是稳定版,通常 1~2 个月升级一次。
- 由此,MIUI 的开放开发模式形成了一个黏性极高、具备网络效应的粉丝网络。对资深用户来讲,越多人成为小米的粉丝,他们在论坛和社群的认可度就会提升,荣誉感也会提升;另外,越多用户参与使用产品的开发版,找到漏洞的速度就越快,产品功能和产品体验迭代得就越快,这也是网络效应的一种体现。

第二,小米手机将通过 MIUI 习得的用户参与感法则延展到小米全线,将产品、服务、品牌和销售的节点都向粉丝开放,让粉丝参与进来,建立一个粉丝可触碰、可拥有、和用户共同成长的品牌。这可以说是小米成功的关键点。

第三,小米把原有的粉丝网络拓展到一个由小米生态链作为供给侧、粉丝作为需求侧的双边网络,就是今天的米家平台。

小米通过提升用户参与感构建品牌网络,使用了三个战术:开放参与节点，设计互动方式，扩散口碑事件。如果这三点做得到位，能有效激活消费者，使其变成生产者、传播者、设计者。小米社群的参与人越多，对小米产品的体验就会越好，小米社群的网络效应就会更强，也会带来更多的自然获客增长。

关于这三个战术的使用要点，《参与感》一书中是这样描述的：

- 开放参与节点，把做产品、做服务、做品牌、做销售的过程开放，筛选出让企业和用户双方获益的节点，只有双方获益的参与互动才可持续。开放的节点应该是基于功能需求，越是刚需，参与的人越多。
- 设计互动方式，根据开放的节点进行相应设计，互动建议遵循"简单、获益、有趣和真实"的设计思路，互动方式要像做产品一样持续改进。2014年春节期间的"微信红包"活动就是极好的互动设计案例，大家可以抢红包获益，有趣而且很简单。
- 扩散口碑事件，先筛选出第一批产品认同者，小范围发酵参与感，把基于互动产生的内容做成话题和可传播的事件，让口碑产生裂变，影响十万人百万人更多地参与，同时放大已参与用户的成就感，让参与感形成螺旋扩散的风暴效应！扩散的途径一般有两种，一是在开放的产品内部植入鼓励用户分享的机制，二是官方从与用户的互动中发现话题来做专题的深度事件传播。

这几点原则，即便放到今天也很有启发意义。

除了露露乐蒙和小米，美国在疫情期间股价暴涨数倍的网红健身设备品牌 Peloton 也是成功构建品牌网络的范例。Peloton 搭建了明星教练与用户的双边网络，并利用用户群组、用户间的互动功能、教练与用户的互动来强化网络效应。Peloton 通过直播大班训练课和录播课内容更新，做到了虽然供给侧只有少数明星教练，但匹配效率很高。这几年在国内火起来的潮牌 Supreme 的品牌打造，也是通过构建一个高黏性的粉丝网络完成的。Supreme 通过各种联名限量版、网上抢购，以及二手转让，增加了这个粉丝网络的直接网络效应（越多人加入就越可能成为老用户的二手买家），也增加了双边网络效应（联名增加供给，二手交易创造新供给）。

综上所述，品牌如果可以跟技术、社会、文化、体育、生活任何一项社会潮流相契合，并能找到一群重度发烧友作为初始用户，就有机会构建一个强大的粉丝网络。这个网络会给品牌带来大量的口碑传播和自然获客。而粉丝在社区中频繁互动又会相互强化品牌的认同感，并能构建粉丝间的关系链。人性总是憎恶认知失调，特别是对粉丝来讲，如果让他们脱离钟爱的品牌，无疑是一场背叛，还会导致巨大的品牌转换成本。所以，品牌系统借助粉丝网络，是有机会构建强大的网络效应的，这种网络效应能够增强品牌的定价权，也具有极高的竞争壁垒。对于想从事 DTC 的新品牌从业者，不妨设想一下如何利用网络效应加速品牌的增长。

第五章

识人篇

建立用户对产品和服务的
长期依赖

第三章介绍了一个典型的增长团队在确立增长框架之后，应如何根据产品节奏调整增长节奏，根据增长节奏调优关键要素匹配，驱动快速增长。其核心是利用数据驱动的增长框架和分析方法，做好核心因子的优化，做好不同阶段的关键要素匹配，以驱动增长。无论是产品与市场的匹配，局部功能与整体产品的匹配，产品供需两侧的匹配，增长目标与内部组织能力、运营能力、外部渠道和监管的匹配，还是放量阶段"产品渠道化，渠道产品化"的产品渠道匹配，每个阶段都有不同的匹配重点，但均以数据和模型驱动为主，用户反馈为辅。

这种源于用户反馈但又高于用户反馈的增长模式无疑是最高效的。数据背后是一个个鲜活的个体，如果我们能真正理解数据背后的人的行为动机、习惯养成、心智建立的驱动因素，就能更好地解读用户的真正需求和隐含需求，提升我们对用户的同理心。产品最终是产品设计者（包括增长团队）与用户间的契约，只有理解用户行为的底层逻辑，才能判断什么是好的产品，什么样的产品机制能够驱动用户做出我们期望的行为，才能契合用户的动机触发、习惯养成、心智建立，最终建立对产品和服务的长期依赖。所以，"将心比心"，才能驱动倍速增长。

对一个产品来说，短期留存看激活，中期留存看习惯的养成和心智建立，长期留存则要看用户是否形成了对产品的习惯依赖乃至固化，心智上是否已经全然接受一个产品或品牌所带来或者象征的价值，产品是否已经成为某些场景的刚需和基础效用。所以，我把产品按照用户心智演化状态分为四个阶段：第一，产品要激发用户想要（want）；第二，用户被激活，把产品变成需要（need）；第三，用户养成产品使用习惯，或者品牌嵌入习惯中（habit）；第四，用户对产品形成习惯依赖，产品进化为某些场景的基础设施或者效用（utility）。只有走到第三步和第四步，才标志着品牌心智的出现和建立。形成习惯依赖的品牌才可以穿越周期，不惧各种流量的兴衰，成为时间的朋友。

拿消费品牌来说，二级市场的投资人会将成熟的消费品牌分为两类，一类是必需消费品（consumer staples），另一类是可选消费品（consumer discretionary）。必需消费品代表公司有可口可乐、宝洁、雀巢、好市多、沃尔玛、高露洁等。但比较奇怪的是，烟草、咖啡、酒类这些成瘾性产品也被归类为必需消费品，可能因为这些产品对需要它们的人来讲也是刚需。必需消费品的特点是基本没有周期性，因为人类与其生死相依，具备很强的锁定效应，所以具备长期复购和留存的优势。当然，能够成为"必需"的产品都需要很多年的沉淀，在供应链、产品创新、品牌塑造方面都要形成极强的壁垒。

可选消费品的门类更广，选择更多，可以理解成消费升级的需求，比如精神性消费、悦己型消费、剁手型消费、炫耀型消费乃至安心型消费。总之，此类消费行为满足许多人追求的生命意义：活着的一切为了多巴胺和内啡肽。可选消费品的问题是比较容易受经济周期的影响，在钱包变紧时，首先砍掉的往往是这部分预算。但当经济恢复之后，这些深入人心的品牌往往能够快速反弹，成为消费者的首选。新品牌成长的最佳路径就是从可选消费品的某个细分品类切入，但当新品牌晋级网红品牌后，能否成为长红品牌，就要看建立用户的习惯回路和成瘾回路的能力，这样至少可以最大限度弱化可选消费品的最大弱点——周期性。

用户行为改变的底层机制

用户行为产生和改变的底层机制是一切产品增长的原点。我们在新用户激活行为的分析中提到这个公式：用户行为 =（动力 – 阻力）× 触发 + 酬赏，算是比较直观地解释了用户行为改变的机制。这个公式的理论基础是行为设计学之父福格教授提出的动机理论。

什么是动机呢？福格认为，动机是一种过程，它能激发和维持个体进行活动，并导致该活动朝向某一目标的心理倾向和动力。福格为此创造了一个动机行为公式：B=MAT，即用户行为（Behavior）的改变取决于三大要素：动机（Motivation）、能力（Ability）和触发器（Trigger）。三者关系见图 5-1。

图 5-1 福格模型示意图

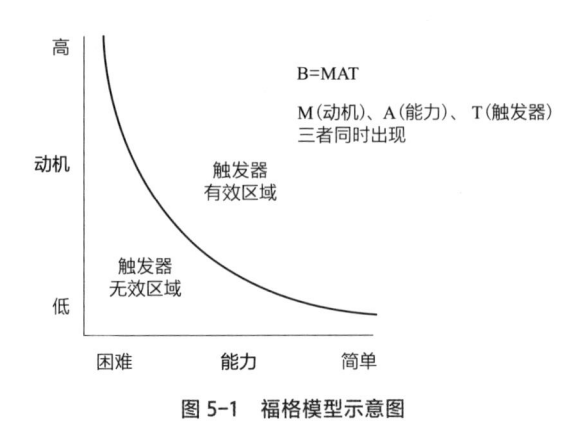

如何理解这个公式？第一，导致行为改变的最大驱动引擎来自动机。福格认为主要有三对力量影响动机，即追求快乐，逃避痛苦；追求希望，逃避恐惧；追求认同，逃避排斥。这三对动机都是由内而外产生的，一旦被激发出来，会有特别强的爆发力。很多时候，产品设计者认为有价值的体验，用户却无动于衷，因此，我们首先要排查的是，用户的价值观是否跟我们设想的有很大差异，导致用户动机不足。另外，产品引导的体验乃至我们对外的叙事是否能够引起目标人群的动机共识。如果没有，就要重新设计。

第二，我们要重视能力局限对行为的影响。即便用户有动机产生行为，但如果能力上有障碍和限制，也会心有余而力不足。福格模型中的"能力"，其实是用户各种力不从心的能力障碍。要想让用户发生行为改变，就要把这些阻力或者摩擦力消除掉。一个产品对用户行为阻力越小，用户越有能力做出改变。

福格认为主要的能力障碍有六种：（1）完成某项行为所需的时

间；（2）金钱，即从事某项活动所需的经济投入；（3）完成某项行为所需消耗的体力；（4）完成某项行为所需消耗的脑力；（5）社会偏差，即他人对该项行为的接受度；（6）反常规性，按照福格的定义，就是"该项活动与常规活动之间的匹配程度或矛盾程度"。

这些能力障碍在增长实战中有哪些体现呢？

首先是时间。如果一件事情特别耗用户的时间，即便用户觉得这件事很好，也很难产生行动。比如，像 Keep 这样的产品，用户习惯就很难建立，因为首先取得肉眼可见的健身效果需要花很多时间，其次体力付出也很大，导致用户习惯的建立存在天然障碍。但像短视频，用户可以随时用碎片时间去刷，时间的能力障碍就很小。我们在前面激活行为的优化中谈到要减少一些不必要的支持行为环节，也是为了降低用户感知激活行为的时间。

其次是金钱。与购买、交易相关的场景，金钱因素都很重要，特别当经济下行时，金钱更是一个重要的障碍，这很容易理解。关于金钱障碍，如果一个产品无力解决，可以利用"心理账户"理论来转移或者淡化金钱障碍。什么是"心理账户"呢？就是人在花钱的时候，并不会按照统一的成本收益核算，而是会在内心构建出不同类别的心理账户，分别进行计算，有些账户花钱心理障碍小，有些账户花钱心理障碍大。很多人都有四个心理账户：意外所得账户、情感维系账户、零钱账户、保命求生账户。比如，很多父母自己不舍得花钱，但是给孩子花钱却很大方，因为给孩子花钱刚好落入其情感维系账户；脑白金广告之所以有效，也是因为触发了消费者的情感维系账户。直播电商的产品通常定价过百就很难卖，因为百元以上刚好超出了用户的零钱账户。所以，降低用户花钱障碍的一个策略就是要改变用户对产品的认知，将其从不愿意花钱的心理账户，转移到愿意为此付钱的那个心理账户。这个时候你就会发现，可能曾经很小气的用户变得非常大方起来。其实用户并不是真的小气，而是你的这个商品并不在他愿意为之付费的那个心理账户里面。

再次，体力和脑力也是常见能力障碍。特别费力、劳神和烧脑的东西是产品推广路上的拦路虎。苹果产品总是提供令人尖叫的体验，其秘诀之一就是让三岁小孩也可以秒懂产品的操作，完全零学习成本。抖音、快手这样的短视频平台崛起的原因之一就是提供足够简单且足够炫酷的短视频创作工具，让普通人也能快速上手，体验成名15分钟的快感。让用户容易上手，不易上头，永远是产品设计的核心法则。

另外，社会偏差和反常规性，也就是所谓的"心智障碍"，也是一类非常顽固、难以改变的能力障碍。如果一个行为太标新立异，有可能引发非议，用户使用该产品就会有压力，或者即便使用，也不愿意跟人分享。那些特别小众的产品，或者可能暴露用户隐私的产品就面临这方面的增长压力。有些创新产品苦于无法出圈，其核心原因也是有"心智障碍"。

最后一类障碍，也是一种"心魔"，叫"人设障碍"，就是如果这个产品跟用户的人设不匹配，即便质量很好，用户也不会用。所有老化的品牌都面临这样的挑战。因此，可口可乐要不断刷新品牌，讨好年轻人；国货要变成国潮，核心也是要突破年轻人的心智障碍。

第三，我们谈谈触发器。触发器就是促使用户立刻行动的诱因。触发器有五种类型：付费触发、反馈触发、人际触发、产品自主触发和内部触发，强度依次变强。最强的触发器就是内部触发，是用户的思想、情绪、情感驱动用户产生行为。其他四种触发则属于外部触发，其中：付费触发通常是付费广告和营销活动，我们经常看到的场景诱导行动（Call to Action）的广告就是付费触发，比如，看到"今年过年不收礼，收礼就收脑白金""困了累了喝红牛""6亿人都在用的拼多多，拼的多，省的多"这些经典广告，你就会想到相关产品或下载相关App；反馈触发是通过文章和软性内容提醒用户产生的行为改变；人际触发是靠朋友之间的口口相传触发行为，通过人际触发，消除障碍，激发用户动机，用户就可能产生行为；产品自主触发就是基于特定场景提醒用户使用产品，比如各种通知、提醒，还有产品的运营活动。

把上述行为模型重新简化，就得到我们在前面提到的公式：用户行为=（动力–阻力）× 助推（触发）+ 酬赏。其中动力相当于动机，阻力对应的就是能力障碍。酬赏既包括类似自我触发的成就感，也有来自他人的认同感，也可能是实物奖励。酬赏是帮助产生用户行为后，形成行为的正反馈。

有了酬赏之后，用户就会被驱动复购或者再次使用产品，这种行为正反馈一旦循环起来，形成稳定的增强回路就是习惯。所有新产品的成功，无论是2B还是2C，本质上都是建立新习惯，或者替换旧习惯，或者兼而有之。

用户是如何建立并养成习惯的？

什么是习惯？神经系统科学家指出，人脑中存在一个负责无意识行为的底层神经节，叫"基底核"，那些无意识产生的条件反射会以习惯的形式存储在基底核中，从而使人可以腾出精力去做其他的事。这意味着，当面对类似问题和环境时，大脑会触发这种无意识的行为，这就是习惯。那习惯是怎么从无到有的呢？在习惯之下做的决策似乎都是无脑的决策，但我们还有很多烧脑的决策要做。如果用户在选择产品和服务时，可以少烧脑，多"无脑"，放下戒备，敞开心扉，那该有多爽！

这中间的奥秘隐含于行为经济学之父丹尼尔·卡尼曼提出的双系统理论。在其著名的《思考，快与慢》一书中，他指出人有两种系统：一种是系统1，即思考的快系统，是直觉思考、冲动思考、惯性思考，它不太消耗大脑能量；另一种是系统2，即思考的慢系统，是理性思考、理智思考、复杂思考，耗能比较多。研究表明，人有超过70%的决策是系统1做的。使用大脑是很耗能量的行为，所以人在进化过程中学会用低耗能的系统1来完成相对简易的行为，只有在处理复杂行为时才用高耗能的系统2来完成。下意识的决定、快速的决定往往都是系统1做出的，给人的感觉就是决策不过脑子。系统1是负责执行惯性行为，也就是条件反射的系统，位于大脑中的基底核部位。系统2负责理性决策，位于大脑中的新皮质部位。如果看大脑顶层，其中新皮质占了一多半的区域。有人说脑容量大，人就聪明，其实是指系统 2 对应的新皮质容量比较大。

用户怎么养成习惯呢？当用户学习一个新技能的时候，比如开车，开始时肯定由系统 2 处理，烧脑耗能；但在学会之后，大脑就会将开车的很多操作从系统 2 切换到系统 1。习惯的产生其实就是从系统 2 切换到系统 1 的过程，这已经有大量的生物学实验证明。比如：在迷宫后面放一块巧克力，让老鼠闻着味慢慢去寻找，找到之后吃掉。在这个实验中，巧克力对老鼠来说就是一个酬赏。当老鼠跑了很多回，摸清套路之后，只要闸门一开，老鼠闻到味道，就能直接找到巧克力。在此过程中，看老鼠大脑结构的变化，我们会发现一开始老鼠新皮质区域是非常活跃的，因为解锁新技能需要系统 2 来处理。在老鼠对该操作驾轻就熟后，它的新皮质区域将不再活跃，因为老鼠已经切换到系统 1 基底核区域来快速执行该操作，高效而且不耗能。

那么，习惯建立之后，怎么维持乃至强化，甚至替换旧习惯呢？

这些问题在美国商业作家查尔斯·杜希格的《习惯的力量》一书中揭示得很清楚。他提出了"习惯回路"的概念，就是一个由"暗示"、"惯性行为"和"酬赏"三个要素组成的增强回路。其中"暗示"类似福格所说的触发器。酬赏通常分为三种：第一种是社交奖励，第二种是猎物奖励，第三种是自我酬赏。"习惯回路"的典型路径是：当用户经暗示被触发产生行为后，如果从这个行为中获得酬赏，下次再遇到相同暗示的时候，用户就会继续产生类似的行为。这种循环会随着时间和重复次数增多而变得自动化和自我强化，暗示和酬赏之间的联系也变得牢不可分。习惯形成以后，大脑便停止思考决策，行为变得自动自发。杜希格认为，只要依照习惯回路的三段论，维持暗示和酬赏不变，将旧的惯性行为替换为新的惯性行为，即可改掉旧习惯。当然，结合之前的用户行为公式，如果暗示更多元、更强大，酬赏更多变、更有吸引力，习惯的改变就会更快速、更有效。

杜希格在书中分享了现代人类是如何建立用牙膏刷牙这个习惯的。这个利用"习惯回路"三段论建立新习惯、替代旧习惯的营销案例，对我们今天设计增长机制很有启发。

在绝大多数人的意识中，用牙膏刷牙似乎是生而有之的习惯，如果我说这完全是营销使然，很多人都会难以接受。但事实是，用牙膏刷牙的习惯在人类历史上只是近几十年的事，在此之前人类没有这个习惯。在20世纪初，全球只有不到1%的家庭有牙膏，但目前全球有70%~80%的人使用牙膏刷牙，有65%的人每天都用牙膏刷牙，这可能是影响人类的一个极大的习惯改变。

这个改变几十亿人的习惯是怎么发生的呢？我们先讲讲转机之前是怎么做的吧。20世纪早期牙膏的营销宣传点是防龋齿，这个功效今天大家都习以为常，但是防龋齿见效太慢了，而且只对部分用户有效，即便有用户因龋齿而牙疼到不行，也不能通过刷牙马上消除疼痛。所以，这种只从产品出发的营销卖点完全失败。从系统思维视角来看，这个问题的本质是因（使用牙膏）果（消牙痛和防龋齿）链存在滞后反应，导致一个短期生效的增强回路或者习惯回路无法建立。所以，破局之道，就是找到一种能快速体现产品功效的正反馈，加上营销攻势助力，才有可能形成一个习惯回路。

转机要归功于美国的一个牙膏品牌白速得。白速得的宣传卖点是刷牙可以去除牙垢膜，让你拥有一口漂亮的白牙。这个牙垢膜是白速得品牌炮制的概念。牙垢膜是什么呢？其实就是我们吃完东西之后，牙齿上会自然形成的一层糊状的薄膜，主要是食物的残留，容易产生细菌，会让人不舒服。在白速得的广告之前，人们并没有意识到这层牙垢膜的存在，但是随着宣传铺天盖地，有些人开始注意到它，越注意发现它越碍眼，让他们一看到就恨不得拿起牙刷消灭它。于是，刷牙的暗示就这么形成了。而刷完牙之后，你确实能看到牙齿被清洁得很干净。后来白速得在牙膏配方中加了薄荷油、乐蒙酸，味道清爽，这样刷牙之后不但有美白效果，还能清新口气，虽然是短暂的，但仍然让人觉得开心自信，这就是用牙膏刷牙的酬赏。再通过宣传攻势，包括文章的触发、广告的触发、用户的自我触发，让用户每天吃完饭、早上起来的时候，觉得口里会形成牙垢膜，就要用牙膏刷牙，以迅速得到酬赏，这样就形成了习惯回路。

新品牌增长源于新旧习惯回路的对抗

白速得基于消费者的洞察进行的营销触发了一个步步精心的习惯回路，从而让用牙膏刷牙成为一种改变全球人生活方式的习惯。在信息过载的今天，理性说教和广告轰炸对于新产品流行、新品牌建立显得更加苍白无力。所以，一个新品牌的增长很大程度上取决于能否在目标用户的心智中建立一个更强大的新习惯回路，来对抗、碾压旧习惯回路。

如果新产品刚好是针对全新用户或全新场景，而且产品体验或者自我酬赏足够有吸引力，那么建立新习惯回路相对容易，只需要降低用户建立新习惯的阻力和摩擦。比如，新冠肺炎疫情期间崛起的 Peloton 将美国人的健身场景从健身房迁移到家中，不但通过网红教练的培训视频和虚拟直播提供了虚拟健身房的体验，而且一年总体拥有成本（单车 + 每月的内容订阅费）低于传统健身房费用。Peloton 受益于持续的疫情阻断了到健身房健身这个旧习惯，从而一跃而起。当用户发现 Peloton 提供了足够的便利性，即便疫情后健身房重新开放，也会通过 Peloton 健身。现在 Peloton 已经是全美健身领域最有价值的公司了。Keep 自从 2020 年开始增长提速，也是相似的逻辑。

但是，如果新品牌针对的并非新场景，用户群也并不全是新用户群，建立习惯回路的周期也没有那么短，那么新习惯回路与旧习惯回路会面临激烈的比拼。新习惯最终胜出，一定程度上新习惯回路能够碾压旧习惯回路。怎么理解碾压？就是新产品相对旧方案要有明显的体验差，而且最好要有更强的暗示或者触发，如果能找到更高频的场景作为触发会更有效。与此同时，酬赏要更及时，要经常变化，更游戏化，更贴合新目标用户群体的心智（社交酬赏和猎物酬赏）。酬赏自身也要效果明显，或者能够提供明显占优的体验（自我酬赏）。我们以改变人类口腔矫正习惯并成就万亿市场的隐形正畸巨头隐适美为例。比起炮制"牙垢膜"而改变人类用牙膏刷牙习惯的白速得，隐适美面临的市场难度更大，不但起步阶段面临传统医疗势力和监管部门的阻力，而且牙齿矫正本身的周期就很长，所以新习惯替换传统模式正畸并非易事。事实上，隐适美真正崛起就是美国社交媒体高速发展的这10年，2021年其市值突破6000亿美元。中国的对标巨头时代天使也是2015年才开始在小众人群中建立起用隐形矫治器进行正畸的新习惯的。隐适美和时代天使的崛起，除了产品方案足够创新，在舒适度、医疗效果方面都碾压传统解决方案，而且充分利用社交媒体放大了"牙齿整齐"的预期美感，并利用庞大的医生网络（主要是新兴庞大的牙科诊所）的专业推广，隐形正畸才成为今天90后和00后等高度重视口腔颜值的一代的必备习惯。

仔细想想，中国人的很多新习惯，上至医美微整口腔正畸、高端医护深度保养，下至日常的吃喝玩乐用，都是近20年才开始建立的。这些都是品牌契合了习惯回路的机制，新品牌和新习惯才可以生根发芽。打造习惯养成的产品天然具备增长力，不但边际获客成本近乎为零，而且产品的生命周期更长。但新产品建立新习惯回路并不容易，可能有效的方法包括：（1）更及时的、可感知的酬赏，让用户更快获得爽感、快感，比如一些功能性和功效性产品、美容、植发、祛痘等，如果效果立竿见影，消费者很快就会成为拥趸；（2）除了体验好、见效快，新产品更易帮助用户铸造可以炫耀的"社交货币"，形成社交酬赏；（3）通过游戏化，让新产品更有趣，让用户进入心流状态，激活用户的猎物酬赏，完成新习惯的切换。

用户是如何形成习惯依赖的？

从"习惯回路"到"成瘾回路"

新习惯可以养成，就可以被更新的习惯替换。只有那些具备用户习惯依赖的产品，才有超高的黏性，也是驱动用户真正长期留存的核心要素之一。习惯依赖形成的机制是什么呢？斯坦福大学教授尼尔·埃亚尔和 Product Hunt 创始人瑞安·胡佛在《上瘾》一书中提出了一个习惯依赖的上瘾模型，包括触发、行动、多变酬赏、投入四个环节。从系统定律的视角来看，这就是习惯回路的拓展，在多变酬赏和下一次触发之间增加了一个特别重要，但容易被忽视的中间项——投入。用户投入越多，无论是时间、精力、金钱还是资源，就越容易自我驱动（内部触发），对外部相关信息（外部触发）也更加敏感，从而启动下一次触发—行动—酬赏—投入的循环。这四个要素组成的新回路的确比习惯回路更有黏性，用户转换成本也更高。由于行动反复执行就会固化成惯性行为，我把由"触发—惯性行为—多变酬赏—投入"形成的增强回路称为"成瘾回路"或"习惯依赖回路"，区别于由"暗示（触发）—惯性行为—酬赏"形成的"习惯回路"（见图 5-2）。前者跟后者的主要区别在于酬赏的多变性和增加了投入环节。

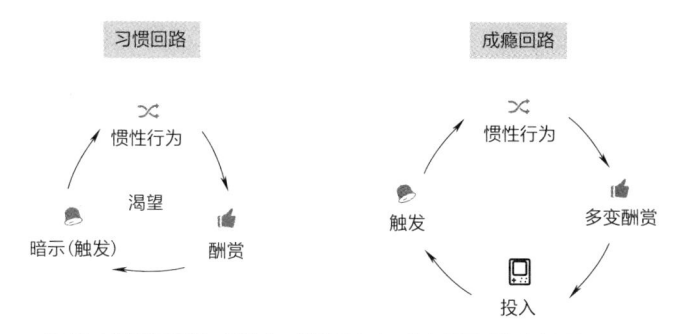

图 5-2 从"习惯回路"到"成瘾回路"

为什么需要多变酬赏

产品能够满足人们的某种需要，这叫作酬赏。但为什么酬赏要"多变"呢？心理学家斯金纳做过一个著名的鸽子实验，即将鸽子放入装有操纵杆的笼子，只要压动操纵杆，鸽子就能得到食物。鸽子很快发现压动操纵杆就能获得食物。在实验第二阶段，斯金纳做了小小的改动，这一次鸽子压操纵杆后并不能每次都得到食物，时而有，时而没有。结果鸽子压动操纵杆的次数明显增加了。这说明，多变性的介入使得鸽子更加频繁地去做这个动作。斯金纳的鸽子实验解释了驱动人类行为的原因，这种多变酬赏使得产品和服务更有吸引力的现象也被称为"斯金纳箱效应"。

多变酬赏主要表现为三种形式：社交酬赏、猎物酬赏、自我酬赏。那些让我们欲罢不能的习惯养成类产品或多或少都利用了这几类酬赏。

社交酬赏是指人们通过与他人的互动而从产品中获取的人际奖励。也就是说，为了被接纳、被认同、被喜爱，我们的大脑会自动分泌多巴胺、内啡肽等激素，以获得快乐感和满足感。社交媒体的各种点赞、评论、粉丝数、转发数就是社交酬赏。另外，大家刷朋友圈、刷短视频，虽然无法预知下一条是什么，但是算法会基于用户的实时行为特征，推荐下一条个性化的内容。这些都增加了奖赏的多变性，强化了斯金纳箱效应，用户就会进入一种沉浸式体验。

猎物酬赏是指人们从产品中获得的荣誉、权利和利益回报。用户为什么痴迷于游戏？玩游戏过程中升级打怪通关，这就是重要的猎物酬赏。股票实时行情、淘宝的"秒杀"、拼多多的"砍价"、唯品会的"特卖"、社交媒体的各种"勋章""特权"，都是用猎物酬赏的心理机制吸引用户。

自我酬赏是指人们从产品中体验到的操控感、成就感和终结感。比如，拼图类游戏爱好者为了完成一个桌面拼图而绞尽脑汁，他们获得的回报就是完成拼图后的满足感，而拼图过程中的各种挑战就是他们着迷的根源。再比如，教育产品的设计要有一定的难度级差，要有目标，如果学生学了半天看不到显著效果，学生的成就感不能被激发，就触发不了自我酬赏。

有限的多变性会使产品随着时间的推移而丧失神秘感和吸引力，而基于个性化算法和场景的无穷的多变性是促使用户保持长期兴趣的关键。多变的酬赏提升了产品吸引力，有助于习惯建立，但是形成长期的习惯依赖，还要靠最后的关键要素——投入。

投入度决定习惯依赖度

成瘾回路中的最后一个要素是投入。用户对某种产品和服务投入的时间、精力、金钱、资源越多，对该产品和服务就越重视，也就更可能持续使用该产品和服务，从而形成习惯依赖。投入阶段与用户对长期的酬赏的期待有关，与即时满足无关。经过投入之后的惯性行为会更容易固化，更具备"成瘾"特性。比如，尽管在很多地方都可以吃到现包的饺子，但大多数中国人还是认为自己包的饺子吃起来更香，甚至形成逢年过节包饺子的传统，完全超越了简单的习惯。再比如，美国的食品公司通用磨坊曾经想推广一款蛋糕粉（Betty Crocker），试图把做蛋糕变得跟冲速溶咖啡一样容易。在最初的设计中，蛋糕粉中含有添加好的鸡蛋粉，这样的一体化设计本来是想让做蛋糕更省事，但是消费者并不买单。后来，通用磨坊找来消费心理学家欧内斯特·迪希特（Ernest Dichter）救场。迪希特给的建议非常简单，就是把蛋糕粉中的鸡蛋粉去掉，换成"需要添加新鲜鸡蛋"，并在包装和用户手册中展示出来。结果这款蛋糕粉大卖，因为"需要添加新鲜鸡蛋"唤醒了用户亲自动手的"参与感"，增加了用户的"掌控感"，用户感觉味道更好，自然会买单，而且主动向其他用户推广。

这种用户因为投入度增加而高估一个产品的价值的现象，在行为经济学中被称为"宜家效应"，即用户因为对一个产品的深度投入，而对自己深度参与的产品产生非理性的喜爱。比如，那些将部分环节开放给用户参与的产品，用户会认为更有价值。小米、乐高玩具就是这样的典型案例。"宜家效应"会加速形成成瘾回路，引导用户强化习惯。

除了"宜家效应"，心理学家还发现用户一旦深度投入，总会尽力和之前的行为保持一致，避免认知失调。"狐狸吃不到葡萄说葡萄酸"就是一种避免认知失调的行为。在这则经典寓言中，狐狸通过改变对葡萄的看法来安慰自己。因为要承认葡萄鲜甜可口，可是近在眼前，自己却吃不到，一定会让狐狸心有不甘。为了调和这种矛盾，狐狸改变了自己对葡萄的看法。想想我们第一次喝啤酒和咖啡时的反应，并不觉得有多美味吧？可看到其他人都喜欢这种口味，我们就会多尝上几口，慢慢就习惯了。避免认知失调导致用户会强化已经形成的习惯，产生锁定效应。

投入度带来的第三个效应，叫储存价值。用户向产品投入的储存价值形式多样，包括创造的内容、沉淀的粉丝和朋友圈、持续的数据累积、解锁的新技能、各种实物和虚拟的权益、社区的声誉和口碑、账号价值等。储存价值越多，再次使用该产品的可能性就越大。

投入度增加又会加载下一次触发，这样在一个更强大的增强回路的作用下，经过多次循环之后，新建立的习惯就会成为一种习惯依赖，或者有上瘾的感觉。这也是用户依赖或者依恋一个产品的原因。如果将成瘾回路放在一个游戏产品中，可以看到这个回路是实时反馈、高速循环的，这样用户在游戏过程中就会产生心流体验，完全忘记时间的存在。

成瘾回路与使用边界

无论是上瘾模型还是成瘾回路,出发点都是提供一种改变用户行为模式的工具。秉承增长向善的原则,如果成瘾回路被有正确价值观的团队设计并运用,就可能帮助用户摒弃旧习惯,建立好习惯,成为推动健康、积极、美好生活的新动力;如果被滥用,也可能变成通过操控人性获利的工具,这样的产品和品牌不会走太远,终会被用户抛弃。即便产品设计者不带有恶意,也可能有意无意地操控用户。对希望建立长期品牌的团队来讲,还要防止过度营销、夸大营销,降低用户不健康的沉迷性。

产品设计者可以问如下三个问题,来判断自己的角色。第一,产品团队是不是该产品的忠诚用户?第二,该产品会帮助用户极大提升生活或工作质量吗?第三,该产品的功效有科学依据吗?基于对这三个问题的回答,我们可以将产品设计者分为三种角色,一是健康习惯助手,二是无聊生活杀手,三是安慰剂推手。健康习惯助手设计更有趣、更能建立延迟满足和长期满足,而不是即时满足的健康习惯,这样的品牌和产品不但更了解用户的需求,也更容易获得用户的信任,比如露露乐蒙、Keep、特斯拉、宝洁、耐克。无聊生活杀手团队通常也是其所设计产品的忠实用户,但这类产品很难持续提高用户的生活质量;鉴于这类产品有可能让用户沉迷,产品设计者应该思考如何在有趣和有用之间建立平衡。还有一类产品设计者,他们并不是他们所宣传产品的使用者,或者即便使用,这些产品也很难得到科学依据的支撑,所以这类产品设计者被称为"安慰剂推手"。比如一些兜售"燕窝"的品牌、很多医美产品品牌,他们兜售这种基于用户"痒点"的产品很容易建立用户的"成瘾回路",但可能有虚假宣传或者过度营销的嫌疑。当然,最恶劣的行为是把用户当韭菜,产品团队成为"韭菜收割机",这种无良操控用户行为的产品通常也不会有好的下场。

所以,成瘾回路是个改变用户行为的工具,能否发挥好的作用跟设计者是否有向善的初心有很大关系。成瘾回路不但揭示了习惯如何被固化的过程、游戏的魅力,也提供了一种新的视角,即如何化枯燥为有趣,化挑战为动力,而这种能力的系统性运用就是"游戏化"机制在社会各行各业的运用。

游戏化机制如何驱动增长

什么是"游戏化"?就是将游戏机制和框架运用到非游戏领域,来解决工作和生活中一切非游戏的问题。游戏化机制驱动增长体现在两个层面,首先体现在内部组织和外部生态的协作中。游戏化改造组织活力,驱动产品和业务高速发展的案例近年内开始变多,其本质是改变内外部系统主体间博弈结构,化竞争为合作,化惩罚为激励,化短期合作为长期共赢。其次体现在具体产品的增长驱动上,如何能让用户"寓事于乐",提供游戏化氛围、沉浸式体验和参与化激励,让用户进入啊哈时刻和心流状态。

游戏化驱动业务增长：改变内外组织博弈结构

好的游戏化机制可以改变产品服务的提供方与使用方的博弈关系，降低内耗，从而提高增长绩效。我们先拿"游戏化"机制改造教育系统的一个案例来介绍博弈结构的改变。多数人考试时得不到满分，因此考试成绩发榜注定是让多数人难受的时刻。美国的几位设计师在新冠肺炎疫情期间尝试用游戏化改变中学教育。具体改变有：第一，考试从减分制变成加分制，取消满分，上不封顶，每个学生都从零分开始，每完成一次作业，或者考试做对一道题，就取得更高的分数和级数；第二，引入班级总分制，这样的竞争机制激发了学生的集体荣誉感，促进了彼此的社交和互助，而不是明争暗斗；第三，课程体系变成了通关制，比如，这一周是数学周，下一周是英文周，大家协力通关，某一门课有专长的学生还能为班级赢得附加分，这样一来，班级中有不同特长的学生都能有机会展示自己的独特才华。毫无疑问，这样尝试了一个学期，效果非常好，学生参与度高，成绩也变得更好。但这个实验目前累积的数据还太少，尚处在实验阶段。不过不可否认的是，这样的设计改变了服务双方的博弈结构，从惩罚系统变成了激励系统，从竞争系统变成了合作系统，学习过程也变成了游戏过程。不难想象，孩子在这样的环境下学习，一定充满动力。

在商业增长的体系中，游戏化对内可以激发员工，提供一种简单公平的机制让员工参与裂变招聘、绩效考核、自驱管理，降低抑制增长的组织内耗；对外可以激发商业生态利益长期锁定、合作共赢，激发用户在产品中的打怪升级，增强产品与市场的匹配。

外部游戏化的例子比如贝壳所在房产经纪行业，之前是B端充满恶性竞争，C端经常被骗，整体市场效率极低，整个房产经纪都是正态分布，没有高效率的大公司。贝壳对行业最大的改变，就是用游戏化的模式（ACN）改变了行业的博弈结构，让C端从单次博弈变成多次博弈，让B端从零和博弈变成共赢博弈。

内部游戏化的例子，很多行业也开始尝试。比如，很多服务行业的品牌增长最大的瓶颈就是找不到合适的店长和区域经理。传统招聘模式不但效率低，流失率高，而且很难招到特别合适的人。酒店管理行业也是一样，抑制增长最大的挑战就是找到足够多的酒店经理，同时能够在每个区域迅速搭建一个经营团队。为了解决这个问题，万豪国际酒店在疫情之前尝试了一种社交招聘的新模式：在脸书上发布了一个职场社交游戏 My Marriott Hotel 进行招聘。在这个游戏里，玩家可以学习如何管理运营一家酒店，还可以到酒店的厨房、客房或者其他职能部门完成任务来获得积分，同时也有通关机制，可以挑战更难的任务和对技能要求更高的岗位。当玩家完成游戏之后，可以点击"Do it for real"（来真的）按钮，来提交工作申请。据万豪国际酒店介绍，通过这个游戏，他们的单一酒店招聘成功率提高了50%，而且减少了10%~20%的入职培训时间，至少提早20%的时间完成单店盈利。这样一来，酒店业增长的困扰算是找到了一个新的方法。

内外部游戏化都比较成功的典型，海底捞可以算一个。海底捞处于一个高度竞争，绝大多数玩家只能挣到平均收益的小公司林立的餐饮行业，但它却在这样一个最苦的行业成为超过千亿市值的行业巨头。如果没有内外结合、上下同欲的游戏化机制，没有内部员工类游戏化的放权、赋能和自我驱动，加上店长晋升和裂变开店，海底捞不可能在疫情肆虐的 2020 年保持 1.5 天开出一家新店的极速增长。

游戏化机制设计：理解游戏模型三大要素和心流时刻

游戏模型通常包括三大要素：一是核心玩法，是游戏中让玩家产生乐趣的核心机制，包括宏大目标及其核心规则，比如角色扮演游戏中的战斗系统；二是辅助功能，比如关卡、任务、故事等，将一场一场的战斗联结起来；三是成长线，比如游戏中的等级、装备、强化福利系统等。

游戏核心玩法是如何让玩家产生兴趣的呢？科学家是这样定义游戏的：游戏是一切动物或人的幼子为了生活和能力跃迁而产生的有意识模拟活动。人类也好，动物也好，对于对生存有益的行为，会通过奖励"快乐"（分泌多巴胺）来鼓励身体去执行。人类之所以喜欢甜食，是因为甜食能量高，有利于生存，所以吃甜食会获得更多的多巴胺，感觉更快乐。同样，玩游戏的时候也会分泌多巴胺，因为游戏是对生存能力的模拟，所以这种游戏的快感才被我们的身体奖励。

按照这个定义，所谓的核心玩法，就是指那些模拟生存技能的行为，同时可以产生快乐的核心机制。比如：追杀与搏斗（捕猎与逃生），战斗攻城（种族延续和猎物获取）、搭建城堡（筑巢）、模拟经营（获取钱财）、捕捉小动物（畜养家畜）、过家家（哺育幼崽）、设计小机关（类似多米诺骨牌、设计陷阱）、猜概率（斯金纳箱实验，对随机概率的好结果选择相信存在）。这些行为都是人类在自然界生存的自然玩法，这些自然玩法都会产生自然快乐。

核心玩法是游戏的主线，通过设立宏大目标，激发用户参与；成长线也很重要，将宏大目标对应的数值需求和终极酬赏变成与阶段性目标、关卡和任务相关联的游戏角色、装备和宠物等等。而辅助线就是将大目标拆解成小任务或各种关卡，引导用户持续挑战更大的目标，激发用户"进行一场又一场的战斗"。

游戏带来的快感与轻松的快乐并不一样，而是积极心理学家米哈里定义的一种沉浸式，甚至忘却时间的心流时刻。产生心流通常有三个条件：一是要有明确的目标，这是激发心流的根本源泉；二是提供即时反馈，也就是告诉我们是否在接近目标，接近目标的就会产生正反馈，相当于一种酬赏，就能产生增强回路；三是不断优化升级的障碍与玩家能力相匹配，通常挑战难度比玩家能力高出5%~10%，才能让人产生兴趣。成功的交易类产品比如Robinhood，职业成长平台比如LeetCode（力扣），兼职招聘平台Fiverr、Upwork，在游戏化机制方面都有很好的设计。在这些平台中，可以观察到，用户在成就感和挫折感的交替中不断精进。对处于心流状态的用户，除了具体的成就和酬赏，更重要的是激发用户更积极地参与，不断打怪升级，平台和用户各得其乐。

产品游戏化驱动增长：提升用户黏性

从游戏模型的视角来看，很多非游戏化产品低激活、无啊哈时刻、参与度低、新手期用户大量流失的原因通常包括：

（1）产品虽然有核心功能，但是没有核心玩法。没有玩法设计，用户就少了钻研的乐趣和获胜的成就感，自然参与度就低，没有黏性，缺乏中长期留存的动力。

（2）即便有核心玩法，但中间级差设计不合理，要么难度跳跃太大，要么难度没有变化，要么缺乏有效引导用户的关卡或者任务等辅助功能。

（3）产品中没有成长体系，或者只有雷同的排行榜和徽章等传统成长体系，用户觉得酬赏力度不够，也不够多样，正反馈强度不足，很难激发用户进入下一层循环。

相反，那些比较成功的产品，在借鉴游戏化机制时总能引入有差异性的核心玩法，在成长体系和辅助功能中引入创新元素，从而增强了体验的丰富性，极大提高了用户黏性和留存。比如在社交产品中，不但有核心功能，也有核心玩法。用户知道如何创造内容，引入社交链，增强粉丝互动，并在社区中积累社交资本，同时社交资本又可能帮助用户名利双收。这样用户对社区的回馈既有稳定预期，也有惊喜可能，用户参与度就能得到保证。比较有效的尝试有：

（1）在单人进阶的核心玩法之外，引入比拼机制，发起双人或多人对战，比如短视频的飙戏、直播间里的比拼、交易平台中模拟大赛和实盘对抗等各种挑战对决。

（2）通过组队完成任务，比如电商的拼团、彩票中的合买及一些群组的比拼功能，还有小组背单词、小组学习，在群体监督下防止个人"摸鱼"。

（3）提供少量超级运气，或者暴击概率的可能，比如百万英雄大奖机制，或者支付宝的"中国锦鲤"抽奖。

（4）多种关卡模式，提供斯金纳箱式不确定酬赏的刺激性。

（5）快速反馈的任务链条，从一个任务迅速切换到下一个任务，不断给予与能力相匹配的挑战。

（6）复活机制，特别是给那些有社区声望的普通人逆袭的机会。复活机制不但可以制造惊喜，而且可以将增长裂变融入复活机制中。

比如，因新冠肺炎疫情而成为新一代居家健身巨头的Peloton，在整体产品设计中大量运用了游戏化机制，使得订阅用户大幅度提高，用户的训练频次也有极大提升。Peloton的游戏化创新包括：

（1）通过直播，模拟健身房实景；教练可以看到每个人的个人信息、等级和数值，在开场和训练过程中不经意地跟每个人互动，或是打气，或者提醒，让用户感觉有个大牌健身教练在身边指导。

（2）无论是看录播还是跟直播训练，用户都能看到自己在排行榜中的排名，也能看到排名前五的人是谁。给用户的感觉不是一个人在苦熬，而是一群人在比拼；这样无形的群体氛围，让用户在相互监督下更容易克服懒惰，坚持训练。

（3）每个训练计划都有实时进度条，给用户实时反馈，增强其现场感。训练成绩的实时排名都展现在电子屏幕上，激发用户比拼，形成好的训练氛围。如果有好的排名，也能满足用户的炫耀心理。

（4）完成每个训练计划之后，系统根据用户体能和身体状态实时推荐了一些备选的训练计划。当然用户也可以自己重新定义任务，安排个性化的训练计划，给自己设置灵活的关卡模式。所以无论是对被动的用户，还是对主动的用户，Peloton 都提供了相应的选项，从而增强了用户的参与度。

（5）每周举办各种主题的组队比拼，设立名次，匹配奖励。

（6）Peloton 中还有很多社交功能，除了个人详情页，还包括个人粉丝、训练徽章、累计成就，用户也能关注网红教练，还能直接跟其他用户聊天，增强团队感和互动感。

峰终定律、峰值体验与服务产品化

峰终定律

沉浸式游戏化心流体验是产品跟用户互动的高光时刻。心流体验的出现频率和持续时间极大影响用户的参与度。在心流状态下，用户对产品和品牌可以爱屋及乌，并忽略产品的其他不完美。心流状态当然不能奢求，但是体验的好坏显然可以直接影响用户的偏好度和参与度，最终影响产品增长的绩效。用户体验有哪些规律可循，产品体验设计又如何兼顾产品功能和用户体验营造呢？

现代心理学实验的结果表明，不是所有的体验时刻生来平等，人们对体验记忆和评价是有偏向性的。行为经济学之父丹尼尔·卡尼曼通过研究发现，人们对体验的记忆和评价主要由两个因素决定：高峰时与结束时的感受，而在过程中的体验好不好，对最终评价的影响不大。这就是峰终定律（Peak-End Rule）。打个比方，一个用户去迪士尼，可能会坐过山车、太空飞船，晚上看焰火晚会等等。用户怎么对这一天的体验打分呢？通常的理解是用户对每一个项目进行打分，最后取个平均分。但实际上用户是按结束时的体验和峰值体验，包括最好的峰值体验或者最差的峰值体验来打分的。比如，如果最好的体验是 10 分，最后的焰火晚会给 8 分，一天下来的分数就是 9 分。中间有 3 分、5 分，只要没差到让用户打负分，用户基本会忽略不计。

知道了峰终定律，就能理解为何好莱坞的大片那么受欢迎。层出不穷的小高潮、大高潮及最后的彩蛋，才是观众体验和评价的主导因素。同样，一家餐馆没必要道道菜精致可口，只要有一两道特别出色的招牌菜，再加上餐后美味可口的甜点，大部分食客都会赞不绝口，感觉自己不虚此行。

峰终定律对于游戏化机制的优化也非常有启发。想一想很多游戏中打斗的高峰时刻、天降大礼、幸运暴击等等；还有游戏结束的时候，比如当玩家摧毁了敌方水晶的时候，画面定格看着水晶慢慢地爆破，然后屏幕上出现大大的"胜利"或者"失败"二字，同时需要点击一下才能回到游戏大厅，而不是停留几秒后直接回到游戏大厅开始下一局。定格结束后的体验就是要强化延长"胜利"或者"失败"的体验,加深用户的记忆:如果赢了,当然就是爽,想继续拥有这样的体验,我就再接再厉;假如输了,心里难过,心有不甘,我要再战江湖,证明自己。总之一句话,停是为了勾着你继续玩个不停。

峰终定律对用户留存乃至价值变现到底有多重要呢?美国咨询公司 Frost & Sullivan 做过一项针对多行业总计 12 万名消费者的体验研究。

这项研究根据客户满意度从 1 分到 7 分打分,然后将所有消费者分为两组:打 1~3 分的被分为 A 组,打 4~6 分的被分为 B 组。调研中观察保时捷、迪士尼和美国西南航空等公司主抓客户体验的高管如何分配他们的资源,以及哪种模式对于客户复购和生命周期总价值是更优选择。

研究发现,大部分高管直觉性地把 80% 的资源分配给 A 组,以期挽回不满意的顾客;将剩余 20% 的资源分配给 B 组,专注为满意的顾客打造峰值时刻,让他们极其满意。

结果如何?出乎所有人的预料:A 组反应平平,而从满意到极其满意的 B 组客户幸福感爆棚,复购频次远高于 A 组,而且单次消费金额更高,总消费额更大。相比挽回不满意的 A 组,为顾客打造峰值时刻的 B 组产生的收益是前者的 8.8 倍。

峰终定律对于增长运营的启示是:在保证用户没有大量负面情绪的情况下,与其聚焦把 60 分做到 70 分,不如集中精力营造几个 100 分,制造几个高潮,这样体验才算完美。亚朵、四季、丽思卡尔顿酒店和宜家都是运用峰终定律提升用户复购和品牌忠诚度的高手。从成瘾回路的角度来看,峰值体验是个多变且丰厚的酬赏,用户很容易"路转粉""粉变超粉",全情投入,提升对这些品牌的忠诚度。

峰终定律优化工具:情感曲线

具体怎么运用峰终定律呢?一家专注客户体验管理的咨询公司提供了一个简单的工具,叫"情感曲线",具体实施步骤如下。

1. 绘制情感曲线

根据产品的使用流程及现场的用户访谈和观察,绘制出客户体验流程图,即用户使用产品时在每一个节点的体验评价。

比如图 5-3 为宜家用户购物的情感曲线。从用户进入宜家开始浏览商品到整个购物过程结束,共经历了 20 个体验流程点。纵轴从上到下代表客户感情的变化,从最好的正面感觉到最差的负面感觉;横轴从左到右代表整个体验流程的时间顺序。

2. 标记峰终时刻

(1)根据体验流程图,找到正面峰值体验点,图中 6 个波峰点是 3、6、7、8、9、14,负面峰值体验点是 5、11、15、16、18、19,终值点是 20。

(2)与用户进行二次沟通,记录用户认为整个体验过程中的重要时刻,这个点就是待优化的体验点,比如 5、15 和 19,找到用户槽点,提出解决方案。

3. 优化峰终体验

通过具体的定性和定量研究,首先对用户体验底线,就是负面峰值进行优化改进，这个优先级最高。其次是继续强化正面峰值和终值体验的高度，比如图中的 3、6、9、14、20 这 5 个体验节点，制造峰值体验。

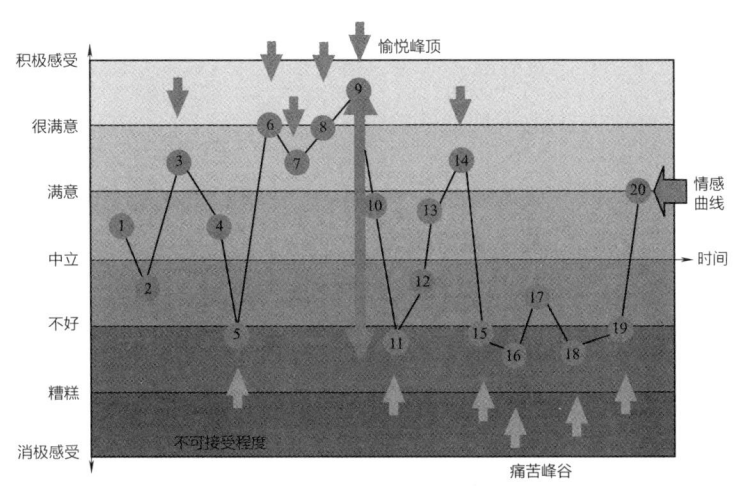

图 5-3　情感曲线——宜家

打造峰值体验的 EPIC 时刻

在峰终体验中，峰值体验更为重要，优化的可能性也更多。两位传奇教授希思兄弟在《行为设计学》一书中提出打造峰值体验的最佳时刻，包括欣喜时刻（elevation moment）、荣耀时刻（pride moment）、认知时刻（insights moment）和连接时刻（connection moment），简称 EPIC 时刻。希思兄弟认为，这四种时刻是峰值体验最重要的窗口，也最能有效推动用户产生行动。

营造峰值体验有几个时机点特别重要。首先要关注转折点。比如原来不是用户，现在变成用户，这就是转折点；再比如用户拿到新产品的开箱体验、新员工的入职体验，都是这样的关键节点。其次是用户的阶段里程碑时点，比如用户飞行了上万公里、用户对某产品的第100次下单、消费突破万元等。最后是团队或者人生低谷，人在情绪负面峰值时也易激发峰值体验。

欣喜时刻：超级喜悦时刻

所谓欣喜时刻，指记忆深刻、超越期待的喜悦时刻。举个例子：洛杉矶魔术城堡酒店是一家普通酒店，但其独特之处就是在游泳池旁边有一个冰棍热线，用户渴了就点饮，服务员穿着类似Cosplay（角色扮演）的服装，送过来各种颜色的冰棍，给住客带来惊艳的体验。

希思兄弟介绍了打造欣喜时刻的三种方法。

方法一：激发通感，全方位提升感官感受。

就是通过给予视觉、听觉、味觉、触觉和嗅觉等极致体验来创造欣喜时刻。比如，为什么今天消费品牌特别关注颜值？除了在社交媒体上更容易吸睛，底层的原因是人类70%的感受与视觉相关，视觉上的悦目体验是个特别强的触发，能够引发用户去消费。喜茶成功的原因之一就是极度重视优化产品的视觉、味觉、触觉和嗅觉记忆点，创造用户的峰值体验。

如果你曾经买过DQ冰激凌，相信你一定会对服务员在把冰激凌交给你之前，高举冰激凌纸杯倾倒180度，然后高喊"倒杯不洒"的场景印象深刻。通过这个招牌式的动作，DQ 不仅告诉你它的冰激凌黏稠度高，品质更好，而且"倒杯不洒"也便于传播。通过这种视觉和听觉的双重展现，DQ 在你的心中深深地埋下了一颗种子，让你每次想要品尝黏稠度高的品质冰激凌时就能想到它。利用感官感受的方法，被大量运用在消费品的广告上，这一方法也叫"通感"。

方法二：制造冲突，增加挑战性和刺激性。

人类天生对刺激性很敏感，每个带有挑战性的活动都能让人欲罢不能。

娱乐秀中惯用的模式之一就是 Battle（较量）；社交媒体中的"冰桶挑战""飞鞋挑战"，还有其他挑战模式，总能引发很多人观战和参战。我们前面也讲过，游戏设计一定要在核心玩法中增加挑战性和刺激性，这样更便于传播。

方法三：反脚本机制，不走寻常路。

我们经常说"熟悉的地方没有风景"，就是说人们陷入正常规律的固定脚本中，比如朝九晚五、三点一线，就会对周遭事物麻木，失去对当下的体察。而打破脚本的反脚本机制能让人在平常处找到不平常的风景，创造出欣喜时刻。

在商家套路横行的今天，在消费者个体意识觉醒的今天，反脚本、反套路的体验更容易打破用户的倦怠感，让用户重新回归啊哈时刻。比如当年优步的"一键呼叫"系列营销——跟空客一键呼叫飞机，跟麦当劳一键呼叫全新烤墨鱼面包，跟梦龙一键呼叫冰激凌，跟 Dream Drive 一键呼叫兰博基尼或者玛莎拉蒂的超级跑车——就是反脚本的经典营销，对用户增长和传递品牌核心价值至为关键。不走寻常路的杜蕾斯和奥利奥饼干也擅长反脚本营销。永远在蹭热点的杜蕾斯，不仅是用事件在营销，更是用生命在营销，任何一个亚文化反主流的场合中都有杜蕾斯的文章侵入，经常让人拍手叫绝。而奥利奥也是当之无愧的"热点王"，它的"扭一扭，舔一舔"主题总能根据热点事件改变馅料的颜色、外形，通过贴切的文案，搭上热点传播快车。

荣耀时刻：用户体验的高光时刻

荣耀时刻字如其意，是用户取得重大成就、感受荣耀辉煌的高光时刻。品牌的角色就是发挥与用户的共情，不但记录用户的荣耀时刻，更要认可、分享、赞赏用户的荣耀时刻，让荣耀时刻成为用户积累社交资本的炫耀时刻。荣耀感要稀缺，但也不能让人感觉"可望而不可即"。所以，制造荣耀时刻，首先要遵照"心流"原则，将大目标变成可实现的小目标，但小目标并非没有挑战，这样用户可以感受真实的荣耀感。其次，目标不但有世俗的"外部目标"，品牌更要引导用户意识到里程碑成功蕴含的"内部目标"，比如个人的成长、团队的融洽等等，更要让用户上升到"哲学目标"的追求，这样在寻求更高层级的自我实现中，用户就会感受到更有价值感的荣耀时刻。另外，特别要强调的是，反共识、反权威的荣耀时刻更值得铭记，品牌更应该鼓励用户的独立观点和创新举动产生的荣耀时刻。

认知时刻：用真相唤醒沉睡的人

认知时刻是看清事物原貌的时刻，是新认知颠覆旧认知的时刻。人非常憎恨认知失调，总会本能地极力维持认知协调。但当被钢铁一般的事实击倒的时候，人也会重新建立认知。在塑造习惯回路过程中，把握认知时刻可以有效地用一个新习惯颠覆旧习惯。

认知时刻通常要纠正错误认知。错误认知的来源一是归因错误，即把相关当成因果，主要和次要原因不分，对后果的严重性发生误判或者认识不足；二是用短期、局部改善的治标解当作治本解；三是目标侵蚀，即当出现以偏概全、以假换真的目标改变，当事者竟全然不知。

认知时刻的流程设计分为四个步骤：明确问题、罗列事实、认知绊倒、觉醒行动。通过定义真问题，用大量铁证和实锤来凸显原有认知的荒唐与局限；或者设计体验环境，用户被事实或现实击倒；然后再设计行动方案，推动用户行为改变。

连接时刻：跟普通员工、用户和生态的共情时刻

连接时刻是激发公司与员工、用户和合作伙伴之间建立深度的情感连接，除了深化关系，也是具象表达公司价值观的最好形式。比如，每年"双十一"既是阿里巴巴连接商家和用户的节日，也是电商行业与用户的连接时刻。连接时刻是品牌加强与老用户深度情感绑定、感染新用户的重要时刻。2019年年底是蔚来汽车公司的至暗时刻，2019年12月28日的NIO Day（蔚来用户日）成为蔚来跟老用户互动最重要的连接时刻。这次活动取得了巨大成功，不但凝聚了老用户，还激发老用户在接下来的两个季度带来新用户，同时也感动投资人雪中送炭，蔚来开始触底反弹，走出低谷。连接时刻连接的人越普通、越卑微，越能凸显品牌的温度，效果往往也更佳，比如阿里巴巴上市时邀请普通卖家参加敲钟仪式，京东老板扮演骑手亲自送货，都是在打造温暖人心的连接时刻。

服务产品化放大峰值体验的规模效应

好的生意越来越需要通过服务提供差异化和峰值体验。正如弗若斯特沙利文（Frost & Sullivan）公司的调研所揭示的，峰终定律和峰值体验对驱动客户留存、复购、提频和增购都至关重要。但依靠高素质的客服来确保体验是很难规模化的。如果要服务规模化客户，就需要将服务产品化和标准化，实现峰值体验的规模效应。

我们前面讲到的情感曲线是个有效的工具，可以定期做情感曲线体验对标，审视原有负向峰值点、正向峰值点和终点体验是否已经在优化，以及这些变化跟客户的消费行为是否有正向关联。

中国精品连锁酒店亚朵酒店是服务产品化、体验经营的高手。2018年，亚朵服务了超过1200万会员及数亿新中产消费者，以9.43%的市场占有率稳居中国连锁酒店高端品牌榜首，并在短短四五年时间里一跃成为用户最满意酒店，凭的是什么？

亚朵酒店创始人王海军坦言，亚朵酒店在完成从"房间经营"到"空间经营"的转变之后，转入"人群经营"和"场景经营"，利用峰终定律，聚焦消费者核心接触点的"体验经营"，提供极致满意度。

具体说来，亚朵从客人进店到离店，在不同环节上精心设计了12个场景的服务产品。除了店员的"同理心"，亚朵50多人的数据团队，通过对用户体验和消费数据进行深度挖掘，以及峰值体验的标准化和系统化，不但提升了用户年度消费频次，而且提升了人均消费金额，老带新的转介绍指标也有明显提升，从而实现了峰值体验的规模效应。

具体怎么做的呢？亚朵酒店服务产品化的主要方法如下。

首先，定义关键体验节点。亚朵在自己的服务流程里找到了12个重要节点，分别是：

- 预订；
- 客人走进大堂的那一刻；
- 客人到房间看到的第一眼；
- 让酒店提供服务的那一刻；
- 客人吃早餐的那一刻；
- 客人在酒店等人或者等车，需要有个地方待一下的那一刻；
- 客人中午或者晚上想吃东西的那一刻；
- 客人离店的那一刻；
- 客人离店之后点评的那一刻；
- 客人第二次想起亚朵的那一刻；
- 客人向朋友推广和介绍亚朵的那一刻；
- 客人第二次预订的那一刻。

其次，根据关键体验节点完善酒店设施。亚朵基于关键体验节点，迎合打造"第四空间"的品牌愿景，重新梳理了酒店硬件设施的精细配置。一方面，亚朵的每一个空间都有一个特别诗意的名字，比如宿归（房间）、汗出（健身房）、共语（会议室）、出尘（自助洗衣房）、相招（属地特色早餐）等。另一方面，通过精心选配床垫、茶具、阿芙精油、棉质拖鞋等精致小物品与新中产对话，从而创造体验峰值。

再次，定义服务产品。亚朵将12个节点服务产品化，比如"百分百奉茶""三分钟入住""免费升舱""吕蒙路早""素食主义""别有甘泉""醒酒茶饮""剃须组合"等，这些服务成就了消费过程的峰终，极大提升了客户的住宿体验。

怎么评估产品的好坏呢？我们前面提到打造产品市场匹配点，可以用净推荐值作为一个有效衡量方法。亚朵也是运用类似的工具，来量化服务产品体验的优劣，进行实时优化和迭代。

亚朵酒店将各酒店每天的网评数据作为净推荐值的替代值，持续优化酒店的服务体验。公司创始人王海军说："每天晚上9点我会把酒店当天的网评数据发给每个'现长'（酒店总经理），如果你负责的酒店评分低于4.8分，那就需要分析检讨原因，撰写服务整改报告；晚10点我们会在一个叫'现太爷'的群里进行讨论，那些未达标的现长需要在群里说明原因，分享感悟，并发红包请大家喝茶。"亚朵按照酒店的星级标准，五星级服务标准（不是硬件标准）对应5分，4.8分为基础分，每低0.01分就扣10元钱。

亚朵的数据团队会及时跟进各种投诉点，看改进措施是否能带来客户满意度提升和酒店收益提升，同时对每个员工的服务质量都有量化记录。

为了确保服务响应及时，亚朵一方面通过更透明的内部程序，比如员工可以实时对公司人事点赞和吐槽，来消除内部官僚；另一方面对一线员工全员授权，一线员工在300元额度内，可以自主服务好客户，员工绩效奖金与其服务质量直接挂钩。

最后，提供体验定制化。

亚朵的Aplus计划进一步将客户体验定制化。高频入住或者拥有金卡的会员会被邀请加入Aplus计划，如果会员在某次入住时有特殊需求，Aplus会将该需求记录下来，待会员下次入住时，亚朵会直接为会员提供这些服务，在完善体验定制化的同时不断实现峰终定律的良性循环。这一切都有完善的数据系统来支撑。

亚朵酒店创始人王海军说过，酒店业产品是皮，服务是骨，如何解决骨上的痛点？做服务，满意只是起点，超过预期和惊喜才是目标。如果要超预期，需要将服务产品化。亚朵对服务的创新在于服务产品化、产品数据化，这样才能打造领先的服务体验。

用户裂变动力学

用户裂变，就是用户转发，即精益增长模型的Referral因子。简单地说，就是老用户不断推荐新用户，像细胞分裂一样。超过70%的增长专家表示用户裂变是产品早期增长最为重要的渠道之一。从增长操作的角度看，用户裂变是指一个公司使用任何系统性的方式来鼓励老用户向其他人传播其产品和服务，从而带来更多新用户使用产品或服务。

用户裂变的迷人之处在于：

- 获客成本低：主动的老带新，获客成本是零。即便有补贴，一般来说获客成本也低于其他付费渠道。
- 用户质量好：老带新，新老用户的背景大体一致，因此新客大概率也是公司的目标用户。
- 转化比例高：有了"好友推荐"的社交背书，被推荐的用户更容易开始使用产品，成为长期用户。

中国锦鲤，全民裂变的狂欢

用户裂变究竟有多大威力呢？支付宝2018年9月29日在新浪微博发布了一条"祝你成为中国锦鲤"的微博，不到一周时间，阅读量破2.9亿，周转发量超过310万，周互动总量超过420万。这是中国企业营销史上最快达到百万转发量，以及迄今为止总转发量最高的企业传播案例。

为什么一个看似简单的转发抽奖，竟然成为一场全民狂欢的行为实验？有人说是因为有"万千宠爱集一身"的大奖，这或许是原因之一，但微博上的抽奖活动数不胜数，奖品总额超过国庆"中国锦鲤"

活动的也有不少，却很少有抽奖活动引起全网狂欢级别的关注。而最令人大跌眼镜的是，阔绰的支付宝这次的营销预算极为抠门，只有区区 50 万元，甚至比不上一个创业公司的营销活动。但"中国锦鲤"怎么就火了呢？是什么机制在不断推波助澜？

如果套用我们之前的用户行为公式 B =（动力 – 阻力）× 触发 + 酬赏，这次转发活动基本每一项都做到了最大化。首先从动力和酬赏环节分析，活动覆盖全品类、多项目超级大奖，通过随机方式赠予一人，人为制造了一场"彩票奇观"，给人一种下半辈子都不用工作的错觉。

在触发环节，支付宝与众多品牌联合捐赠奖项，众多品牌都想蹭热度，就会全力来推。不仅如此，主办方还将所有奖品项目整理制作成一幅非常长的红色横幅，并且拍摄视频展示。这里，长条幅加强了奇观的直观性，展现了"奖品多"的特点，将对虚拟奖品的渴望实体化，以刺激参与者讨论。以上数招并用的巨大外部触发，加上公众对大奖到底花落谁家的好奇，会撩动每一个参与者和吃瓜群众的心，产生直播彩票开奖一样的效果。这种核聚变式的内部触发又引发更多的人在国庆假期的空闲时间围绕抽奖话题展开实际讨论。

而"中国锦鲤"活动的阻力几乎为零，用户无须付出任何金钱代价，参与的方式非常简单，转发推文即可，用户相当于不花钱就能参加彩票抽奖，从理性经济人的角度来看也应该踊跃地参与活动。

所以，从用户行为公式的角度来评估，这个活动在很多方面都做得非常到位。

另外，大奖的随机性也契合前面介绍的斯金纳箱效应：本次"中国锦鲤"可谓是集万千宠爱于一身，几十家品牌将自家奖励集合起来，堆积成一份超级大礼，以完全随机的方式发放给一位幸运的微博网友。而且有很多人喜欢不确定性，不确定性如果能带来大惊喜，就会让大量吃瓜群众入坑。果然，微博网友踊跃地参与了这个话题，关注度甚至延续到抽奖结果公布之后；还有不少网友甚至产生了斯金纳在其他实验中提到的"迷信"行为，开始了转发"信小呆"有好运的微博狂欢。但是，假若奖品是"阳光普照"式地派发，就不会产生这个效果。

驱动裂变的四种主要形态

产品驱动

（1）裂变即产品功能，比如腾讯会议等视频会议产品，用户不需要下载腾讯会议就可以接受链接，开始使用。

（2）产品内社交邀请，比如脸书最早期增长采用的用户导入通信录，不仅产生裂变，还导入了关系链；社交电商和一些社交产品导入QQ和微信关系链。Web 3.0的产品中由于链上地址是公开的，Web 3.0应用开发者可以利用挖掘链上的关系链，进行定向邀请。

（3）好友助力，比如助力砍价（拼多多）、助力复活（冲顶大会）、助力通关（糖果传奇）。在Web 3.0的场景中，某种特定NFT持有者也可以赋予助力的特权。

（4）交互优化，包括在转发场景突出转发的社交按钮，比如放大微信图标或 WhatsApp 图标；转发内容加产品水印或者二维码，进行社交扩散。

（5）面对面邀请机制，比如面对面加群、摇一摇等线下裂变机制。

（6）游戏化机制，一是分享场景、峰值体验时刻引导转发（勋章、排行榜），分享通关；二是多种机制通过游戏化组合，比如 Robinhood 通过限制邀请，通过拉好友，可以在等候队列中插队模式，引发了多次裂变。

付费 / 激励驱动（现金 / 积分奖励 / 阶梯奖励）

付费转介绍计划，比如双边平台冷启动中经常使用的策略，滴滴司机之间的激励转介绍，爱彼迎房东间的转介绍，教育产品招生中广泛使用的转介绍。

内容驱动

制造社交货币，即制造大家在社交网络中愿意传播、能够刷屏的内容。比如爱彼迎每年盘点的十大美墅，以制作得特别精美的图片刷爆社交媒体。用户会愿意扩散这些内容，因为这是他的一种人格表达。

营销驱动

例如病毒营销、中国锦鲤、冰桶挑战。营销驱动的裂变未必以获客为主要目的，而是以品牌传播为主，获客增长为辅。

当然，擅用以裂变方法做增长的产品往往都是多种机制结合，比如支付宝的蚂蚁森林、拼多多针对不同场景采用不同裂变机制。

裂变动力来源

我们运用用户行为公式分析了"中国锦鲤"这个活动的动力机制。你会发现，不同的驱动力会吸引不同的人做出行动转发。所以，即便转发机制相同、奖励一致，只要驱动力上有所区别，转发效果就会不同。一个好的产品裂变包括两部分，首先产品本身都达到市场匹配，具备用户黏性，并且用户自身就有转发动力；其次在裂变转发机制设计中，利用行为经济学和用户心理学的一些机制，撬动转发者的转发动力。

简单来说，与增长相关的转发动力分为两类：物质动力和情感动力。无论哪种动力，核心机制都是趋利避害。

物质转发动力

（1）确定性获利（包括现金奖励/代金奖励）。比如：各种转介绍拉新计划，优步曾经表示早期1/3的司机和乘客都是通过有补贴的转介绍带来的；爱彼迎通过接口技术让房东将房源信息同步发布到Craiglist，从而获得500美元的激励。

（2）省钱动机。比如：拼多多的拼团；Dropbox转发拉新获得免费空间，节省存储空间费用；各种品牌赠券、免费试听课。

（3）稀缺性权益。比如谷歌邮箱发布时，由于提供1G超大免费空间，限制好友邀请人，饥饿营销效果显著。

（4）游戏中的不确定获利。比如病毒营销、冰桶挑战、中国锦鲤活动，还有各种社交打卡和排行榜，包括微信运动的步数排行榜。

情感转发动力

（1）友情互惠。回馈是人性使然，比如前面提及的好友助力案例。

（2）人设表达。比如，用户愿意主动转发彰显社交人设、具有社交货币价值的品牌内容，例如爱彼迎的美墅、特斯拉的电动车；以及各种具有环保情怀品牌的内容，例如美国宇航局在社交媒体上随便发一张冥王星的照片，就能带来百万点赞。

（3）社会公益。比如通过蚂蚁森林邀请好友，可以获得支付宝捐赠的树木。

（4）借题传意。减少了传达目标的指向性，让转发者避免直接冲突带来的尴尬。杜蕾斯就是这方面的高手，它总是能够借助社会热点，传递产品核心功能。而这些内容，也特别能引起公众共鸣并进行转发。

（5）社交支持。比如各种表达社会正义、正向价值观的品牌倡议。

（6）社交货币。比如Zepto的个性化捏脸、各种NFT头像，还有个性化数字人形象，这些功能都能生成有趣的内容，引发用户主动分享。

转发动力找得准并不能保证一次成功的裂变，却是裂变成功不可或缺的重要前提。

用裂变公式优化转发效果

裂变公式有两种，一种是常用的简化公式：

$$裂变新用户数 = 种子用户数 \times 裂变系数 K$$

其中 K 是在一个裂变循环周期（Cycle Time，简称 ct）的值。

完整的裂变模型公式如下：

Custs(t)=Custs(0)*(K^(t/ct+1)−1)/(K−1)

即，$$裂变新用户数 = 种子用户数 \times \frac{裂变系数 K^{(时间 t / 裂变循环周期 ct+1)} - 1}{裂变系数 K - 1}$$

这里有三个关键参数：

（1）种子用户数——就是有转发行为的初期用户数；

（2）裂变系数 K——平均每个人带来的新用户数量；

（3）裂变循环周期 ct——平均每个人带来新用户所用时长（速度）。

其中种子用户数，用公式表达就是：Custs(0)= 总活跃用户数 × 邀请到达率 × 邀请页面转化率。

裂变系数 K，用公式表达就是：K= 每人邀请数量 × 被推荐人转化率。

裂变公式：

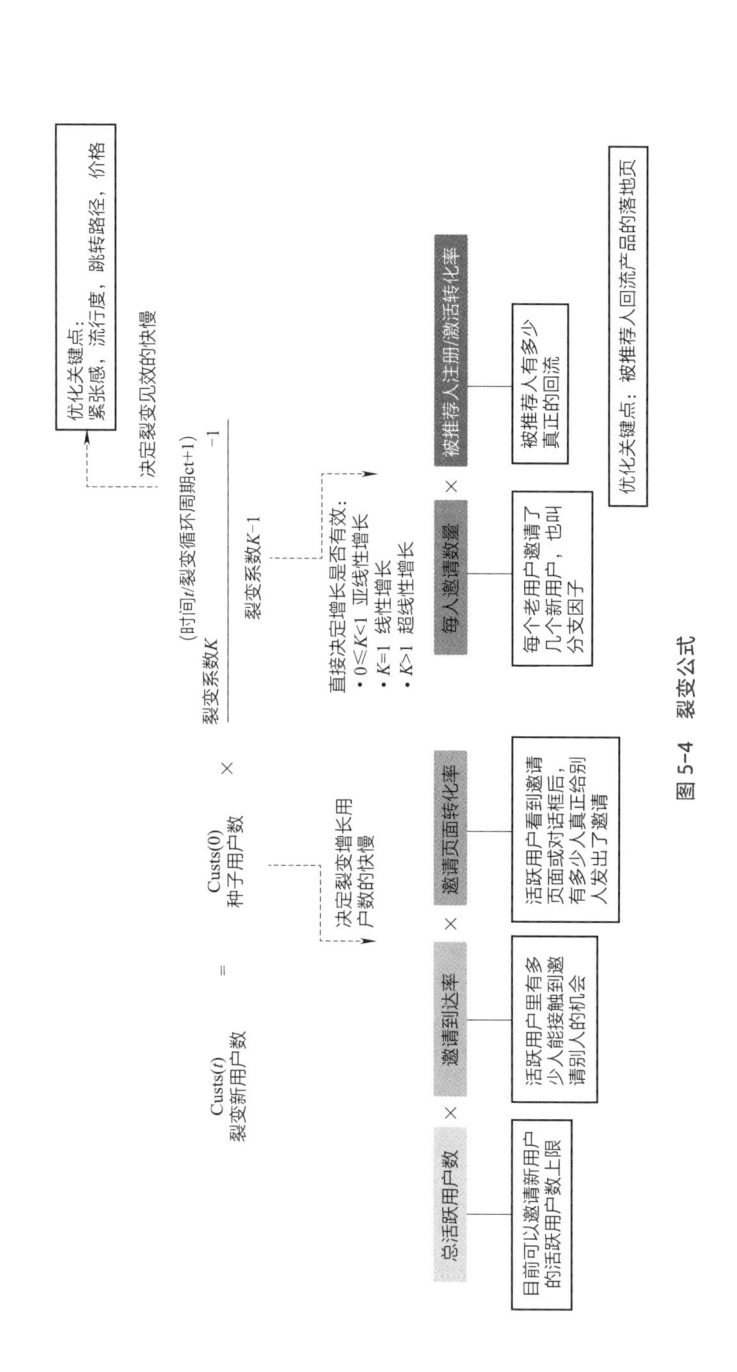

$$\text{Custs}(t) = \text{Custs}(0) \times \frac{K^{(\text{时间}t/\text{裂变循环周期}ct+1)} - 1}{K-1}$$

其中：
- Custs(t)：裂变新用户数
- Custs(0)：种子用户数
- K：裂变系数

总活跃用户数：目前可以邀请新用户的活跃用户数上限

邀请到达率：活跃用户里有多少人能接触到邀请人发出了邀请

邀请页面转化率：活跃用户看到邀请页面或对话框后，有多少人真正给别人发出了邀请

每人邀请数量 K：每个老用户邀请了几个新用户，也叫分支因子

被推荐人注册激活转化率：被推荐人有多少真正的回流

决定裂变增长的快慢：
- 决定裂变见效的快慢
- 直接决定增长是否有效：
  - $0 \leq K < 1$ 亚线性增长
  - $K=1$ 线性增长
  - $K>1$ 超线性增长

优化关键点：紧张感，流行度，跳转路径，价格

优化关键点：被推荐人回流产品的落地页

图 5-4 裂变公式

第五章 识人篇：建立用户对产品和服务的长期依赖　　249

种子用户数优化的重点有哪些呢？

（1）总活跃用户数：指目前可以邀请新用户的活跃用户数上限。用户对产品越满意，在产品里停留时间越长，邀请新用户的可能性就越大。

（2）邀请到达率：指在活跃用户里，有多少人能接触到邀请别人的机会。这个机会可能是一个单独的邀请页面、一个基于某事件的对话框，或者是一个功能。

（3）邀请页面转化率：指活跃用户看到邀请页面或对话框后，有多少人真正给别人发出了邀请。

需要指出的是，邀请触发机制一定要多种并用，契合用户各种使用场景，这样才能使活跃用户接触到邀请机会的比例，以及邀请机会页面的转化率最大化。

裂变系数 K 有什么含义呢？

K 会告诉你，产品的用户裂变、用户自增长的效果。

我们说过，裂变系数 $K=$ 每个种子用户能够带来的新用户数。

$0 \leqslant K<1$，代表用户不会自增长，无用户裂变可言，平均每个用户将无法带来另一个完整的用户。这是亚线性增长。

$K=1$，代表用户将自动线性增长，平均而言，每个现有用户能够成功带来一个新用户。

$K>1$，代表用户将以指数方式增长，也就是我们说的用户裂变，平均而言，每个现有用户将带来多个新用户，这是超线性增长。

裂变系数 K 的优化重点是什么？

（1）每人邀请数量：就是每个老用户邀请了几个新用户，也叫"分支因子"。动之以情，晓之以利，组合运用好激发用户的各种物质和精神转发动力因素，老用户的"分支因子"就有提升的可能。另外，我们在各种转发场景、页面、流程和文案的优化都至关重要。就像《增长黑客》里提到的社交App Tinder案例，把宣传口号"寻找约会对象"改为"帮助他人寻找约会对象"，裂变效果有数倍提高。仅对文字进行细微的调整，就可能改变潜藏的转发动力，提升人群需求的匹配度。

（2）被推荐人注册/激活转化率：很多病毒营销活动没能使被推荐人回流到产品中，进行产品注册和形成激活的闭环，这个数值就是零。这也是病毒营销不同于裂变增长的表现，因为可能只是站外热闹，站内却无转化。

需要强调的是，将被推荐人引导回流到产品的不同落地页，可能产生完全不同的增长效果。比如被推荐人在朋友圈看到一个短视频分享页面，如果被推荐人点击页面链接下载了这个短视频App，那么用户是该引导回流到短视频的首页，还是生产这个视频的拍摄工具页，抑或是邀请人的详情页呢？这三种情况对于不同场景都是合理的，原则上与用户意图是否匹配是关键因素。具体执行方案的时候，还要做A/B测试，用数据做决策。

另外，K是有病毒循环周期假设的。所以，日活的产品我们按天计算K，如果是周活产品，就可以按照一周来计算。选取不同周期，K值就会不一样。

裂变循环周期如何优化

每个人带来新用户所花费的时长会直接影响裂变的速度。因此，我们可以从以下四个维度思考如何优化裂变循环周期。

（1）紧张感：限时优惠，前××名优惠。

（2）流行度：朋友圈短时间内有多少人分享。

（3）跳转路径：不断缩短跳转路径。

（4）价格：价格影响决策时间。

我们总结一下裂变公式的三个核心要素是如何影响增长的。

（1）种子用户数：决定裂变增长用户数的快慢。

（2）裂变系数K：直接决定增长是否有效，是亚线性增长、线性增长还是超线性增长。

（3）裂变循环周期ct：决定裂变见效的快慢，但是周期过长会直接降低裂变的成效。

裂变什么时候会不奏效？

几乎每个产品都曾尝试通过病毒营销或者驱动人与人的分享，达到裂变获客的效果。然而，并不是所有的转发分享都能产生效力，如果分享传播的机制出现问题，就很难达到预期的目的。尤其是当前，各种成功的模式被反复借鉴，人们对大多数裂变形式都产生了抗体。

裂变在如下情况下通常是不奏效或者效果不明的。

（1）产品留存低，没有达到产品市场匹配。木桶的短板原理决定了这时启动裂变或转发带动增长是没有意义的。

（2）老套路，用户已经厌倦了，不愿再透支社交关系做转发了。

（3）高摩擦、复杂裂变链路，导致最终裂变的单位经济模型特别差。

（4）没有设计反作弊策略，为分享行为提供的奖励被大群人白白薅羊毛。

（5）裂变机制针对的群体不对，对可预期的收益没那么感兴趣，或者有转发的心智障碍和人设障碍，自然不会产生转发分享的行为。

（6）裂变产生转发行为的群体，未必是产品的目标受众，也不能作为传播者传递给产品的目标受众，其带来的效果也是不明朗的。

用户心智模式塑造品牌

一切商业皆心理学。不理解用户心智模式，就无法创建品牌，更无法发展品牌，构建有护城河意义的品牌。

理解心智模式的特点及其成因

"心智模式"一词由苏格兰心理学家肯尼思·克雷克（Kenneth Craik）于1943年首次提出，随后被众多认知心理学家认同和采用。按照《第五项修炼》作者彼得·圣吉的定义，心智模式是指深植用户心中，关于用户自身、他人、组织及世界各个层面的假设、形象和故事。从本质上看，心智模式是人们在大脑中构建起来的认知外部现实世界的"模型"，是习惯的思维定式，是人们认识事物的方法。具有不同心智模式的人在观察同一事物时，往往会有不同的感受或得出迥然不同的结论。

心智模式通常具有以下特点：

- 心智模式具有普遍性，每个人都具有心智模式；心智模式存在于人们的潜意识中，是一张隐藏的心灵地图，极少有人能意识到它的存在。
- 心智模式是不完整的和有局限性的，并且带有深刻的社会烙印，每个人过去的体验、经历、受教育情况和所处的社会环境决定了各自的心智模式。
- 很多根深蒂固的心智模式起源于我们的童年，比如童年时被狗咬过，长大后就可能对狗产生恐惧；童年时对一类食物过敏或者有过不悦经历，长大以后也会对这类食物心生戒备。
- 心智模式让我们将自己的假设和推论视为事实，即所谓的"认知即事实"，但你看到的、听到的、想到的其实都是你个人以为的，而假设不等于事实。
- 心智模式决定了我们观察事物的视角，指导我们思考和行为的方式，也深刻地影响着我们获得信息的方式，以及对信息的反应方式。

- 心智模式追求简约，不喜欢复杂混乱，所以人的心智空间虽然在客观上是无限的，但是在主观上却是非常有限的。
- 心智模式还具有不稳定性，人们经常会忘记所使用的心智模式的细节，尤其是一段时间没有使用它时。

心智模式的形成过程是我们先在真实世界里受到信息刺激，然后经由个人观察得到进一步的信息反馈。如果认为是好的反馈，就会保留下来成为自己的心智模式，而对不符合自己"口味"的信息则会视而不见或排斥，从而本能地强化原有的心智模式。

消费者心智模式进化推动品牌竞争力升级

心智模式对消费行为具有决定性影响。虽然消费者有可能"口是心非"或"言不由衷"，但消费者的行为一定会与其心智模式保持一致，消费者看到的是他们想看到的，选择的也是他们认为自己需要的。

消费者对品牌的选择是一个积累的过程。当某个品牌经由时间的积累和口碑相传之后，人们会对其形成较为固定的评价和认知。

由于心智一旦形成就很难被影响和改变，所以要顺应消费者现有的心智模式进行品牌定位，设计品牌视觉和行为系统，并制定营销和增长策略。这也是商业赢在起跑线上的一种认知。

但心智模式也会随着产品供给丰富多元、渠道通路变化、信任代理演化、品类分化和变革、新消费人群加入、新场景出现而不断进化，并催生新的品类，抛弃旧的品类，由此促成品牌的更迭和竞争的升级。

我将心智模式进化带来的中国品牌升级分为五个阶段。

第一阶段是商品短缺也是商品为王的时代，消费者看到商品就能记住，消费者普遍的心智模式是，商品能用就是好的。我们把这个阶段称为商品品牌（Commodity Brand）时代，在这个阶段，品牌不需要投资运营消费者心智模式，只要确保商品生产和供给，就可以占据消费者心智空间。

第二阶段是线下渠道为王的时代，用户在哪里看到的产品，在哪里购买的产品，直接影响了用户对产品购买的选择。心智模式开始出现价值排序，有了鄙视链。如果产品是在大商场买的，就会觉得品牌有档次；在街边小店买的，就会觉得品牌很普通；而如果是在国外买的，那这个品牌就位于鄙视链最上游了。

我们称这个阶段为渠道占位品牌（Channel Placeholder Brand）时代，在这个阶段，品牌需要运营代理商渠道和终端。由于商品选择变多，品牌需要考虑货架、陈列、包装、定价等方面，同时开始消费者心智模式运营。所谓赢在"真理时刻"，就是这个阶段品牌对消费者心智进行管理，实现增长的模式。

第三阶段是营销为王或称广告为王的时代。随着产品选择增多，品牌要争夺消费者的注意力和钱包，就要放大声量，传播差异性。具体怎么办呢？电视媒体如日中天，其他传统媒体也处于盛世，广告可以通过短时间的声量聚集，让品牌在消费者的心智中占据最有利的位置，使其成为某个类别或某种特性的代表品牌，当消费者产生相关需求时，首先就会想到这个品牌。这是那个时代影响消费者心智模式最高效的方式。除了广告轰炸，企业还要做好渠道铺货、终端展示；只要产品质量有保证，就可以规模放量，这有可能实现规模经济，使得企业可以更低的价格与对手竞争，同时给消费者带来有更高性价比的产品，兑现品牌广告承诺；此外，还可以更大力度加大声量，进行更大规模的渠道扩张，以规模和利润来反哺供应链，实现正向循环。

我们称这个阶段为做定位品牌（Positioning Brand）时代，品牌主要靠广告创意的大声量、高频次来强化定位，希望在某些品类上垄断消费者心智。除了广告，品牌还会采用整合营销的手段，比如明星代言、公关事件营销、品牌故事、终端试用和消费者证言，来争取消费者的好感度和信任感。但即便是占据大多数消费者心智的品牌，在供应链深度、差异性和敏捷性方面依然投资不足，导致即便在短期内实现品类定位，但是品类防御能力并不强。

第四阶段是公域流量为王时代。数字媒体渠道大爆炸，媒体数量指数性上升，展现形式富媒体化，竞价模式多元化、精准化和高频量化；广告种类和数量适配于数字媒体渠道和电商渠道，呈爆炸式上升；在产品维度，伴随着中国成为世界第一大工厂，商品流通全球化和技术进步，以及履约交付模式的创新，产品种类和数量也出现了指数级攀升。与此同时，互联网的发展带来了信息的极大透明和快速流转，加上中国消费者全球购买带来经验值暴增，中国消费者心智模式集体大升级。消费者觉得广告不可信了，开始对一切营销信息变得麻木甚至免疫；消费者需要更靠谱、更贴合消费者场景、能彰显消费者个性的品牌。

我们称这个阶段为做场景品牌（Contextual Brand）时代。场景本质上是对品类更细维度的刻画。代表刚需、痛点、高频、功能、成分乃至意义的场景集合或场景品类会取代传统功能品类或定位，成为决定品牌的关键。

品牌不仅提供代表更精细场景的产品，也是涵盖服务、文化、组织、供应链和合作网络及企业家人格的整体。一个品牌要想从众多竞争品牌中脱颖而出，不仅要跟场景品类关联，更要主导一个场景，独占消费者心智，或者至少是心智优先。面对更多元的消费者和变化的心智，品牌要成为场景的赋能者、消费者的领路人，要大量运用社群和社交媒体，响应社会热点话题，与消费者深度高频互动，成为场景品类专家，全面、真诚、专业地展示企业，而非局限于商品。

第五阶段是用户为王时代。此时智能手机出货量在下降，智能手机渗透率基本见顶，用户手机时长也见顶，这种流量现状倒逼品牌走向精细化运营，最大限度挖掘单个用户价值。另外，心智日益成熟的消费者也期待与品牌平等对话、直接沟通。消费者期待品牌放下架子，展示亲和力，重视消费者反馈，也能快速反应，先消费者之忧而忧，后消费者之乐而乐。消费者期待品牌足够坦诚，勇于面对苛责和批评。品牌既要表现出专业性，也要有娱乐精神，愿意跟用户打成一片。品牌既要有权威性，更要有跟消费者共情的能力，指引消费者不断完成人生的升级，既要满足消费者外在诉求，更要激发消费者的内心目标，这样的品牌才值得信任和长期托付。

我们称这个阶段为人格品牌（Persona Brand）或者直接品牌（Direct Brand）时代。

人格品牌是指品牌如人，要走下神坛，要塑造品牌独有的人格。方法之一就是品牌经营人格化IP，塑造魅力人格体。比如，完美日记通过"小完子""小美子"品牌IP，以虽为邻家小妹却很专业的美妆顾问形象，捕获很多初识彩妆的年轻女孩。美国创新保险公司Lemonade通过塑造可爱、贴心、专业的服务机器人Maya，一改传统保险公司陈腐、板着面孔说教的形象，实时响应客户的需求，以每年80%以上的速度赢得新客户，做到美国保险公司第一名。方法二，对于暂时没有能力打造超级IP、塑造魅力人格体的品牌，也可以请关键意见领袖甚至资深用户充当品牌大使和用户服务界面，通过社群、直播和短视频等载体，展现品牌的独特价值，从而进入消费者心智。

直接品牌时代意味着DTC品牌，以及传统品牌的DTC化将成为未来的品牌演化方向和品牌的新商业模式。按照美国互动广告局的观点，影响人类消费近140年的间接品牌经济，正在逐渐让位于直接品牌经济。间接品牌经济指传统品牌并不直接面向消费者，而是通过中间渠道和相关广告机构影响消费者的购买行为。从1879年到2010年，传统品牌有130年的黄金年代，品牌需要拥有金融、采购、制造、物流、分销等能力，并通过广告公司、媒体、消费者、零售商构成完整的产品销售闭环。但从过去10年开始，特别是最近3年，DTC品牌大量崛起。国外DTC新品牌大规模涌现，原因之一是移动互联网降低了建站和推广的门槛。另一个原因是国外电商普遍抽成比例过高，像亚马逊、eBay 等电商平台的抽成比例都在 10% 以上（相比之下，国内电商抽成比例低于 5%，拼多多甚至低于 3%），这么高的平台税导致新品牌创业者希望另立门户。而主打为 DTC 品牌构建电商网站的 Shopify 抽成比例低于 1.5%，这也助力了新品牌自建电商门户。

DTC 的优势当然不止于此，直接触达用户、掌握更全方位的用户画像、更实时的用户数据驱动用户更多复购，乃至反向驱动产品研发，这些都是传统品牌可望而不可即的。所以 DTC 浪潮也逐渐成为传统品牌的转型共识。新冠肺炎疫情暴发以来，所有传统品牌公司都在加速把业务 DTC 化，无论是露露乐蒙、耐克、星巴克、可口可乐这样的传统品牌，还是沃尔玛、塔吉特、开市客这样的渠道品牌，DTC 业务都有 80% 以上的成长。直接品牌时代的公司更注重产品核心研发能力、社群和内容营销、用户体验以及数据分析这四种核心能力。

中国的一些独特趋势也在加速直接品牌时代的来临。首先，直播短视频，以及各种社交媒体的普及，特别是私域流量的开放，为新品牌直接带货提供了便利条件。其次，受益于过去 15 年电商的高速发展，中国已经构建了全球最强大、反应最迅速的供应链能力，这些也缓解了新兴 DTC 品牌的供应链压力。此外，流量成本变高要求品牌不能只满足于在公域流量保持声量和内容覆盖，必须基于数字化做用户深度运营，驱动用户复购、用户习惯养成乃至习惯依赖。因此，品牌要具备直接触达用户的通道，甚至要有面向用户场景提供直接互动和服务的能力。从这个意义来讲，DTC 不再只是 Direct to Consumer（直接面对消费者），更要 Direct to Context（直接面对环境），在更细的场景维度下跟用户连接情感和输出服务。

尽管中国消费者的心智模式在过去 40 年内有了多次复杂的进化，但研究表明，心智模式本质上追求简约。现代商业心理学研究认为，用户在心智上会给相近的品类和品牌排序，如果把每个品类比作一层梯子，对大多数人来讲，品类记忆极限是 7 层，而对于每个品类，绝大多数消费者只能记住同一品类的前两名。心智的品类阶梯定律是非常残酷的，这就是为什么品牌只有追求品类独占，至少品类主导，或者开创新品类，才有可能进入消费者的心智品类阶梯。在用户有无限选择的今天，品牌更要追求在用户心智中找到独特品类定位，进行深度复刻。品牌同时要通过场景化的峰值体验、数字化和内容化的场景互动，以及优质的产品和个性化服务，加深品牌的护城河。苹果、特斯拉、茅台、可口可乐、露露乐蒙、亚马逊、美团、宁德时代、隐适美、好市多基本都是享受心智垄断或者接近心智独占的品牌，这样的品牌才更具护城河能力。

用户运营模型

既然在人格品牌或者 DTC 品牌时代，用户运营是核心，那么创业者应该抓住哪些要点呢？

用户运营要点一：从流量思维切换到用户思维

借助直播带货、名人入坑、顶流网红加持的各种网红爆品天天都在刷屏，火爆大江南北。从增长的角度来看，不是所有的爆品都可持续，也不是所有消费品的生意最终都可以形成有定价权和复购动力的消费品牌。在生意选择上，要明确自己的生意是流量生意还是用户生意，与此对应的思维就是流量思维和用户思维（增长思维）。这两种生意的思考路径是不一样的。

流量思维关注的是流量和转化率，重点在于如何获取便宜的流量以及如何提高每个渠道流量的转化率和带货效率。它默认这些流量是一次性的，每次流量的到来都伴随着新的成本。只要产品的毛利能够覆盖流量、履约和人员成本，最好当下有利润，这个生意就可以做。

用户思维的重点是可以直接和反复触达用户，这也是DTC品牌商业模式可以成立的底层逻辑。首先，用户思维主导的生意聚焦让用户产生持续的复购，边际流量成本越来越低，单位经济模型持续改善，生命周期内用户创造总价值要大于获客成本；其次，产品品牌要进入用户的心智阶梯，成为细分品类，或者细分场景的主导代表，这样生意模型才能成立；最后，持续专注优化LTV/CAC的比值，值越大，生意就越有价值。

举个例子，同样是餐馆，景区和机场里的餐馆做的是流量生意，主要看游客和乘客的转化率；而社区和写字楼周边的餐馆做的是用户生意，主要是回头客生意，所以用户复购才是核心。而今天流行的网红餐厅，既是流量生意，也是用户生意。如果是做流量生意，则不太需要了解系统的增长打法；而要做持续的用户生意，就需要增长思维主导下的用户运营。

用户运营要点二：兼顾爆品逻辑和品牌逻辑

爆品可能意味着产品迅速走红，也可能意味着绝对利润，所以是创业者最热烈的追求目标。爆品通常是指畅销单品，企业总是希望一剑封喉，单品打天下。单品如果真能独步天下，那一定是超级大单品，而且更重要的是，后续该产品的2代、3代乃至更多代都能延续之前爆品的理念，强化用户心智。如果能做到这一点，就真的是做到爆品引爆品牌了。比如苹果手机，每一代苹果手机都很惊艳，都能让人感悟到最初爆品的理念。

对新品牌来说，像苹果产品这样的爆品肯定还遥不可及，但将做爆品作为新消费品公司起盘的策略是完全正确的。如果爆品是基于对产品、场景、供应链和流程的重新认识和发现，采用一种更具创新性、更顺应大势的方法而获得的，而且有复购、可持续，那么这种爆品就是成功的爆品。如果能够沉淀一套爆品体系，那就更可喜可贺了。

但目前整个社会似乎有一种过度追求爆品的倾向，在这种情绪的左右下，很多爆品逻辑隐藏着诸多隐患。

第一，有些爆品是以堆资源和过度营销的方式获得的。产品一起盘就通过淘宝客和微商渠道来拉量，销量促升产生的短期虚荣会掩盖用户对产品的真实反馈，无法暴露产品的真正问题。

第二，爆品的履约和承接问题。有些爆品借助天猫、京东平台大促卖爆，但是供应链并不过关，或者履约能力出现问题，导致大量退货。所以，如果爆品承接体系不过关，爆品可能会把一些公司直接废掉。

第三，很多爆品是靠超低价实现的，如果爆品本身具备成本上的结构性优势，价格低但毛利不低，单位经济模型也表现良好，那么这种低价是可持续的。反之，正常定价下毛利并不太高的产品，如果靠超低价追求销量，无异于饮鸩止渴，既会极大地伤害渠道，也会导致单位经济模型恶化，产品难以为继。

第四，一个爆品出现之后，希望基于所谓的"品牌延伸"，即把一个知名产品的品牌用在一个新产品上，来引爆另外一个新产品。这种"搭便车"思维对互联网平台型产品是可以奏效的，但在实体商品中很少见到特别成功的案例。比如，小米手机是毫无疑问的爆品，但是小米路由器、小米电视，还有一些离手机品类更远的产品，虽然投入资源很多，但没有达到引爆预期。所以，即便是拥有超级爆品的企业，在所谓"品牌延伸"、复制爆品问题上仍面临挑战，更不要说没有名气、资源紧张的初创企业了。

第五，爆品只有从"畅销"变成"长销"、有复购，才可持续，才有可能击穿消费者的品类心智，形成品牌心智。

综上所述，爆品逻辑没有问题，但要谨防上述短命爆品暴露出的问题。所以，除了思考爆品逻辑，还要思考跟更大的品牌逻辑的协同。比如，在爆品带动下，产品体系能否从单一爆品变成同一品类的爆品矩阵，进而形成有心智主导能力的品牌。更进一步地说，创业者或增长团队通过深度复盘找到爆品的真正形成逻辑，看能否将此逻辑复制，形成持续、稳定的爆品体系，继而形成持续、稳定、一致的爆品能力，助力公司打造更有爆发力的品牌。正如优衣库创始人柳井正所言："最理想的经营是仅仅凭借某一种商品就能获得极高的销售业绩。这是最高效，也是最赚钱的方式。"

优衣库的一个核心竞争力就是具备从爆品延展到爆品体系，从爆品体系延展到全链条的爆品能力，其所有爆品都是高性价比、舒适的基本款，与其平民时尚的品牌理念完全匹配。比如，发热内衣（Heattach）是优衣库的经典爆品之一，2003年刚上市时，就卖出了150万件。但优衣库没有止步于此，而是基于大量用户的反馈，逐渐形成围绕发热内衣的爆品矩阵，原有爆品也在不断升级，比如2004年增加了抗菌功能和速干功能，2005年又增加了保湿功能，可以预防冬天时皮肤干燥，深受女性喜爱。发热内衣系列2005年的销量高达450万件。优衣库另一个迭代和进化方向是不断提升面料科技和加工工艺，这样优衣库就形成从供应链到产品设计，再到用户洞察，最后到用户增长全链条的爆品能力。比如，2006年优衣库重点聚焦在爆品能力持续升级上，不断提升发热内衣的功能性创新，并提供多款覆盖不同场景的产品，2010年这个系列销量提升到8000万件。

如果说发热内衣系列因为它的保温性和发热性改变了人们对秋裤厚重且不透气的偏见，完美提升了冬季着装的舒适体验，优衣库的舒爽内衣系列（AlRism）则为全场景、全人群解除了汗水黏腻、空间闷热等夏日着装烦恼。舒爽内衣系列基本复刻了发热内衣系列的成功模式。舒爽内衣独家含有具备吸汗性能的铜氨纤维及其工艺，这样的爆品能力就是优衣库的经济护城河，使其他想要进入高性价比基本款的对手难以望其项背。

优衣库的全部产品家族类似发热内衣、舒爽内衣等高性价比基本款，都是从单个爆品升级到爆品矩阵，再升级到有供给差异性全链条的爆品能力，而且爆品带来的规模经济使得优衣库形成了很强的经济护城河。无论哪个系列的产品，从视觉到产品体验都在不断强化高品质平民时尚的品牌理念，优衣库的品牌力就这样形成并不断得到提升。

再比如，喜茶的多肉葡萄是其最有名的爆品，喜茶的整个产品家族都是类似多肉葡萄这样的高颜值新中式即饮奶茶，其日常运营也是围绕这个核心展开，包括门店的点单系统、新品的研发方式等等。为了让消费者感知到"好喝"这个用户价值，喜茶宁可牺牲生产效率，在其标准化流程中保留了人工手剥葡萄的环节。多肉葡萄的这个流程环节及其背后的喜茶品牌理念在整个产品家族中都是一以贯之的，只有这样喜茶才能完成从制造爆品到打造品牌的跃迁。

消费者只有在跟产品的一次次接触和后续服务中感知到品牌的价值，认可品牌的价值，品牌力才会出现。换句话讲，品牌力不是公司创造的，而是消费者赋予的，消费者认同的品牌力才是真正的品牌力。而这个品牌力也绝非虚幻的，最终一定可以通过销量、复购频次、NPS等数据呈现。

用户运营要点三：如何设计用户分层

为什么要做用户分层

当用户量比较大的时候，为什么几乎所有的互联网产品都会进行用户分层？这是因为，此时千人千面的个性化需求和普适运营策略的冲突会成为产品的主要矛盾。用户特征的差异导致了个性化诉求，催生了精细化运营的需求。

精细化运营最关键的手段就是"用户分层"。用户分层本质上是一种以用户特征、用户行为等标准对用户进行细分的运营手段。用户分层化运营不但可以真正满足各类用户所需，提升用户体验，而且可以基于不同用户的差异服务或差异定价，确保运营资源得到最优利用，实现产品效益的最大化。

一个越来越主流的趋势是拥有规模用户量的互联网平台广泛使用各种算法，针对不同用户特征和行为进行更精细的分层，实时匹配不同的内容和商品，润物细无声地影响用户的行为。所以，用户分层是增长运营、产品运营和收入运营最核心的手段，了解用户分层的主要方法非常必要。

设计用户分层的四种方法

用户分层的设计主要有以下四种方法，互联网公司、新消费品牌和企业服务公司一般会采用其中一种或多种方法。

- 用户价值区隔分层，包括用户生命周期和 RFM 方法。RFM 方法广泛用于消费品牌的收入运营，也被用来做流失用户干预。
- 用户身份区隔分层，适用于用户对产品贡献有明显区分度的场景。
- 用户需求区隔分层，适用于用户因特征不同而产生各异需求的产品。
- 用户增长行为状态区隔分层，即海盗增长模型 AARRR；这个粗略的分层模型主要用于产品初级阶段，用于增长状态分析和增长因子优化。

实现用户分层的两大前提，一是可以用明确的数据标签定义出不同层级的用户，二是不同层级的用户运营策略是有针对性且稳定的。

1. 用户价值区隔分层

用户价值区隔分层有两种主要分层方法，一是依靠用户所在生命周期阶段进行价值区隔，二是依靠用户关键行为进行价值区隔。

首先来看用户生命周期分层模型（见图 5-5）。

我们通常会将用户的生命周期分为 5 个阶段，处于不同阶段的用户对产品的未来贡献价值也不同。通常处于成长期和成熟期的用户价值高，但导入期用户的价值增长潜力最大。处于休眠期的用户有可能被重新激活，为产品重新释放价值。通过看不同阶段用户所占的比例，可以很好地了解产品的状态，并有针对性地对用户进行影响和引导。

（1）导入期：用户注册后，刚刚上手，对产品还不熟悉，对产品能带来什么价值也不清楚。在数据上的定义是：刚刚注册，尚未体验核心功能流程。

导入期	成长期	成熟期	休眠期	流失期
用户注册后，刚刚上手，对产品还不熟悉，对产品能带来什么价值也不清楚。	对产品有了一定的了解，对产品价值比较认可，已经形成初步的使用习惯，会定期使用产品。	对产品已经形成高度的使用依赖和习惯，使用频率较高，使用时长较长，能够贡献较高的价值。	曾经是成熟期用户，但是现在已经不再访问或使用产品，或者访问频次越来越低。	已经长时间不登录产品，甚至已经卸载产品。
刚刚注册，尚未体验核心功能流程（事先定义并埋点）。	已经体验过核心功能流程，使用频率和使用时长大于或等于定义的最小阈值。	使用频率、使用时长大于或等于某个阈值（根据产品来定），或者付费频率和消费金额达到一定阈值。	超过14天未使用产品。	超过30天未使用产品。

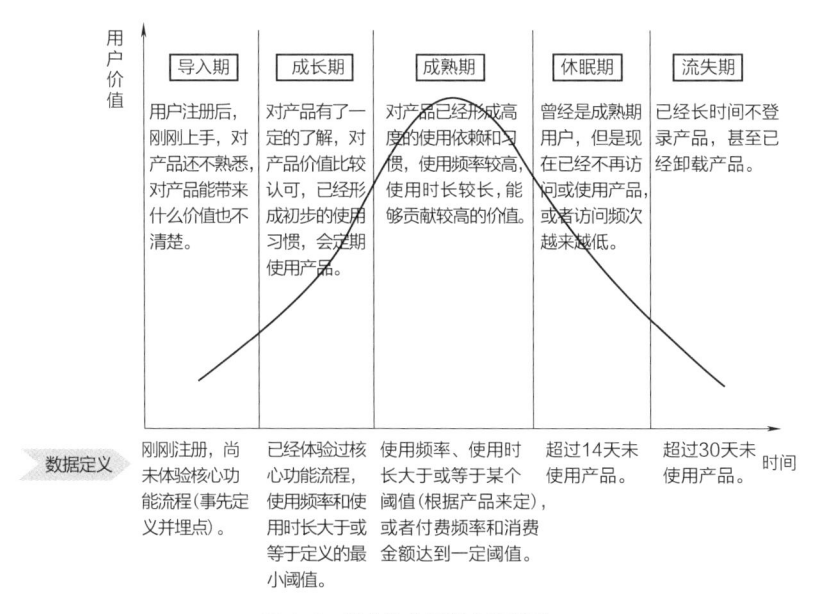

数据定义

图 5-5 用户生命周期分层模型

（2）成长期：用户对产品有了一定的了解，对产品价值基本认可，已经形成初步的使用习惯，会定期使用产品。在数据上的定义是：已经体验过核心功能流程，使用频率和使用时长大于或等于定义的最小阈值，例如，每周登录几次，每次完成多少次操作，或者使用时长达到一定时间。

（3）成熟期：对产品已经形成高度的使用依赖和习惯，使用频率较高，使用时长较长，能对产品贡献较高价值。在数据上的定义为：使用频率、使用时长大于或等于某个阈值（因产品而异），或者付费频率和消费金额达到一定阈值。

（4）休眠期：曾经是成熟期用户，但是现在不再访问或使用产品，

第五章 识人篇：建立用户对产品和服务的长期依赖　　269

或者访问频次越来越低。在数据上的定义为：超过 14 天（具体情况具体分析）未使用产品。

（5）流失期：已经长时间不登录产品，甚至已经卸载产品。在数据上的定义为：超过 30 天未使用产品。

以上采用的阈值只是一个示例，我们针对不同产品可以设计不同的用户价值区隔阈值。

下面再来看看 RFM 分层模型。

用户价值区隔分层的另外一种方法是根据用户的关键行为来进行划分。最典型且常用的方法是 RFM 分层模型（见图 5-6），这个模型可以有很多延展。RFM 分别代表用户的三种关键行为，其中 R 是最近一次的消费时间（Recency），F 是一段时间内的消费频次（Frequency），M 是一段时间内的消费金额（Monetary）。

核心逻辑：找出影响用户价值高低的关键行为，然后进行交叉分析和用户划分。

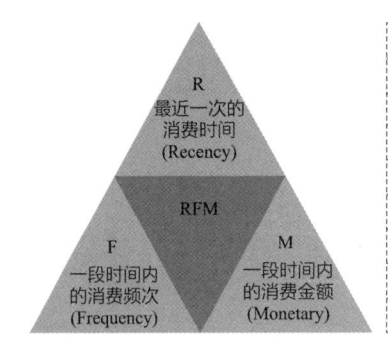

价值级别	消费时间R	消费频次F	消费金额M
重要价值用户	近	高	高
重要发展用户	近	低	高
重要保持用户	远	高	高
重要挽留用户	远	低	高
一般价值用户	低	高	低
一般发展用户	近	低	低
一般保持用户	远	高	低
无价值用户	远	低	低

- 金融领域：R代表最近一次投资的时间，F代表投资频率，M代表投资金额
- 短视频领域：R代表最近一次使用短视频的时间，F代表活跃天数，M代表每日使用总时长
- 品牌领域：R代表最近一次购买时间，F代表购买频次，M代表购买金额

图 5-6　RFM 分层模型

按照用户价值状况对 RFM 模型进行划分，如果将每项指标分为两个级别，可以组合出 8 种基础用户类型（如图 5-7 所示）。这两个级别的分类可以用"高""低""远""近"来定性描述，也可以定义一个价值阈值，一个级别在该阈值之上（含阈值），另一个级别在阈值之下。当然，也可以将每项指标里的价值维度继续细分出更多级别，以进行更细颗粒度的分析。

价值级别	消费时间（R）	消费频次（F）	消费金额（M）
重要价值用户	近	高	高
重要发展用户	近	低	高
重要保持用户	远	高	高
重要挽留用户	远	低	高
一般价值用户	近	高	低
一般发展用户	近	低	低
一般保持用户	远	高	低
无价值用户	远	低	低

图 5-7　RFM 模型下的用户类型

怎么选取 RFM 三个维度的价值阈值呢？有三个常用的方法。

（1）选取中位数或平均数；中位数通常比平均数更好，平均数比较容易受最大数和最小数影响。

（2）基于一个业务节点的重要值，例如投资理财类的 R 值，一般是 1 个月，因为只有发工资才有钱理财。

（3）以二八法则进行推算，80% 的用户集中在低频、低金额区间，20% 的用户集中在高频、高金额区间。

比较推荐的是第一种或第二种方法。如果数据分析团队懂得K均值聚类算法，那就更好了。

RFM方法的目标是找出影响用户价值高低的关键行为，所以RFM模型的含义并不唯一，在不同领域可以是不同的定义。例如：在金融领域，R代表最近一次投资的时间，F代表投资频率，M代表投资金额；在SaaS领域，R代表最近一次使用软件的时间，F代表使用频次，M代表付费金额；在品牌领域，R代表最近一次购买时间，F代表购买频次，M代表购买金额。

RFM只是代表一种分层的思维方式，对于任何产品，我们都可以定义其影响用户的关键行为、高价值行为，然后定义出这些行为的指标，再对这些指标进行交叉分析，来完成对用户的分层。

2. 用户身份区隔分层

当产品中用户的行为特征和诉求差异较大时，使用身份区隔的方式进行分层和实施相应的运营策略会比较合适。例如，各种社交媒体至少能分为明星用户、顶流KOL用户、KOC达人、核心用户和普通用户。

用户身份区隔分层模型通常会依据用户对产品的内容和金钱贡献度或者稀缺性进行分层。比如，根据金钱贡献度可以将用户分为钻石会员、金卡会员、银卡会员和普通会员。

3. 用户需求区隔分层

用户需求区隔分层主要分为两个维度：一是自然属性，主要依赖用户的基础数据，包括性别、年龄、地域、职业、收入等；二是个性化需求，主要依赖用户的行为数据，比如品类偏好、场景偏好、消费金额、消费动机、人生状态等。

所以，用户需求区隔分层主要就是分析用户是否在这两个维度上，用户的需求是否有明显的差异。判断的方法有两种：经验洞察和数据说话。在具体操作时，可以使用单个维度进行区分，也可以使用两个维度进行交叉分析。

如果选择一个维度进行区分，例如教育类产品，可以按照用户偏好的学科或者年龄区间进行区隔分层。而品牌类和电商类产品通常会做两个维度或者多维度分析，结合用户性别、收入、消费偏好等推送不同产品。

从营销运营的角度，有些产品按照这两个维度标签对用户进行分层，可以生成更加具象化的专属身份标签，比如品质男神、时尚女神、玩酷青年、潮流老人等，增长运营团队可以根据这些身份标签和具体需求进行个性化的内容设计。

至于人群标签划分的颗粒度要细到什么程度，则依据不同业务需要来确定。当然，划分越细越能更精准地命中用户，但同时也会带来更高的运营成本。

4.用户增长行为状态区隔分层（AARRR 分层）

我们反复提到的海盗增长模型 AARRR 或者精益增长模型 ARRRA，可以做比较粗略的用户分层，就是 5 个因子代表 5 种用户状态，通过定义这 5 个因子的阈值进行状态区分。主要的使用场景是阶段性评估增长绩效。比如，每个双月作为一个 Cohort，看不同 Cohort，每个因子所在状态的用户比例的变化，来评估变现趋势等。假设两个 Cohort 的新增用户基本一致，激活也大体一致，如果变现用户比例明显变少，客单价波动不大，就表明新的 Cohort 获客质量出现下滑，其中获客质量不是体现在激活和留存质量，但消费能力出现下滑。这种跨部门的增长绩效分析可以为增长团队调整策略提供有价值的反馈。

以上就是主要的用户分层方法。创业团队可以利用这些模型做科学的用户研究，而且能够拆分和构建业务流程中的指标衡量体系。因为在任何一个创业公司里，不同部门、不同岗位的人需要关注的指标是不尽相同的，而用户分层模型便于大家统一思想，用一套数据和逻辑体系来优化业务绩效。

用户分层模型结合用户行为漏斗分析、同期群和分群分析、标杆对比分析等多种工具和模型，可以帮助我们非常清楚地了解哪些用户在创造价值，哪些用户为何流失，各种匹配失衡究竟出现在哪些环节。有了这些深度洞察，我们就可以解决困扰企业增长运营的很多难题。

用户运营要点四：从私域流量到私域电商

私域流量的重要性

掌握了设计用户分层模型，我们就有了私域流量的运营抓手。人们重视私域流量，主要是供给侧和流量侧的趋势使然。

供给侧的趋势：

（1）中国制造升级为全球品牌的趋势在加强。当越来越多的供应链希望直接面对消费者和客户，打造品牌，基于线上的私域流量运营变成必选项。

（2）中国进入了消费者品牌升级换代、创新多元的时代。过去的消费品品牌解决的主要矛盾更多的是人们从无到有的需求，是消费者基本的、共性的需求，比如安全性、质量的一致性和稳定性。今天的消费品品牌，则在"多，快，优，省"等价值定位中进行细分，响应消费者更加精细的场景需求。所以，新品牌必须具备直接与消费者对话和触达的能力，这就需要通过私域运营实现。

流量侧的趋势：

（1）各领域流量巨头已经诞生，且格局稳定，新平台异军突起的机会不大，所以，除非5G大规模普及后重新进行流量格局洗牌，否则很难出现全新的杀手级应用（3G时代是微信，4G时代是短视频和直播）。那么，在流量大盘增量不足的情况下，如何确保有稳定的流量和较高的转化率呢？这也需要私域。

（2）流量平台议价能力越来越强，公域流量成本越来越高；虽然公域依然重要，但对企业来说，私域运营转化的投资回报率可能要高于公域获取转化。近两年很多新品牌的独角兽公司利用微信、小红书等运营获客变现，私域种草打法、直播短视频转私域运营体系都有不少成功案例。这些私域运营实践潜力很大，增量天花板很高。

私域流量的运营要点

私域流量虽有价值，但并非所有消费品公司都适合做，或者值得做。简单地说，私域流量运营模式可以成立的前提条件：（1）高客单，有充足的毛利率；（2）高频，适合引导高复购；（3）私域运营的内容最好基于私域群体的共同话题，中间也要有些榜样塑造。没有话题引导、榜样塑造和构建信任，不可能有好的交易转化。不满足上述三个条件，私域流量运营的经济模型可能会让创业者难以为继。

有一类是非常适合私域运营的产品，比如那些极高客单、低频、需要复杂决策的产品，在公域流量下很难转化，但通过私域运营，辅以峰值体验设计，可以做到非常高的客户转化。比如高端教育培训、理财产品、房产、汽车、医美还有其他服务类品牌，私域运营可能是最好的方法。

私域流量的核心要素是什么？就是在建立信任的基础上，针对用户分层进行精准转化，并在精准转化的前提下反复触达。如何营造信任呢？简单来说，就是基于信任来源类型进行内容和活动设计，将信任货币化。比如，同学、同事、同乡属于熟人社交，信任度高，好友买家秀和拼团砍价都是合适的。但有些是基于同好社群的私域，则基于兴趣的教程、典型KOC案例，甚至激发同好之间FOMO[①]心理的活动都是比较有效的。

---

① FOMO 是 Fear of Missing Out 的首字母缩写，即错失恐惧症，特指那种总在担心失去或错过什么的焦虑心情，也称"局外人困境"。——编者注

品牌私域流量下一步：私域电商

私域流量是人们热议的风向之一，但风向所致，往往急功近利者多，长期价值创造者少。拿私域流量来说，绝大多数商家对它的认知仅限于一个私有流量入口的价值，以期通过裂变、营销做高效的变现。

但这些认知只看到私域概念的表象。私域的核心要义在于：比起过去，品牌方拥有了直接触达用户的条件和用户的数据。私域的本质，不在于消除了中间方的分成，而在于直接的用户"触达"和"数据"获取。简单来说，我们以前卖商品，拥有许多的单量数据，但我们看不到具体的用户数据，只知道每个渠道卖了多少单。但是真正意义上的"私域"或者"DTC"，品牌方的每次投放都能够直接跟踪到背后的用户画像、消费数据和标签等。这样就能够精准、免费、多次触达用户，并根据画像驱动复购，或者根据画像寻找相似用户，再次精准投放获客。

所以，私域流量的升级模式就是在入口价值之外，能够获得用户从渠道到交易的全链条数据，并将全渠道转化数据进行打通、清洗和整合。这种基于用户全链条和全渠道的私有数据和直接触达品牌的直接销售模式，我们称为"私域电商"。只有做到"私域电商"这一步，才算是得到DTC的真传，才是长期最有价值的直效品牌模式。

在私域电商的框架下，品牌的公域流量和私域流量不再非此即彼，而是相辅相成。品牌将公域流量来源的用户转入私域用户的数字通道，提炼出用户整体交易画像，并通过运营活动和会员计划反复触达；但当品牌在私域流量渠道流失客户时，还可以通过公域流量重定向进行召回。

当很多品牌还停留在认知和理解私域流量的入口价值，有些公司在成立之初就是私域电商，比如 Shein，还有一些高速增长的新品牌，比如完美日记、喜茶，它们从私域流量获客起步，已经升级到私域电商模式。这些基于数字化用户体系运营，驱动用户复购、交叉购买、按需选品的品牌，才是真正意义上的 DTC 品牌。当然，对品牌来讲，做"私域电商"需要自建数据仓库和数据分析能力，供应链和履约模型也要做相应改造，这样才能保证"私域电商"的核心体验不崩。在这方面准备不足的商家，最好还是先打好基础。

第六章

取势篇

驾驭趋势,倍速增长

我们常说"势比人强""时势造英雄",现象级或者大成的公司多半也是"择时""取势"的高手。即便当时没有觉察,但复盘时会发现,能够成功的产品基本都是因为踏准了趋势的鼓点,从而一鸣惊人、不同凡响。

百年不遇的疫情让很多业态遭遇毁灭性打击,创业者越发觉得生不逢时,不但一出场就遇到"互联网下半场",还遭遇流量荒、资金荒、人才荒等多重挑战,有些曲终人散的悲凉。但是站在趋势的角度来看,任何时间创业都有机会,增长都有空间。

一个反常识的规律是有时候获得10倍速增长比获得10%的增长更容易。这是为什么呢?当目标是10%的增长时,创业者通常会按照惯性和原有逻辑设计优化方案;而要获得10倍速增长,创业者就会逼迫自己转换逻辑和思路,思考真正重要的驱动引擎。创业者容易在创业初期陷入事无巨细的日常运作中,而在逼问自己是否还有更大的趋势和增长杠杆可以利用方面思考不足。

安迪·格鲁夫说过一句话：每一个战略转折点都表现出10倍速变化，而每一个10倍速变化都会导致战略转折点。怎么理解这句话？作为创业者，要时刻关心周边的生态，关注有哪些关键要素正在发生10倍速的质变，然后去抓住它。这些关键要素的质变能够影响产品生态的某个单一要素在未来半年到一年内发生5~10倍的巨大变化。

从经济增长的规律来讲，技术进步、人口结构、经济和监管政策、文化潮流、组织模式等都是推动趋势改变、环境变迁的重要引擎。当然，自然灾害、文明冲突、重大公共疾病等重大突发事件也会导致环境骤变，在短期内会导致经济增长停滞，在摧毁一些旧经济生态的同时也会催生具备反脆弱性的新生增长动力。

从互联网和数字产品增长的角度，我总结了10种势能红利，这些红利基本是周期性和确定性的硬趋势，所以更有规律可循。这些势能有如波浪，会反复出现；有些年景会出现一些大浪，有些年景会以小浪方式展现，而更多年景则是多浪共存。中国乃至全球的现象级互联网公司基本上都吃到了这些红利，而且是多种红利叠加。这次旷日持久的全球新冠肺炎疫情虽然会以无情的方式关上很多行业的大门，但也会以更迅猛的方式打开其他一些窗，无论是技术新物种涌现，还是新的文化潮流和消费选择，都可能是赐予当下创业者的全新的增长势能。

驱动10倍速增长的10种势能红利

互联网基础设施倍速变迁

这一波涌现的互联网现象级公司，无一例外都抓住了从个人计算机到移动互联网、从3G到4G的互联网基础设施迁移实现人群倍速覆盖所带来的红利。可以说，所有超级独角兽都是时代的独角兽，超常规的增长背后是抓住基础设施倍速变迁的超级势能。

比如，3G技术的使用标志着移动互联网的开始。3G最大的受益者是微信。由于3G带来数据流量的骤降，使得微信可以提供免费的通信，从而打击了运营商2G时代的付费短信，重建了一个具有更高黏性、更有防御性的人际通信网络。中国4G的普及从2013年年底开始，一直到2018年基本以每年2亿新增用户的速度在递增。国内短视频应用的爆炸式增长恰好契合了这种倍速增长曲线，可以说短视频和直播是4G最大的受益者之一。

新一代基础设施和消费硬件平台的每一次变迁，都是全新流量时代的开启。通常每5~6年会有一次这样的机会。2020年算是5G元年。疫情之后，5G作为新基建的主力军会加速发展。虽然目前还无法预测，但可以肯定的是，随着5G网络覆盖到临界点，5G手机换机潮出现之后，新一代移动互联网应用也会如后浪压倒前浪一般不断涌现出来。自不待言，伴随着新一轮流量的洗牌，新一代独角兽也会应运而生。

倍速新流量平台的出现

抓住倍速新流量平台对创业来说至关重要。每两三年就会涌现少数几个倍速增长的流量平台。快速崛起的新品牌，至少要能抓住单一倍速流量渠道的红利，才有机会成为品类的主导者。新品牌创业者，如果六七年前没能抓住微博红利，过去三年没抓住微信的社交红利，近两年没有利用快手、抖音、小红书、B 站的新流量机会，也没能尝试淘宝直播、快手和抖音直播进行带货，就很难杀出重围、脱颖而出。

尽管今天的移动互联网行业基本完成了全人群渗透，让人有一种流量见顶的压迫感，但年年岁岁花相似，岁岁年年人不同。从增长的视角来看，每年都会有新流量平台出现，或者至少还有依然处于红利期的流量渠道。即使到今天，搜索红利也没有消失殆尽，对于企业服务和新一代 B2B 交易平台，搜索都还是极具价值的流量渠道。只是，流量果实低垂的时代已经一去不复返，新一代公司只有通过优术和识人的增长体系，才能有效捕捉流量势能。

代际变迁和大平台的挤出机会

长江后浪推前浪，Snapchat 的崛起就是受益于代际变迁和脸书平台提供的挤出机会。快手、抖音的崛起在一定程度上也是新一代年轻人不满足于微博时代的大 V 主导和图文表达而主动引发的代际变迁。

拼多多的崛起离不开淘宝 2015 年主动放弃 9.9 元包邮的基础品

类所提供的挤出机会。2020年方便面及其他低价即食或即热方便食品销量数十倍暴增，一定程度上也是美团、饿了么等外卖平台退出高价补贴所提供的挤出机会。根据两大外卖平台2019年的数据，在三线以上的城市中，只有不到一成的外卖是花20元就能买到的。有超过四成的外卖，客单价在40元以上。随着外卖的门槛逐渐提高，方便面和方便食品高性价比的优势反而越来越明显。加上新的方便食品品牌在食材、口味方面还原性提升，烹饪便利性体验不断创新，以及通过直播短视频线上渠道高效覆盖，再借助疫情，方便食品的市场表现瞬间爆发。

不仅仅在方便食品领域，我们看到在疫情之后，中国消费者在众多领域的消费行为都更加理智，更注重性价比，加上全球供应链的变化，可能会导致很多国际品牌退出低端价格带的供给，这些机构性的挤出机会可能会成就一波平价替代新国货品牌的崛起。

技术的范式转移

这个概念听起来很绕，通俗地讲，就是一个领域里新的技术革命导致原有的假设和规则（旧模式）失效，从而推动新的规则和新的创新力量（新范式）形成。范式转移就是要冲出原有模式的束缚和限制。趋势高手通常都是能够洞悉范式迁移的力量，并全面拥抱新范式所带来的改变的人。所谓"成也范式，败也范式"，曾经的成功者是旧范式的受益者，但是如果无法迁移到新范式，也可能成为旧范式的炮灰。

范式转移对于增长的启示是，与其迷恋一个旧生态的成就，不如把握一个新生态重启的机会。

尽管在这个过程中会有新旧力量的交锋，会有反复，但新范式背后的驱动引擎是技术的革命，会对原有模式进行脱胎换骨的改造。虽然这会对旧范式产生极大的破坏性，却代表了更高维度、更高效能的建设性。

比如，当年面对微软已经建立起来的Windows生态，谷歌和苹果已经没有破局可能，所以与其跟微软在个人计算机市场上硬碰硬，不如押注新的技术范式转移——移动互联网。如果谷歌和苹果当年没有全面专注新范式的投资，押注安卓生态和iOS生态，也就没有今天跟微软的分庭抗礼。同样，微软虽然错失了移动互联网的机遇，却注重企业服务市场的新范式云计算基础设施Azure。微软如果没有这次范式转移的华丽转身，就会从神坛跌落，难以挤进万亿美元俱乐部。IBM就是错过这次范式转移的反面教材。

所以说，真正伟大的创业者，不必恋战旧战场，而要抓住技术变革带来的新范式转移的契机，果断启动一条全新的增长曲线。

这次疫情再次印证企业运营数字化、云化和智能化是新范式转移的大趋势。接纳新范式就会加倍受益，眷恋旧范式则可能从此一蹶不振。

品类变革的红利

消费行业的创业者和投资人几乎天天都在思考能否拿到品类变革

的红利。当一个品类出现结构性变化机遇时，要么基于新场景的需求开始蓬勃涌现，要么拥有新奇特的功能和体验的创新品类开始野蛮生长，这些都可能预示品类变革开始出现。品类变革往往可以直击用户心智，带来超常规增长。

例如元气森林和喜茶，前者找到了心智空白点，开创了"0糖，0脂肪，0卡"的高颜值健康饮料的新品类，后者享受到具有社交货币属性的精品即时茶饮的品类红利；而面向年轻消费者的彩妆品牌完美日记，则基于优质的供应链和出色的产品能力，开创了高性价比的年轻人彩妆品类。

技术赋能的供应链革命

在2C平台型机会变少的当下，来自B端供应链的创新，特别是新材料、新工艺、新技术或者供应链重构，如果能够带来5~10倍及以上的成本降低或者效率提升，也会带来结构化的增长优势。

在推动技术赋能的降本增效方面，中国有独特优势。比如，技术进步通常需要比较长时间的学习曲线的积累，才能逐步扩散，只有规模商用才能真正带来规模效应，从而极大地降低成本。所以，有些国家，比如以色列，虽然科技创新很不错，但是没有规模商用市场作为支撑，导致新技术带来的供应链效能并不明显。

中国既是全球最大的制造工厂，又是全球第二大消费市场，所以，中国市场的超大规模商用潜力、全产业链配套，以及技术学习曲线短时间的跃迁能力，导致技术赋能的供应链革命更容易在中国发生。特斯拉汽车以前一直供不应求，产能是其最大的死穴，甚至几度让特斯拉濒临破产。如果没有上海超级工厂的超级产能支持，Model 3 是不可能大规模降低成本的。类似地，苹果虽然一直在海外多个市场寻找供应链，但最后只能依赖中国，也是因为中国市场的独特优势。苹果成为全球市值最高的公司，即便不算中国市场的消费贡献，中国供应链也是功不可没的。

由全球最大品牌技术推动的供应链革命，最终也会让中国的品牌从中受益。比如，华为、小米、OPPO、vivo 能成为全球智能手机的主导厂商，多多少少都受益于苹果在中国推动的供应链革命。中国电动汽车造车新势力的蓬勃发展，也受益于特斯拉的供应链国产化推进。

同样，中国本土平价新品牌要想替代国际品牌、占据更大市场份额，除了抓住需求层面和流量层面的红利，如果没有供应链成本和效率方面的竞争优势，胜算也很渺茫。

尽管中国供应链具有全球其他很多国家无法比拟的优势，但是中国工厂的集约化和自动化程度比起德、美、日工厂差距还不小，中国工厂人均劳动产能只有这些国家的几分之一。这些差距，当然也意味着中国供应链的后端效率依然有巨大的提升空间。这些都是可以预期的增量。那些率先有意识、有能力做出这方面的变革，特别是利用人工智能推动生产流程的数字化、自动化和智能化的团队，更有可能获得长期增长优势。

人口结构变化的隐含机遇

人口是经济学中影响增长最重要的变量之一。人口结构的变化，孕育着增长的结构性机会。例如，中国单身群体日渐崛起，单身成年人已超过 2 亿，独居成年人口超过 8000 万，而且还在扩大，这些趋势导致单身族生活场景正在成为一个主流场景。所以，"双十一"单人电饭煲、单人洗衣机和单人冰箱等单人家电品类成为爆款就在情理之中。

再比如，中国老龄化和长寿化已经是越来越重要的趋势，但是针对老年人群体的优质产品和服务却严重缺位。中国的新老人一代经历了改革开放 40 多年的财富积累，具备很强的经济实力。老年人有钱有闲，填补这些供给的空白就是创业者最好的增长机会。

另外，中国独有的城市阶梯意味着高线、中线和低线城市之间存在消费偏好差。把中国视作单一市场的假设本身就是有问题的。中国就是一个多元的小世界，会有城市差和消费差，单纯看中国人均消费能力甚至消费偏好，可能只具备统计学意义。一线城市饱和的供给反而有机会成为低线城市的新物种。虽然拼多多和快手在一定程度上拉平了由城市阶梯导致的消费差，但分化依然存在。比如，北上广深杭一线城市已经到了小众品牌化甚至去品牌化的阶段，这在疫情后更为明显；但在二、三线城市，消费品牌化还如火如荼，无论是外资品牌还是新国货品牌都能大行其道；而四、五、六线城市还在进行大宗消费和消费品类的扩张。

亚文化成为主流文化

我们看到，越是代表年轻人的亚文化，越有可能破圈、后浪压倒前浪，成为主流文化。B 站出圈及其所代表的二次元文化的流行就是一个例子。同样，潮玩也有可能在未来几年从年轻人的小众爱好演变成更大圈层的兴趣爱好。当亚文化突破圈层壁，被更多人理解和接纳，也就拥有了更快扩散的增长契机。随之而来的，是对新一代人的消费偏好和审美趣味的潜移默化的影响。潮玩、汉服、女性向游戏乃至元气森林的日系视觉风格得到年轻人的追捧，都有这种文化潮流的推波助澜。

另外，中国 Z 世代生长于中国经济高速增长的年份，生活更加殷实，对中国文化更有自信，特别是经历疫情之后，新国潮作为一种新文化潮流逐渐成为后浪追逐的主流。在短视频和直播大行其道的今天，年轻人更容易迎合一些新兴的潮流，这些或暗潮涌动或汹涌澎湃的社会潮流，是消费品牌特别应该重视的增长势能。

对新品牌来讲，除了关注中国年轻人独特的亚文化，还要关注全球年轻人追捧的文化潮流，毕竟环球同此凉热，潮流也会传染和扩散。在这方面，欧美的一些品牌造势经验可圈可点。从特斯拉、人造肉 Beyond Meat、街头文化品牌 Supreme，到平价彩妆品牌 Glossier、卡戴珊家的 Kylie Cosmetics 和里汉娜（Rihanna）的 Fenty Beauty，都是借助亚文化潮流兴起的造浪高手。

生于社交媒体时代的欧美 95 后和 00 后，除了关注产品的核心功能，更愿意为一个能引起价值观共鸣的品牌买单，特别是那些倡导众生平等、关爱环境、提倡平权等价值观的品牌。现在的欧美年轻人对价值观不合的品牌，哪怕是大品牌，都会主动"断舍离"。

这两年在欧美火起来的DTC品牌，全都在内容和价值观层面下足了功夫，一定程度上都是新时尚、新观念、新生活的化身和代言。比如平价彩妆先驱Glossier，率先提出"beauty for everyone"，产品研发和用户增长完全贯彻女性平权的理念。后来，卡戴珊小妹里汉娜的Fenty Beauty也是从肤色、种族角度诠释女性平权和种族平权，特别是在"弗洛伊德事件"之后，这种价值观成为大家心照不宣的主流价值观。

除了在品牌理念、产品营销层面契合新文化、新观念和新潮流，能够获得市场认可的新一代DTC品牌也要在产品中体现这些承诺，做到表里如一、言行一致，才有真正的说服力。比如，倡导环保、舒适、防臭、可机洗的运动鞋品牌Allbirds，每分钟就有一双鞋出售，其材料来自羊毛、桉树皮和甘蔗提取物EVA，完全不用任何化工原料。Allbirds的成功，不仅源于其超前的理念，也源于其能够说到做到，将新理念通过成功的产品和工艺落地。

这些成功的DTC品牌不仅是倡导及引领社会和文化潮流新理念的旗手，还能提供独创的科技和友好的使用体验，从而将新理念落地。这些品牌很容易在硅谷、洛杉矶和纽约走红，进而被其他城市的年轻人追捧。就这样，这些代表"亚文化""新理念"的品牌获得了增长。

重大监管政策变化催生的机遇

重大监管政策的变化，也可能是孕育增长机会的催化剂。例如，对特斯拉的追捧，就得益于全球多国政府相继宣布电动车全面替换燃油车的时间表和各种规划。类似地，中国电动汽车品牌蔚来、理想和小鹏汽车等造车新势力的崛起，也与中国政府对电动车和新能源汽车的强力支持高度相关。

绝大多数互联网和新品牌的创业者都缺乏跟监管者打交道的经验，更不用说理解监管背后的逻辑，所以很容易错失监管政策变化催生的增长机遇。其实，不少品类的兴起，都有监管政策的默默助推。

比如，美国近年来特别火的一个品类——药品或者带有功效性的补剂和食品饮料，代表品牌有提供男女性保健、男性防脱发和个人护理的品牌 Hims 和 Hers，号称"避孕药界的优步"的 Nurx。中国也出现了一些仿效者。这些品类是介于药品和保健品之间的跨界品类。由于产品有功效，可以实现快速反馈，所以特别容易建立习惯回路和成瘾回路。如果能够确保服用安全，这是特别容易有复购、有定价权的消费品类。

你可能会问，这么好的品类，以前怎么没人做呢？从原则上来讲，这些产品做成补剂或食品饮料后便处于处方药和非处方药之间的灰色地带。如果在线下卖，多半还会被当成处方药，用户要通过医生开处方来买，让人多少有点难为情。但如果医生是远程问诊，用户的心理压力就会大大降低。

最近六七年，美国远程医疗和在线问诊兴起，大多数州都通过了线上开处方的相关立法，保险也接受在线处方的订单，特别是新冠肺炎疫情暴发之后，远程医疗渗透率不到5周便翻倍，2020年已经是2019年的4倍，远程医疗成了新主流。而这些借助远程医疗大幅提升渗透率的新品类，自然获得新的增长势能。

除了远程医疗带来全新的分发渠道，两名神对手的专利到期又提供了神助攻：一个是2014年拜耳旗下的口服避孕药Yaz专利到期，另一个是2017年辉瑞旗下的伟哥专利到期。所以，2014年避孕药DTC品牌出现了一大批公司（Nurx、Maven、The Pill Club），2017年则是壮阳药大爆发（Hims、Roman、Keeps），这都并非巧合。

这些品牌更大的增长野心，就是通过私域电商，最终成为这种新品类销售的新电商渠道。事实上，Hims已经将自己重新定位为一家远程医疗公司，其高品质、高性价比、高便捷和注重隐私的专业服务得到越来越多用户的认可。此外。Hims还在拓展场景，比如给用户在家做新冠肺炎的唾液检测。这些模式能否取得巨大的商业成功尚未得到验证，但这些DTC品牌利用监管政策变化发掘出一个新的品类，将一个原来不是消费品的东西消费品化，还是颇有启发意义的。除了消费品的案例，监管的变化也催生一批帮助监管落地、帮助创业者低成本高效率合规的监管科技公司的出现，无论是日益普遍的KYC（Know Your Customer），还是交易触发的UBO（Ultimate Beneficial Owner，最终受益人穿透审查），还是跨境供应链的ESG（环保、可持续性和治理）审查，出海商家在欧盟的税务合规等领域，都催生了一批监管科技公司的独角兽。

需要注意的是，与监管合作，不是要追求监管漏洞，而是利用创新填补监管空白，与监管者一起拓展监管的边界，进行适应新场景、对用户和行业更有价值的产品创新。这种与监管共赢的创新，才是我们倡导的"增长向善"。

全球化跨市场套利

如果说中国城市有阶梯、有级差，那么放眼全球维度，也是一样。中国移动互联网的渗透率和产品创新远远走在世界绝大多数国家的前面。尽管中国本土互联网早已进入"下半场"甚至"终场"，但全球很多区域还处于移动互联网"上半场"的早期阶段。这就意味着"中国经验"存在跨市场认知套利的可能。

另一方面，中国有全球最高效的供应链、超快速的产品化能力、最完整的产业配套与最庞大的工程师队伍，中国在很多领域都是世界的"超级工厂"这一事实意味着"中国能力"也存在跨市场套利的可能。

利用"中国经验"和"中国能力"进行全球市场套利，不只是中国创业者的福利，任何心态足够开放的创业者都可以借助中国供应链进行全球跨市场套利增长，比如 Warby Parker。Warby Parker 被称为美国眼镜市场的颠覆者，也是美国最成功的 DTC 品牌之一。Warby Parker 成功的秘密就在于其发现原有行业供应链的一个巨大缺陷，然后利用中国的供应链找到极低成本的替代品，完美实现全球跨市场套利，在巨头缝隙中找到全新增长曲线。

Warby Parker 真正的对手是一家颇有意大利黑手党风范的陆逊梯卡集团（Luxottica Group）。相信很多人都没听说过这家公司，它有多牛呢？这家意大利公司垄断了欧、美、日市场所有的眼镜生产，旗下控制近 40 个品牌，比如 Ray-Ban、Bvlgari、Burberry、Prada、D&G、Chanel，基本所有品牌店出售的太阳镜、墨镜都是这家公司贴牌代工的。如果要买近视眼镜，需要线下验光，最大的品牌店就是亮视点和 Sunglass Hut，背后的老板还是陆逊梯卡。它还控制着全美最大的眼科保险公司 EyeMed。陆逊梯卡年收入过百亿美元，市值接近 300 亿美元，全盘掌控全产业上下游，形成了一个封闭的供应链，所以这家公司可以完全操控价格，这也是为什么在美国配眼镜那么贵，一副通常要 500 美元。这是现实，但也是这个供应链的巨大缺陷。虽然陆逊梯卡干掉了欧美所有的对手，但它干不掉中国江苏和浙江的众多眼镜小厂商，这就是 Warby Parker 的惊天发现。但如果 Warby Parker 起步时就想在线下渠道跟陆逊梯卡缠斗，肯定会遭遇这家意大利厂商的残酷绞杀。所以 Warby Parker 独辟蹊径，利用中国的供应链，通过网上验光，花 95 美元寄去 5 副眼镜让用户试用挑选，来对抗 500 美元一副眼镜的线下势力，就这样一点点开始蚕食这个市场。在新冠肺炎疫情期间，线下配镜全面停止，Warby Parker 借势加速增长。

再比如领创集团，从创立开始就拥有"全球化原生"思维，在全球配置资源。一方面将中国先进的技术向全球输出；另一方面基于目标市场的需求与变化，整合本地资源与团队，实现了新一代科技企业的全球化增长。

领创集团成立于 2016 年，总部位于新加坡，是一家人工智能技术驱动的科技创业企业。集团旗下包含企业业务和消费者业务两大业务板块，企业业务包含 ADVANCE.AI 和 Ginee，分别为银行、金融、金融科技、零售和电商行业客户提供基于人工智能技术的数字身份验证、风险管理产品和全渠道电商服务解决方案；消费者业务包括亚洲领先的先享后付（BNPL）平台 Atome 和数字金融服务。

目前领创集团业务覆盖新加坡、印度尼西亚、中国、印度、越南、菲律宾、马来西亚等 14 个市场地区，旗下企业和消费者业务共服务超过 700 家企业客户、15 万家商户和 2000 万消费者。

从领创集团的发展中，我们可以看到增长背后的几个关键引擎。

首先是夯实技术实力。在领创集团看来，人工智能是驱动不同产业升级与迭代最基础、最重要的引擎之一。基于全球领先的计算机视觉、反欺诈技术，领创集团搭建了一个非常适合国际新兴市场的人工智能引擎，这为集团的后续业务拓展奠定了坚实的基础。

其次，领创集团不断追踪全球金融、零售市场的变化和需求，快速推出战略业务。随着后疫情时代在线交易的普及和跨境电商的发展，全球电子商务行业风险管理、反欺诈、合规部署需求剧增。作为领创集团旗下一站式数字身份认证及反欺诈服务平台，ADVANCE.AI 通过数字身份验证、业务风险管理等产品及定制化的解决方案，战略赋能中国出海企业，助力客户企业合规经营。同时也顺势推出零售

SaaS 业务 Ginee，通过打造安全可靠的 SaaS 产品、丰富的产品矩阵，以及优质的本土化团队，Ginee 为电商卖家提供全渠道系统产品和全域精准营销服务，成为东南亚区域的零售 SaaS 排头兵。

此外，领创集团还敏锐地发现了先享后付这一新消费模式，判断出在未来国际市场上，钱包、支付将进一步线上化，东南亚将成为先享后付服务全球增速最快的市场。鉴于此，领创集团推出 Atome 品牌，为亚洲新一代用户提供便捷的消费体验，同时为优质商户提升了曝光率与客单价，目前该业务正快速成为当地消费支付的重要基础设施。而当 2B 和 2C 端结合起来，可以进一步提高行业发展效率、提升用户体验。

领创集团在其全球化征程中，也非常重视全球资源的配置和本地化运营。一方面，重视每个目标市场的文化和当地的用户习惯；另一方面，致力于把中国最先进的理念和技术与当地资源、风土人情结合起来。领创集团联合创始人、董事长兼首席执行官陈斓杰说："如果只是单纯尊重目标市场习惯，却没有注入新的元素，将很难在海外市场产生新的化学反应。我们会从人才和技术与运营双结合的角度，尽可能整合不同市场的优势资源，比如将中国的先进技术与东南亚市场的本土化运营相结合，来进行市场的扩张。"

尽管近年全球贸易保护抬头，特别是疫情后中国威胁论甚嚣尘上，但从市场经济的规律来讲，全球产业链分工与全球贸易事实上已经无法与中国脱钩。中国周边的市场，由于都不具备重化工业基础，短期内还有能力构建兼具规模与弹性的供应链网络。所以，在一个理性决策主导的商业世界，中国与世界各国利用各自的比较优势共同发展，对各方都是最好的选择。而且，中国能力和中国经验被反复证明具备全球跨市场增长套利的引擎，全球创业者都要有开放的心态去接纳和利用。

量化不易量化的趋势

趋势如此重要，但经常飘忽不定。既然增长高手都是趋势大师，有什么方法可以抢先对手一步，更早识别趋势呢？

用先行指标、同步指标和滞后指标判断趋势

在经济学中，我们会用先行指标（又叫领先指标）、同步指标和滞后指标来判断宏观经济的趋势，预测经济决策是否能达到期望的效果。

比如，我们通常把货币供应量、月度新增信贷规模、固定资产投资和房地产开发投资数据、产能利用率等资本投入类指标作为观测宏观经济的先行指标，这些指标改善，说明经济有好转迹象。

再比如，我们会把用电量、货运量、消费物价指数、工业品出厂价格指数等与自然资源使用相关的指标当作宏观经济等的同步指标。如果先行指标已经有很多改善，同步指标也开始好转，证明宏观经济是真的开始好了。但如果先行指标和同步指标方向不一致，那么有可

能先行指标中出现了一些误导人的信号，或者出现了统计错误，还要进一步排查。

此外，包括劳动报酬和城镇失业率在内的与人力资源相关的指标，会被视为宏观经济的滞后指标。如果先行指标和同步指标都得到改善，滞后指标也在改善，就可以大概率地确认经济好转已经实现，经济运行处于上升通道。

资本投入、自然资源的使用和人力资源都是经济增长和财富创造的来源，但有不同的逻辑顺序。所以，我们在观察一个趋势时，既要找到更敏感的先行指标，抢先对趋势有预感，也要通过同步指标和滞后指标进一步确认趋势是否已经到来，并据此果断采取行动。

比如，二级市场的投资需要了解宏观层面的经济运行状况，GDP（国内生产总值）增速应该是个有效的指标，但是通常每个国家的GDP数据都是按季度发布的，如果等到GDP数据发布再做投资决策，显然效率太低。如果能找到先行指标，抓住更敏感的信号来进行判断，则会更主动。所以，专业投资者通常会把每月初发布的采购经理人指数（PMI）作为观测经济趋势的一种先行指标来指导投资决策。

如果我们观察的是流量，那么判断新流量渠道能否流行，既要监测尘埃将起的先行指标，也要观测尘埃起飞的同步指标，还要评测尘埃飞扬的滞后指标。

创业者要学会编制自己的指标体系，及时追踪和观察行业的变迁，这样就有可能获得超越他人的认知。先行指标可能未必精准，但是模糊的正确好过精准的错误。成熟互联网公司的增长团队，一定要

第六章 取势篇：驾驭趋势，倍速增长　299

学会编制和监测竞品、渠道及自身产品的三类指标体系。比如，竞品在各种平台主动搜索的指数、竞品 App 的下载量、竞品的广告投入、竞品上游的采购订单是关注竞品变化的先行指标；竞品 App 产品的激活量、竞品 App 与自己 App 的共存比例变化、竞品社交媒体的评论量、UGC 产量和电商平台销量就是同步指标；而物流平台发货的包裹数、调研机构提供的运营数据和监测到的各种财务数据都是滞后指标。动态监测和分析三套指标，就能洞悉趋势演化动态。

用另类数据指标辅助趋势判断

先行指标、同步指标和滞后指标作为趋势分析的一个假设是所有数据都是可得的。但是竞品和一些行业的数据，实际上是很难精准并及时地拿到的。还有什么别的方法能帮助预测趋势呢？近些年来，在股票和期货的交易中，专业的量化交易员开始利用另类数据作为趋势判断的辅助模型，并已经有很多非常成功的例子。在最领先的互联网公司中，也有数据分析师尝试用另类数据做趋势预判。

另类数据是什么？就是非传统数据。它有两重含义：一是指信息本身是非传统的，二是指通过非传统手段获得的信息。也就是说，另类数据可以是社交媒体的舆情、卫星图像、运营商数据消耗量等一般决策场景中不常使用的数据，也可以是从亚马逊、淘宝等电商网站上爬取得来的产品销量数据。

一个经典的例子就是美国对冲基金曾经在 2018 年 10 月特斯拉财

报发布之前，通过一家另类数据公司 Thasos 准确预测到 Model 3 的产量较前一季度几乎翻倍，由此大赚特赚了一把。这家公司围绕特斯拉在加州的工厂创建了一个数字围栏，以隔离从特斯拉工厂内发出的智能手机位置信号。Thasos 通过租赁大量手机收集从特斯拉工厂发出的手机信号，根据手机信号量估计特斯拉员工的工作时间，他们发现从 2018 年 6 月到 10 月，特斯拉工厂夜间轮班时间增加了 30%，这意味着其产能大幅提高。Thasos 的对冲基金客户就是凭借这一数据，加上其他分析，进行了一次精准交易。另外，Orbital Insight 公司利用卫星数据分析了沃尔玛停车场的数据，来预测沃尔玛的销量。这家公司还通过分析石油炼油厂和储存地的卫星图像，预测全球石油产量。

在增长实战中，我们看到领先的互联网公司通过运营商数据流量的消耗趋势，精准判断哪种类别的流量正在崛起，从而进行产品和流量购买布局。我们也看到领先的基金和品牌公司利用行业 SaaS 和主要批发市场的数据，精准判断哪些品类和渠道是潜在黑马，从而率先布局。

虽然另类数据可以另辟蹊径，具备预测趋势的潜在优势，但在实际应用中不要过度迷信，如果能找到更直接的先行指标、同步指标和滞后指标会更有效。

使用另类数据时要注意如下问题：要特别关注数据与使用场景的相关性和匹配性；是否有足够的代表性和准确性；真实性如何确认；数据来源的稳定性问题、数据格式变更、API 改版甚至数据源断更，均可以导致无法持续使用数据；最后是数据的收集与使用成本问题，还要考虑分析数据的人力和时间投入。

持续增长需要节奏大师

企业学会顺应斗转星移的增长势能进行布局，是确保持续增长的基本功。但花无百日红，如何保持旧花不败，新花灿烂，考验的是每个企业的战略增长能力，既有腾笼换鸟之功，也能在骑驴觅驴和骑驴找马之间切换自如。持续增长需要创业者成为节奏大师，能在如下节奏切换中闲庭信步。

一是单一产品不同指标的增长接力。比如，从用户增长、用户时长、供需匹配到用户变现。互联网产品不能只靠用户增长这个单一指标打天下，不同时期要有不同重点，要能够至少找到几个群星指标，来回切换，这样才能最大限度地实现一个产品的潜力。如果死磕一个指标，到了一定阶段必然会遇到瓶颈，这时候就该让这个指标休养生息，让其他指标进行接力；当另外一个指标优化到一定程度，可以继续切换其他指标进行优化。

二是平台产品要考虑场景和功能的增长接力。比如，推出App极速版或者轻量版，推出品牌的副牌来拓展增长边界。

三是企业要在吃着碗里的核心业务的同时，瞅着锅里的新兴业务，种着田里的未来业务。碗里、锅里和田里分别代表企业的现金流业务、增长型业务和种子型业务。比如，马云曾在2016年评价阿里巴巴的业务："淘宝是弟弟，支付宝是妹妹，没有阿里大当家的支持，就不可能有另两家。"所以，阿里巴巴 B2B 是最早的碗里业务，淘宝是锅里业务，支付宝是田里业务。随着阿里生态的不断升级，今天以天猫为主的淘系生态早已是碗里业务，新零售是日益强势的锅里业务，而阿里云和钉钉就是未来扛鼎的田里业务。

这种兼顾增长战略的短中长，不断重新定义企业的收入公式和增长边界，对企业服务的增长非常重要。在节奏上，首先保证碗里的核心业务足够强大，有壁垒。其次，依据核心业务的延展逻辑来进行超越核心的增长业务设计。对企业业务来讲，要尽量围绕"客户为中心"进行工作流和业务场景延展。最后，未来的田里业务布局同样要考虑跟核心客户和核心业务的关联性。这样层层递进，才能增强客户的黏性，强化业务的护城河。这样的扩张模式才最有可能成功。

在过去 20 年间，Salesforce 公司的市值从 0 到 2020 年 7 月的超过 1700 亿美元，超越了老东家甲骨文，成为企业软件新王者。回头来看，Salesforce 的成长路径就是遵循坚守核心业务、拓展新兴业务和有生命力的未来业务这样的演进策略。

从 1999 年到 2004 年，在创业的最初 5 年里，Salesforce 推出了全球首个基于 SaaS 的 CRM 软件和首个企业云计算 API 编程语言 Sforce。公司的重心专注于加固 CRM 的护城河。

从 2005 年到 2009 年，Salesforce 推出开发者平台 AppExchange、云平台开发语言 Apex 和 PaaS 平台 Force.com，正式开启了构建生态之路。这一步非常关键。首先，第三方开发者生态 AppExchange 使得 Salesforce 从 SaaS 软件升级为一个平台，强化了原有软件的护城河；

其次，Force.com 使得非技术人员可以直接在云端完成所有应用程序搭建、部署和管理，而且是基于统一架构，提升了 Salesforce 产品的嵌入性。Salesforce 从中型企业市场切入，坚持长期微利，同时将服务不断做广、做厚、做深，这使得大企业也开始对其青睐有加。在稳固了 CRM 核心业务后，Salesforce 开始大举并购，并购逻辑就是进一步强化企业的云化和智能化能力，以及与 CRM 相近场景的服务能力，这样所有并购的新业务都在提升和加宽老业务的护城河，形成新老业务的增长合力。

导致增长失效的十大"隐含前提"

我们希冀的持续增长常常是理想很丰满，现实却很骨感。增长套路为何会失效呢？我相信很多增长操盘手都会遭遇增长困境：明明一直有效的增长策略，怎么到了一定阶段就不灵了？在 A 城市完胜竞争对手的增长方法，为什么到了 B 城市却效果平平？刚刚从行业高手那里取经过来的增长套路，放在自己的产品上怎么就失效了？

为什么会失效呢？因为任何增长手段都有成立的"隐含前提"。当"隐含前提"消失，因果链就会断裂，原来有效的增长手段就会失效。

所以，在反思增长手段的时候，一定也要关注这些"隐含前提"是否依然存在。如果不存在，看看是否有可能重新调整环境设置，让"隐含前提"恢复效力；如果无法改变，要坦然接受这个事实，并在后续的策略执行中主动避开相关陷阱。

下面我们就来盘点十大"隐含前提"。

空间前提

所谓"橘生淮南则为橘，生于淮北则为枳"，增长手段也会有"水土不服"的情况。比如，某长租公寓在 A 城市供不应求，在 B 城市却效果不显著。原来 A 城市的房源主要集中在互联网公司和大学附近，很多互联网公司加班多，于是为员工提供了就近居住补贴，所以 A 城市上线的公寓一房难求。而 B 城市的房源没有这个优势。

再比如，生鲜电商在珠江三角洲和长江三角洲地区增长就更快。这是因为这些城市的用户对海鲜、河鲜、肉类的新鲜度有特别的要求，更愿意为生鲜的 30 分钟内即时送买单。相反，即便在人均收入很高的北方城市，由于大家并没有普遍吃生鲜的饮食习惯，所以未必愿意为这样的服务买单。

我们谈到的很多交易平台都会面临不同城市，存在不同的供需生态问题。所以，这类产品在考虑增长的时候，不能只以人均收入、人口密度等统计数字作为判断前提，还要考虑一些看不见的"空间前提"。

时间前提

互联网产品的打开和使用，与用户每天的闲暇时间、周中还是周末、是假期还是上学期间都高度相关。

比如，各种资讯类 App 和公众号的阅读率与推送的时间高度相关。为什么？因为用户的阅读是有周期性的。每天上下班路上、中午休息时间、晚上回家后、睡觉前，是主要的阅读时间。资讯类产品每日更新的时间和推送时间只有契合这些时间，效果才好，反之则效果平平。当然，更有能力的增长团队还可以做更个性化的时间推送。

有些产品的流量表现在周中和周末也会截然不同。比如，娱乐类产品往往周五和周末表现良好，不但打开率高，而且周末自然新增、渠道买量的量级比周中高，甚至价格也不提高。所以，调高周末的投放预算，将重点运营活动安排在周末，在保持同样的增长预算的情况下，效果反而好了很多，这就是考虑了隐含的"时间前提"。

一些按月付费但有使用量限制的服务，基本都是月底流量大跌，下月初流量大涨，比如视频网站和运营商推出的各种流量卡。

季节性波动是很多行业都存在的问题。所谓"金九银十"，季度末和年底广告暴增，季度初广告暴跌，就是这种规律的总结。对电商平台来说，第四季度一定是全年销售最旺的季节。原来只有"双十一"，为什么后来电商平台又推出"年货节"、"618"和"818"，就是要拉平季节性的波动，不断让用户找理由"买买买"。当然，仅凭需求侧拉动肯定是有局限的，否则就不叫季节性波动了。电商平台还拓展反季节的商品和服务类目，来拉平季节的波动。比如旅游类产品，寒暑假是旺季，刚好对冲电商平台的寒暑假的相对淡季。所以，电商平台通过反季节旅游产品的供给，不但平滑季节的波动，也带来旅游产品增长新渠道。

竞争前提

竞争是改变增长轨迹的一个重要前提。为什么我们不提倡没有产品壁垒、没有用户运营的"流量思维"和"爆品思维"？就是因为爆品之所以火爆，可能仅仅是因为没有竞争或者竞争严重不足这个"隐含前提"。一旦这个前提改变了，你就会发现增长套路失效了。比较极端的情况是，在一个资源有限的市场，盲目追逐热点、希望赚快钱的众多参与者可能就会遭遇"公地悲剧"和"集体踩踏事件"。

2013—2015 年，美国曾有一个叫 Timehop 的 App 爆红，这个 App 的主要功能类似"历史上的今天"，其增长顺风顺水并拿到不少融资。但当脸书推出类似功能后，Timehop 的用户量很快就开始出现断崖式下跌，原因很简单，就是竞争前提发生了变化。

"竞争前提"还有一个特别吊诡的场景是降维竞争，也就是"灭掉你，却与你无关"，来自更高维度的降维和错维竞争。身在局中的创业者觉得竞争格局没有改变，但是一个看不见的替代竞争可能就让你的产品增长手段突然失效，甚至把你逼到绝路。

比如，2018 年春节之后，很多互联网产品的增速突然开始放缓，按理说由于春节期间用户换机较多，各大应用商店的流量都在增长，但是个体的互联网产品感受到的却是新增激活乃至付费用户都突然开始明显减少，这是为什么呢？排除很多原因之后，大家突然意识到，这一切竟然跟《王者荣耀》的崛起和用户虹吸相关。

天气前提

对于天气依赖性行业,比如外卖、跑腿、打车,还有空气净化器、空调行业乃至旅游业,其产品和服务都跟天气密切相关。曾经有段时间我国的雾霾天气比较多,拿到很多融资的空气净化器公司的主要增长假设都是建立在雾霾天数居高不下的前提上。一旦这个大前提不存在,增长方法就会失效。

成本前提

我们看到一些食品供应链公司在 2B 的业务之外开始孵化 2C 的品牌,由于食材和加工成本跟 2B 业务均摊,在规模效应的作用下,2C 品牌的产品成本比市场单独 2C 的同类产品低,所以增长更有优势。但如果这个 2C 品牌被剥离出来,无法跟原有 2B 业务共享采购供应链和加工体系,那么这个 2C 品牌单位经济模型肯定会变差。如果再按原有定价体系定价,公司可能会亏本;如果提价,就会失去竞争优势。前后境遇的变化,就是源于忽略了原有体系的规模效应导致的"成本优势"的前提。

人群前提

对 A 人群有效的增长手段,对 B 人群未必有效。这个应该很好理解,因为两个人群可能心智迥异,偏好非常不同,所以我们需要做用户分层，提供因人而异的产品和服务。也就是说，当产品泛化到跟原有用户属性不同的人群，曾经有效的投放渠道和投放素材可能都会失效，增长方法必须做相应的调整。

规则前提

每个流量平台都有自己的流量分配规则，与以前的流量规则匹配的增长方法，在面临新的平台规则时，也许会失效。悲催的现实是，平台通常不会将规则的改变昭告天下，所以很可能出现平台悄悄改了规则，而开发者浑然不知的情况。比如 Google Play，早期给了榜单极高的权重，如果一个 App 在应用总榜或者分类榜单中排名靠前，或者在美国榜单中排名靠前，都能获得非对称流量倾斜。后来，榜单权重开始下降，美国榜单的作用也开始下降，而相关推荐变得更为重要。再往后，有了一个更为复杂的流量分配算法，除了新增下载量，下载量的变化趋势、App 的评分、评论、负反馈，还有 App 的激活率、打开率和留存率，以及榜单、相关推荐的很多因子都会得到比较均衡的权重分配，所以当规则发生变化时按照早期的规则来优化增长的方法，就会出现边际收益衰减。

文化前提

我们在前面讲到"空间前提"时提及过地区差异带来的增长方法。

推而广之，对于跨文化的出海产品，如果增长团队没能考虑到文化迁移带来的深层的文化差异，那么在一个市场有效的增长手段往往在跨文化的背景下会失效。

技术前提

技术的变化导致原有的模式和规范都发生了改变。比如在PC时代，即便是效果广告投放，一套创意素材至少也要投放一周以上，效果才比较稳定。但是在移动互联网时代，特别是在算法支持个性化投放的信息流环境中，如果单一创意投放一周保持不变，那么通常到了最后一天，效果已经大幅衰减。所以，移动互联网时代"一套素材吃一周"的投放环境前提已经发生变化，增长团队需要用更多素材做测试，更快速地进行迭代，这样才能保证效果稳定乃至变得更好。总之，忽略广告技术变化的隐含前提，沿用PC时代传统广告的创意逻辑，在移动互联网信息流主导的广告环境中投放，效果肯定会打折扣。

能力前提

听说过"知识的诅咒""认知差""经验差""人脉差"这类描述吗？这类"能力差"都可能是影响增长判断的"能力前提"。

我们经常会看到一个现象，就是一个产品随着用户规模增大，其复杂度也变高。复杂度变高有可能是因为千人千面产品逻辑，也有可能是因为反作弊手段导致产品验证步骤增多。产品经理很容易有一种错觉，就是认为用户可以理解产品复杂度变高，对于比之前更复杂的操作也可以做到游刃有余。但事实上，用户很难理解，而且抗拒改变。产品经理无法理解新用户对产品基本操作的无知，这就是"知识的诅咒"，心理学家西恩·贝洛克（Sian Beilock）将其解释为"当你把自己做的事越做越好，你协助他人了解这项技巧的能力就越来越差"。

看看淘宝"双十一"期间各种复杂的满减计算，再看看1688各种复杂的设计，你就会理解拼多多的极简设计，对电商市场最后的堡垒（即下沉市场的用户）还有我们的父母那一代人是多么友好了。所以，拼多多的增长不全是因为供应链和流量侧的差异化运营，也源于竞争平台的复杂度提高，自然将很多商家和用户排斥在外。

忽视隐含的"能力前提"导致很多增长高手和资深产品经理翻车的事情并不少见。如果大家对社交产品足够熟悉，一定还记得2017年11月Snap的首席执行官斯皮格尔主导的一次旨在推动产品增长的重大改版。

这次改版源于斯皮格尔到中国向快手和今日头条取经后，决定在产品内容中增加短视频消费。这个被Snap寄予增长厚望的版本的展现逻辑是：核心即时消息功能放在左侧，将好友发送的Stories直接展示在即时消息界面，点击好友头像即可播放；同时将专业作者生产内容放到右侧的Discover界面。这些展现逻辑看似还不错，但好友排序逻辑就值得推敲了。

新的算法利用用户浏览各类短视频（Stories 和 Discover PGC 短视频）的互动度来做好友排序，并将互动最多的突出显示为"Best Friends"。这个算法跟 Snap 用户心智产生了比较大的冲突。Snap 毕竟是做即时消息出身，用户来 Snap 里首先是跟朋友聊天、发好玩的照片，然后才是看朋友的动态消费内容。而且，用户已经习惯了原有的按时间线好友排序，更新后的算法使用户正常的即时消息受到打扰，因而引起了强烈的负面反馈，该版本收获了 83% 的苹果应用商店差评。原本还在缓慢增长的日活跃用户数转头下跌，而大量的负面评论让广告主的投放决策放缓，营收同样受到影响，2018 年第一季度季报发布后股价尾盘下跌 19%。

这个新算法貌似很高明，但你想想，如果微信也用这样的策略，你突然间发现聊天顺序全乱了，前一个小时刚刚沟通过的群，后一个小时因为自己在视频号的操作就完全找不到了，你是不是很崩溃？

斯皮格尔是乔布斯的忠实信徒，也是公认的产品高手，但他这次差点把 Snap 搞破产的翻车事件，充分说明明星产品经理如果不考虑用户隐含的"能力前提"和"期望假设"，则会导致用户的强烈负面反馈。

当然，如果增长团队能够比较精细地做 A/B 测试，也许可以避免翻车事故，或者及时修正。Snap 当时也是增长心切，在产品只是小流量测试有效，没有进行不同灰度测试的情况下，就向全量用户升级，这也是导致产品事故的原因之一。能够意识到这种"隐含的能力前提"的团队可能会迅速做出调整，通过更健全的 A/B 测试机制、独立的产品分区,以及回滚一些对新用户更友好的功能,来解决"无知的诅咒"带来的增长失效。

导致增长撞南墙的 5 种局面

除了以上 10 种导致增长失效的"隐含前提",我们还会碰到各种增长撞南墙的困局。这种南墙,算是一种特殊的"调节回路"。通常的调节回路像橡皮筋一样逐渐给增长限速,但是这种特殊的调节回路犹如钢铁南墙,撞上就没有回旋余地,也就是遭遇了系统的刚性约束条件,或者系统增长极限。与其"不撞南墙不回头,不到黄河不死心",不如提早预测,早做准备。

增长的"南墙"通常有如下 5 种情形。

遭遇市场规模天花板

任何一个市场都有总量和渗透率的刚性约束,或者阶段性的刚性约束,这就是市场规模的天花板。创业者往往容易高估市场规模。关于市场规模,通常有三种评估指标,即 TAM、SAM 和 SOM。

- TAM(Total Addressable Market,总潜在市场):指一款产品或服务在现有市场可以达到的潜在用户总规模,或者说产品希望覆盖的消费者人群规模。

- SAM（可服务市场）：指产品可以覆盖的人群。
- SOM（可获得服务市场）：指产品实际可以服务到的市场范围，这要考虑竞争、地区、分发、销售渠道等市场因素。竞争对手的强弱，决定了你获得最大市场规模的难度。

可以看到，TAM 大于 SAM，SAM 大于 SOM。对增长团队来讲，更靠谱的指标是 SOM，而不是 TAM。另外，一个可获得市场规模大小跟竞争相关，跟客户支付的价格区间相关，跟渠道选择相关，跟目标人群相关，跟产品特性及服务场景相关。一旦接近你的最大可服务市场规模，不要恋战，要及时转换阵地。这就要求品牌要有产品矩阵，因为每个产品都有 SOM 的天花板，只有不断开拓新的品类，才有可能确保品牌持续增长。

如何破解"市场规模天花板"这个增长魔咒呢？

第一，最常用的方法就是突围"邻近市场"，对互联网平台产品来说尤其如此。淘宝、美团、亚马逊都是实现单点突破并做到很大体量之后，开始从覆盖类似人群的"邻近类目或场景"入手，一方面满足现有用户更多的延伸需求，另一方面拓展邻近场景和类目，覆盖更大的相似用户群。

品牌在一个爆款成功之后，除了深化用户运营，还要将爆款从畅销变成长销，从小单品变成大单品，同时也应该着手基于用户对品牌的心智理解，从其他"邻近品类"入手孵化新品类，拓展跟原有用户心智相似的人群。这样品牌就会逐渐拥有一个覆盖更大目标人群和更多品类的产品矩阵。

企业服务往往基于现有架构，通过并购或自建"邻近场景"的产品或服务来拓展更大的客群。

第二，提高使用频率。这是消费互联网产品通用的一个方法。消费品牌也可以通过重新构建用户的"习惯回路"来提高使用频率。在美即品牌之前，面膜在中国女性中的渗透率很低，而且使用频率较低，平均每个月才用一次。美即面膜通过"停下来享受美丽"这样的营销攻势和消费者教育，将面膜变成了一个随时都可以享用的护肤产品，也提高了面膜市场的天花板。

第三，优秀的公司可能会从本源上改变它们所在的市场，使自己的 SOM 无限逼近 TAM，甚至可能重新定义 TAM。改变市场的方法包括：消除市场信息不对称，提高服务便捷性，支持新的使用场景，用技术大幅降低价格，触及更广泛的用户群，等等。通过这些方法，公司可以大幅扩大市场规模。我们之前提过的重新定义供给，找到结构化大幅度提高可比品质供给的方法，比如用机器人替代真人，用新生产工具降低供给者的参与门槛和学习曲线，用共享资源替代独享资源，就能提升 TAM，提升原有市场规模的天花板。

资本市场有个经验规律，即在任何一个充分竞争的市场，在有限时间内能够拿到 5% 的市场份额已经很了不起，大概率会遇到增长的天花板。好的团队也许要足够幸运才能打破天花板，或者找到新的增长曲线。但无论怎样，最重要的是要对这种格局的出现有预判，也要及时转向，寻找新的增长可能。

资源约束

依靠人脉或"拼爹"创业的，是资源型创业者，这是优势，也是"硬伤"，因为创业团队能掌握的资源或大或小，很快会触达极限。

比如，靠堆人的服务行业，无论是律师事务所、咨询公司、MCN（Multi-Channel Network，多频道网络）、营销公司，还是各类代运营的创业者，本质上都是售卖团队的时间。时间就是"刚性约束"，是增长的天花板。提价不能从根本上解决时间的"刚性约束"问题，只会延迟；靠招更多的人，到了一定规模后，由于组织和管理的复杂性，就会出现规模不经济，所以这一招充其量只是推迟"天花板"，而不能从本质上改变增长的天花板。

仅仅依靠土地资源、矿产资源，或者团队部分成员的独门手艺等不可再生资源，刚性约束的天花板很快就会显现。

如何破解资源天花板？试试把商业模式建立在高速可再生、可扩展资源上，比如能否将团队能力变成可付费的知识产品、可复制的流程、可授权的专利技术、可授权的 IP，这样就可以突破资源天花板对增长的限制。

法规政策约束

创业公司在成长早期遗留的各种合规和规范的问题，必须及早解决，否则到了一定规模就会遭遇法规的南墙，导致增长停滞。

随着社会对互联网和新经济的监管机制越来越完善，企业在任何阶段都可能遇到法规政策的天花板。无论是触犯了应用商店的规则，还是接受监管部门的调查整改，抑或是更大体量的公司面临的反垄断质询，都会影响企业增长的节奏。企业只有加强自律和治理，提升社会责任，多思考公司产品如何与社会长期共赢，才是持久增长之道。

技术极限

摩尔定律已经揭示芯片处理能力的物理极限。我们今天看到3G、4G、5G都有各自处理能力的极限，这是行业大增长面临的天花板。

从具体公司来讲，每一种技术选型、每一种产品选型，都有能力或者功效的天花板。如果技术架构不能支撑更大规模的用户访问，这就是每个公司增长都会面临的技术天花板。

所以，公司需要时常评估技术架构，确保随着用户规模和使用的提高，相应的技术不会成为障碍。

供给链能力、履约能力和服务能力约束

很多快速增长的品牌往往在供应链和服务能力方面准备不足。最知名的就是特斯拉，曾多次经历"产能地狱"。虽然特斯拉汽车供不应求，但受产能瓶颈所限，特斯拉多次面临灭顶之灾。比如，特斯拉原本承诺2018年生产20万辆新款Model 3电动车，结果到2018年

6月底，只生产了4万辆，但特斯拉每个季度要烧掉10亿美元，还背负100亿美元的债务，如果产能持续上不来，特斯拉有崩盘的危险。马斯克从2018年4月就感觉大事不妙，直接搬铺盖卷住进了工厂，睡在办公室里，亲自下工厂督战，终于让产量在7月达到了每周5000辆，算是半只脚跨出了地狱之门。

但一直到2019年年中，华尔街还在热议特斯拉会不会破产。造成这种危机的原因，就是特斯拉长期亏损。导致特斯拉不盈利的原因非常简单，就是供应链量产能力跟不上，按当时的估算，特斯拉要交付堆积的订单，需要好几年的时间。

这一切在2020年年初特斯拉上海的"超级工厂"开始交付Model 3而彻底转变。马斯克突破了供应链的天花板，成为2020年华尔街最风光的人。

另外一家美国航空业的网红公司就没有这么幸运了。这家公司创立于1980年，叫美国人民航空。这家公司全员持股，实行扁平化管理，效率极高，尽管机票价格只有同行的6折，却还能赚钱。1985年，这家创业仅5年的公司成为美国航空业的五大寡头之一。美国人民航空公司火箭般的增长速度在相对成熟、资本密集的航空业并非易事。然而这家公司却在1986年宣告破产。这个神转折是因为什么呢？

美国人民航空公司起步前几年服务口碑很好，但随着公司客户量激增，过去一个空姐要服务20位旅客，现在则要服务100位。在公司收入激增又有资本加持的时候，公司做的决定不是招募更多空乘人员、梳理服务流程、提升服务质量，而是斥巨资购买飞机。结果，由于公司服务能力遭遇天花板，导致旅客怨声载道，很多旅客转向其竞争对手；而另一方面，新购飞机无法饱和运转，产生巨额亏损，最终导致公司破产。

所以，增长中有时候慢就是快，如果一味追求增长速度而没有及时审视增长后端的供应链、产能、研发、销售和服务承接，乃至审核和品控能力是否同步提升，冒进式增长可能导致企业的崩溃或者衰竭。

增长失控是什么情形？

增长失效、增长失速都是渐变的，中间有很多信号和环节可以进行调整。增长中还可能遭遇一些更极端的"突变问题"，就是过了一个临界点之后，形势突然急转直下，导致原有发展趋势突然中断。2020年以来的新冠肺炎疫情显然就让很多没能做好准备的企业突然崩盘。除了这些突发的"黑天鹅"事件，企业遇到增长失控的原因往往也是潜在问题累积到一定规模，也就是达到了"临界点"，从量变到质变。如同水有三相，常温水加热到100摄氏度，就从液态变成气态，降到0摄氏度以下，就从液态变成固态。

增长失控通常有如下四种情形。

治标不治本的"快增长"

典型特征就是用快速见效但治标不治本的"快增长"，替代见效慢却提供真实价值、治本的"慢增长"，或者说用"表面解"代替"根本解"。这种舍本逐末式的增长模式，在一些资金雄厚的大公司并不鲜见。特别是面临竞争压力，短期内为了快速追赶、打压对手，或者蹭热点时，这种冒进做法非常普遍，典型操作就是不计成本，不细抠转化，只求迅速把量做上去。这种浮躁的风气可能导致团队频繁冠名综艺，广投分众和网剧贴片，以最快的方式刷"品牌认知度"，大量购买激励流量来冲榜，或者大量淘宝客、大网红直播超低价带货来制造"数据繁荣"。这种"花钱买机会"的快增长模式是可以带来日活跃用户数或者销量指标的短期大幅提升，但这也可能是掩耳盗铃式的伪增长。如果产品不能提供差异价值，用户没能产生复购，留存没有实质改善，那么在这种激进模式下催生的产品很难有持续增长。

杀鸡取卵的"毒增长"

杀鸡取卵的"毒增长"就是为了贪图眼前利益，选择了一个短期立竿见影的增长手段，却因此激活了一个导致企业长期恶化的恶性循环。比如，很多共享单车一直是负毛利增长，随着同质化竞争加剧而遭遇"公地悲剧"，单位经济模型持续恶化。这种生意即便短期通过补贴可以看到一些增长，但实际上只能加速生意的恶化。随着 ofo 离场，摩拜单车被美团收购，市场中只剩下滴滴、美团和哈啰单车三家。在这三家放弃价格战之后，整体行业才可能摆脱饮鸩止渴的恶性循环。

美国知名 DTC 电商平台 Brandless 上线不到三年便从闪电增长、巨额融资到宣告破产，也是一个饮鸩止渴"毒增长"的典型案例。

Brandless 是一家 2014 年成立的 DTC 电商平台，主要产品是食品、家居厨卫用品、美妆护肤产品及办公室用品，所有产品奉行极简主义，无品牌包装。刚上线时每件商品皆售 3 美元，全部线上销售，产品都是天然有机、非转基因，主打卖点就是"物美价廉"。会员年费是 36 美元，包邮免运费。非会员前期是满 72 美元才包邮，后来调低到 39 美元包邮。Brandless 于 2017 年 7 月上线，一上线就凭借极简风格、物美价廉收获一拨社交媒体粉丝，上线当月便拿到 3500 万美元 B 轮融资。拿到钱后，Brandless 开始大举在社交媒体做用户裂变，一个老用户推荐给一个新用户，新用户成交后，新老用户各拿到 6 美元的红包。上线仅一年，就拿到软银愿景基金 2.4 亿美元的投资，公司估值超过 5 亿美元。但不到一年半的工夫，公司虽然经过多次调整，还是于 2020 年年初宣告倒闭。

一个如此光鲜并得到顶级基金追捧的企业怎么突然幻灭了呢？简单来说，饮鸩止渴式的 3 美元定价，加上堪忧的供应链能力，以及雪上加霜的物流，导致这种模式是靠资本续命的恶性循环式增长。软银注资之后，觉得 Brandless 单位经济模型有问题，又强迫其提高客单价，而这一切都脱离了原有团队的能力圈，最后内部争斗，外部客户流失，导致 Brandless 崩塌。

首先是每件产品定价 3 美元，而非会员原本要购买超过 72 美元才免运费，后来降至 39 美元，未达到配送金额的订单运费也从 9 美元降到 5 美元，这意味着一位非会员要买 13 件产品才能免运费，这无疑让很多人购买的频次大大降低，运费比物品单价都高，用户多少是不愿意的。所以，即便 Brandless 通过裂变带来很多用户，但用户频次很低。我们看到主流电商平台中可能还会有 3 美元的超低引流款，但必须有其他更高价格区间、跟用户场景相匹配的产品组合进行搭售，单位经济模型才能持续。

其次，Brandless 所有产品主打"零添加"，虽然品质提上去了，但也使得保质期缩短了许多。Brandless 平均配送时间是 3~12 天，而亚马逊是次日达，最多二日达。Brandless 品类只能是短保，但是配送时间又是一个巨大的缺陷，所以 Brandless 增速起来之后，食品过期问题开始暴露出来，这就是模式的硬伤。

最后，由于美国的人工成本十分高昂，Brandless 的配送时效又长达 3~12 天，所以 Brandless 的低价难以负担高昂的运输费用及配送成本，虽然 Brandless 通过建立会员制度和让用户自行支付运费的方式来减轻物流压力，但是收效甚微。会员如果只买两三件产品，Brandless 完全是负毛利，做一单可能要亏 10~15 美元；用户一年采购三次，预收的会员费就亏完了。如果一次要买 13 件商品才免运费，非会员大概率会转向其他替代平台。所以，会员越增长 Brandless 越亏，非会员的各种机制设计缺陷导致频次太低，这些都是增长逻辑的底层的结构化缺陷。

在软银投资之后，Brandless 没有试图在原有品类上进行升级改善，相反为了提高单价，主推高客单的大麻类食品，这个跟 Brandless 用户心智多少不太相符，用户并不买单。新问题不断，老问题的商业逻辑充满缺陷，团队陷于争斗，而不是竭力解决关键问题。这导致软银入主之后，产品投诉日益提高，用户开始大量流失。一项数据显示，2019 年 5 月 Brandless 的客户数量比 2018 年同期减少了 26.5%。究其原因，占比最高的抱怨就是 Brandless 的产品和服务质量严重下滑。

用户的减少使得成本压力更大了，Brandless 不得不提高价格，这就形成一个恶性循环，使得 Brandless 快速走向衰落。

事实上，杀鸡取卵是治标不治本的恶化版本，后果更加严重。我们常常要面临很多选择，有些看起来容易的选择却常常带来许多潜在的风险，增长也是一样，不追求捷径、健康的、可持续增长的逻辑才是王道。

盟友反水的"负增长"

"杀敌一千，自损八百"，盟友反水的"负增长"是指企业为了改善自己的业绩而采取的增长措施，客观上损害了盟友的利益，导致盟友反目成仇，最后落得个两败俱伤的结果。这种现象经常出现在品牌巨头或者头部产品和渠道巨头之间。

比如，宝洁的成功要诀之一就是深度绑定零售商，争取货架的展示主导权，我们前面讲到宝洁"赢在真理时刻"就是基于零售渠道的展示策略。所以，伴随着沃尔玛逐步成为全美乃至全球最大的线下连锁零售商，宝洁也一直不断加深与沃尔玛的合作。但这一切并不是一开始就达成的。事实上，从 1962 年沃尔玛开出第一家折扣店到 1987 年，宝洁和零售新贵沃尔玛一直明争暗斗，虽然都离不开彼此，但是相互捅刀子的擦枪走火时有发生。

比如，为了面对联合利华的竞争，短时间内促使业绩有效增长，赢得市场占有率，宝洁公司曾发动大规模的降价促销活动，但此举极大地伤害了沃尔玛的利润。沃尔玛迅速做出反击，在宝洁降价促销期间，大量囤积宝洁产品，等到宝洁促销期结束，再以平时正常价位出售这些促销商品。这种方式严重违背了宝洁降价促销的初衷，侵犯了宝洁的利益。为此，二者开始相互指责，昔日盟友反目成仇，两败俱伤。

直到1987年，双方都意识到既然谁都无法离开对方，与其相爱相杀，不如相爱共赢。沃尔玛采取一系列零售黑科技，比如借助及时的商品和价格信息共享，提升双方整体业务协作绩效。1989年，沃尔玛针对宝洁公司的纸尿裤产品支持Just In Time（准时生产）自动订发货系统，双方企业通过电子数据交换（EDI）和卫星通信、制造商库存管理系统、电子资金结算系统等信息手段做到了连续自动补货、电子结算，大大缩短了商品流通的时间并减少了传统财务结算的烦琐程序，取得了合作关系的实质性突破。1995年，双方共同启动了协同式供应链库存管理流程（CPFP），业务流程无缝结合。

沃尔玛与宝洁公司在系统化、数字化和流程协同化的深入合作，在今天看来都是新零售的经典操作。它们的合作取得了显著绩效。1989年，沃尔玛店铺中宝洁公司的纸尿裤商品周转率提高了70%，宝洁公司的纸尿裤销售额也提高了50%，达到了30亿美元。宝洁公司当年美国市场销售额中的11%都是通过沃尔玛实现的，第二年这个数据上升到了 20%。这次合作的巨大成功为沃尔玛和宝洁全面控制成本、推进深层合作打下了良好的基础。到 1995 年，沃尔玛渠道中宝洁的利润率提高了 48%，存货基本为零。

宝洁与沃尔玛基于零售科技的深入协作，使得双方都极大提高了增长效率。沃尔玛也从与宝洁的合作中意识到与盟友的长期信任的重要性。沃尔玛虽然倡导"天天低价"，但这种低价不能简单依赖订单优势强势要求品牌商降价来实现，而要通过自己的技术和管理系统给品牌商赋能，帮助品牌商从结构上降本增效，即便降低一些产品毛利，但是由于周转率大幅提高，总体利润反而提高，这样才能实现品牌商、沃尔玛和消费者三方共赢。沃尔玛也从这种跟品牌商更健康的合作中获益良多。从 2001 年至 2003 年，沃尔玛连续三年在《财富》世界 500 强排名榜首。根据贝恩公司的一项研究，2003 年，宝洁 514 亿美元的销售额中的 8% 来自沃尔玛，沃尔玛 2560 亿美元的销售额有 3.5% 归功于宝洁。

沃尔玛和宝洁 40 多年相爱相杀的历史告诉我们，在实施增长策略的过程中，不能只顾及"自己"的利益，还要考虑"我们"的利益，一定要把盟友也考虑在内，抱团取暖，合作共赢，才是商业社会亘古不变的生存法则。

零和博弈的"恶增长"

零和博弈，通常体现在恶性竞争中。竞争一方采用"损人利己"

的增长方法打击对手，比如采取价格战、补贴战来获得用户增长，竞争对手也用力度更大的价格战和补贴战反制，最终结果是"损人不利己"，造成双输。

中国共享充电宝行业曾经就是这种零和博弈的局面，各家纷纷让利，给商家更多分成权，有的甚至倒贴商家进场费，来获得充电点位增长。这种惨烈竞争导致融不到资、没有产品能力和运营能力的参与者逐步被清场。最后剩下街电、小电、来电和怪兽充电这"三电一兽"，虽然也有擦枪走火，但大家逐渐开始心照不宣，停止价格战，分区域而治，告别了"恶增长"，终于这四家头部公司在2019年和2020年年初迎来了行业的高光时刻，宣布盈利。然而好景不长，持久的疫情对于线下商业的影响，美团2019年的高调入局，虽然后有怪兽充电在美股上市，街电和搜电合并成竹芒科技抱团取暖，但充电点位渗透率饱和，这几家充电厂商模式雷同，缺乏对商户的议价权，导致进入2021年后竞争再次激化。展望未来，整个行业可能还要进一步整合和瘦身，才能再次摆脱零和博弈的"恶增长"。

改变恶性竞争的关键是大家要能看到双赢博弈的可能性，然后不要陷入"零和博弈"的困局。同时，要思考将产品、服务或者目标人群差异化，这也是摆脱"恶增长"困局的一条出路。

构建反脆弱的增长系统

我们不但要时刻思考增长系统的反失效、反失速和反失控，也要从系统设计上增加反脆弱的能力。这是新冠肺炎疫情给我们的最大提醒。纳西姆·尼古拉斯·塔勒布的《反脆弱》一书在疫情期间获得前所未有的关注。他认为万事万物有三元结构，即脆弱态、强韧态和反脆弱态。脆弱态好比一个玻璃球，很坚硬，但是从高处掉落的时候很容易就摔碎了；强韧态像是塑料皮球，看起来柔软，但是可以平稳落地且丝毫无损；而反脆弱态就像乒乓球，落地时不仅不会受到损伤，还可以弹得更高。所以，脆弱态真正的反面不是强韧态，而是反脆弱态。强韧态是抵御风险的能力，而反脆弱态是能够从危机和风险中获利。

生物学中有个著名的"毒物兴奋效应"，讲的是食物中含有一些低剂量毒素反而有助于人类身体健康。比如，蔬菜、水果、海鲜等生食中多多少少都有些低量毒素，这些毒素是生物进化过程中为抵御天敌而产生的，而人类利用这些毒素发展出了更为强大的消化能力。其实，几乎所有的生命体都有"过度补偿"机制，比如，我们在锻炼的时候肌肉被拉伤，在家养几天，新长出来的肌肉会变得更加粗壮，这个过程反复多年，就能长出一身肌肉。

生命体的"过度补偿"机制就是塔勒布所说的"反脆弱能力"。类生命体的公司、组织和国家也有类似的能力，促使它们在跌跌撞撞、磕磕绊绊中不断纠错、进化、变强。所以，那些不能将我们摧毁的，终将使我们更强大。正如《死亡地图》一书中讲述的，正是1665年的伦敦大瘟疫，重塑了今天的城市和世界。正是因为这场瘟疫，英国最先引入了垃圾处理机制，并开始建立现代化污水处理系统，将污水和饮用水分开，建立了今天全世界通用的供水和排水系统。也正是因为这次瘟疫，英国率先建立了现代化公立医院系统，收治没钱的老百姓，推动了现代化的公共医疗体系发展。

从增长系统设计角度，我们应该思考让增长系统具有"反脆弱态"，更好地应对突发的波动，呈现更强的活力。也就是说，要搭建"缓冲器"，搭建雨季可以蓄水抗洪，旱季可以放水填补水位的"水库"。缓冲器的作用就是平衡系统突然受到的冲击，不但使系统具有"强韧态"，还有可能具有"反脆弱态"，具备从冲击中获利的能力。

在商业场景中，什么是缓冲器呢？比如，在2020年新冠肺炎疫情期间，有些公司面对突然暴涨的订单和供应链断裂，却因为缺乏"配件备货"的缓冲器，导致无法捕捉到商机，甚至被迫裁员。在欧美国家，由于没有"安全现金流"的缓冲器，很多知名的线下品牌现金流突然断裂，几百人乃至上千人的公司接连破产倒闭。还有一些线上互联网产品在疫情期间突然流量暴增，但缺乏"冗余带宽"和支持大流量并行访问的服务器能力，导致系统崩溃，用户体验断裂，本来是千载难逢的增长机会，但是由于没有"缓冲器"，导致系统处于"脆弱态"，轻则波动，重则崩溃。相反，具有"缓冲器"的公司，疫情反而带来超常规的增长。

缓冲器听起来似乎很简单，但是由于很多优秀创业者追求极致效率，特别是受准时生产与零库存管理理论影响的首席执行官，未必愿意牺牲部分效率来搭建"缓冲器"这样的冗余能力。这反而会使这些公司面临突发事件，因为缺乏缓冲器而翻车。

效率是商业追求的目标，但对效率的极致追求，就是对缓冲器的放弃，可能会使公司陷入困境乃至绝境。所以，一个公司的增长系统要兼顾效率和风险抵御，就必须考虑搭建"缓冲器"。

我们可以搭建三种"必要的缓冲器"，来对冲突发波动带来的风险。

搭建防短缺缓冲器

"防短缺缓冲器"可以用来对抗短缺型波动，比如核心增长研发和优化师突然流失造成的人才短缺型波动就需要预先有B计划，可以寻求其他团队的人才支持，或者将部分项目外包给有资质的供应商。

"防短缺缓冲器"还可以对抗因订单暴涨、没有弹性的供应链造成的生产短缺型波动，以及没有物流和配送支持的履约短缺型波动。应对这些波动，需要有一定的库存或者备货、备用物流和仓库，以及备用的供应商可以临时调用。

此外，如果用户突然集体挤兑用于支持业务的用户押金，就会导致现金流短缺型波动。具有这种风险的公司至少要有一定比例的押金，存在第三方托管账户，用来缓冲波动的提款需求。

搭建防超载缓冲器

要防止突发性上游流量涌入给系统造成的冲击，就要安装"蓄水池"或者"减震器"。

比如，短视频平台在测试直播业务成功之后，为了避免大量没有经验的创作者在直播能力不足时就仓促上马开播，需要采取直播权限申请制。只有经平台评估，创作者的创作能力和粉丝达到一定门槛，才能被授予直播权限。有了直播权限的减震器，就能确保直播的质量，这样既保证了用户体验，也是对优质创作者最大的公平。

再比如，互联网公司在高速扩张期，特别是融资完成后，突击招了很多人，但僧多活少，或者僧多需要彼此多磨合，短期内无法有效产出，怎么办？此时可以安排短期内不在项目上的过剩工程师梳理研发文档、开发工具、中间件等"农闲项目"，熟悉研发环境，这样等新项目来了，就可以随时顶上。一旦有工程师退出项目，就可以继续完善文档，开发工具，或者培训新人。

缓冲器，是解决波动的重要工具，但是要记住：足够用就好。因为缓冲器有成本，还会降低系统响应变化的速度。

构建共享价值网络

前面两种缓冲器都是在公司内部生态搭建的"缓冲器"，我们称之为"内循环缓冲器"。这次疫情后，美团、拼多多、盒马鲜生的实践又提供了一种新的对抗突发长时间波动的思路，即共建更有开放能力、生态更友好的"积木式创新网络"或者"共享价值网络"。

我们都知道迈克尔·波特的"五力模型"关注的是企业竞争规模和程度的五种力量,包括现有竞争者的竞争能力、潜在竞争者进入的能力、替代品的替代能力、供应商的讨价还价能力、购买者的讨价还价能力。而随着全球协同创新越来越多,《创新者的窘境》作者克莱顿·克里斯坦森提出了"价值网络模型"。与"五力模型"相比,"价值网络模型"强调合作共赢,公司要与顾客、供应商、互补者合作创造价值,而不仅仅是通过与各种力量竞争来获得价值,网络中的每个主体都成为价值创造的一部分。

比如,疫情期间,美团、盒马鲜生提供配送和分发的开放能力,与因疫情而受阻的海底捞、西贝等餐饮企业形成了一个更灵活、更有弹性的价值网络。这样大家不但可以共同对抗疫情的冲击,还促进了用户、数据和能力的共享和增长。

再比如疫情暴发之后,很多依赖出口的外循环增长受到抑制,拼多多、阿里巴巴开放了自有体系的流量能力、物流能力,帮助这些外销的品牌和产品转内销,来对抗外循环受阻的巨大波动。

虽然在疫情暴发之后,逆全球化声音成为主流,但全球基于互联网的各种科研和协作网络反而如雨后春笋般发展起来。所以,创业者除了思考内循环的缓冲器,也要重构增长的共享价值网络,无论是跟超级用户协同推广公司产品服务,还是跟供应链协同量化和精准选品,都要思考如何与合作伙伴建立更开放的能力共享,比如共享履约网络、用户或订单、供应链、产品创新、人力,甚至是共享规则和数据,来完成低成本、高效率的增长。这是共享经济的升级版,或者叫

"共享经济 2.0"。上一代共享经济更多的是时间、空间和资产的共享，新一代共享则是从更底层维度、更开放的能力共享。

这种共享价值网络会给企业未来的增长提供强大的反脆弱能力，不但能对冲巨大的波动，而且可以提升公司的竞争力。因为公司未来增长竞争比拼的不仅仅是自身的能力，也要比拼谁能撬动更大价值网络的创新能力和交付能力。

有限的增长和无限的增长

增长如游戏，正如詹姆斯·卡斯在他的成名作《有限与无限的游戏》一书中写到的："世上至少有两种游戏，一种可称为有限游戏，另一种称为无限游戏。有限的游戏在边界内玩，无限的游戏玩的就是边界。有限游戏以取胜为目的，而无限游戏以延续游戏为目的。"有限与无限的游戏规则正在成为工业化时代与互联网时代公司增长风格的鲜明对照。

互联网的跨界增长

工业化时代，石油公司、汽车公司、各种制造业企业有着清晰的边界，一切增长竞争还是有限的游戏。而从 20 世纪 90 年代大规模应用至今，互联网正在主导一场惊天动地、无远弗届、跨界通吃的无限增长游戏。

大家极为熟悉的主导全球互联网的中美巨头，甚至新兴市场的互联网巨头，比如东南亚的Grab、印度尼西亚的Go-Jek、印度的Reliance Jio、拉美世界的Rappi，都在不断突破原本的边界。

来看看美国四家万亿美元巨头的业务边界吧。

苹果从最初的苹果电脑，到重新定义音乐、手机、无线耳机，再到iCloud、App Store、Apple TV、Apple Music等一系列服务，疫情期间众多店面歇业也没能阻挡苹果的进取之路，疫情最严重的2020年第二季度业绩依然亮眼，目前市值超过2万亿美元，是全球市值最高的公司。

亚马逊早已不是最初的网上书城，而是以综合电商、云服务为主，业务包罗万象的庞然大物。疫情期间，亚马逊业务量暴增，市值直逼2万亿美元。

微软从当年的Windows生态，早已成为企业生态从云到端再到很多业务场景的新霸主。原本大家都以为微软逐渐从消费者市场淡出，但并购TikTok一案，让大家质疑这家充满了企业范儿的软件巨头怎么也开始做95后和00后的生意，难道是要重新将触角杀回已经相对微小的消费者业务？微软与亚马逊正在比拼谁能成为第二家市值超过2万亿美元的公司。

以搜索起家的谷歌，已经是一家业务板块涵盖云计算、手机操作系统、互联网服务、人工智能、自动驾驶、智能硬件等领域的巨无霸，是第四家市值破万亿美元的公司。

工业化时代增长逻辑的落幕

在工业化与数字化时代,按照《去规模化:小经济的大机会》的作者赫曼特·塔内佳的观点,有限增长与无限增长背后的本质就是规模效应与网络效应两种不同增长引擎带来的不同图景。

当然,无论是规模经济驱动的工业时代,还是网络效应驱动的互联网时代,都是依靠规模(互联网更多体现在用户侧)建立起竞争优势。

工业时代的规模化是通过流水线、专业化分工驱动生产端的规模化,从而带来规模效应,给企业带来巨大的成本优势,也提升了潜在竞争者的进入壁垒,因为后来者要花费极高成本才能建立同等规模,与已经高度规模化的企业抗衡。这就是传统品牌,需要依靠营销才能扩大规模,更快推动规模效应的产生。通用、宝洁、联合利华、雀巢这些公司增长背后驱动的核心逻辑主要是规模效应,其次是逐渐形成的品牌。

但企业或组织到了一定规模,就会出现规模不经济的现象,这是规模经济最大的硬伤。

经济学家曼昆认为,之所以产生规模不经济,可能是由于任何一个大型组织中都存在固有的协调问题。制度经济学之父、诺贝尔经济学奖得主科斯在《企业的性质》一文中提出了交易成本理论,并给出了更深入的解释:当内部的流通成本超过外部市场交易成本时,规模不经济效应就开始起作用,企业停止扩张,企业边界得以确立。

而互联网的出现，重塑了商业模式，也模糊了企业边界。

规模效应是生产端的规模化；而互联网驱动的数字经济有可能形成的网络效应，则兼具需求侧和供给侧的规模化，同时还有锁定效应。更重要的是，技术正使规模生产贬值，互联网品牌或者平台基于精准用户洞察，能够为用户提供精准化、个性化、智能化产品与服务，满足用户个性化需求，驱动用户对产品的直接复购和交叉复购。柔性供应链的成熟、算法驱动的用户多场景的需求捕捉，使新型的互联网平台可以在单体供给"去规模化"的同时，依然享有需求侧和供给侧的规模效应，扩张更快，用户黏性更高。就这样，旧式工业化的规模经济正在逐渐被个性化的数据和算法驱动的智能经济瓦解。

在工业化主导的过去100年间，美国市值排名前十的公司也改天换地。苹果、亚马逊、微软、谷歌、脸书等互联网公司取代AT&T、通用电气、通用汽车等工业巨头，成为当下市值最高的公司。2018年，全球工业化时代的偶像美国工业巨头通用电气被剔除出道琼斯工业平均指数，标志着工业化时代增长逻辑的落幕。与此同时，苹果、谷歌、微软、亚马逊和脸书五大科技巨头市值不断创新高，2020年年初占据美股最有价值500家公司总市值（标准普尔500指数）的15%，8月已经达到30%。

互联网巨头间"纵派"与"横派"的增长角力

从理论上来讲,只要积累起一定的用户规模,互联网企业就可以进入任何一个领域,无论是横向还是纵向,从邻近市场、邻近场景或者邻近链条开始,展开一场不断探索边界的无限游戏。在增长策略选择上,也有两种截然不同的声音:力主纵向专业化扩张的"纵派"和力主横向路线多元化场景扩张的"横派"。

"纵派"的增长路线,通过深入整合产业链上下游构建专业化壁垒,并从区域化到全球化打开增长天花板。其中道理在于,纵向专业化有利于创新,多元化公司不利于创新。"纵派"的代表有携程、滴滴、拼多多、京东、脸书、苹果等。

而"横派"则认为,基于用户海量实时数据形成的洞察,互联网品牌或者平台可以将用户"一鱼多吃",拓展到用户需求的邻近场景,实现业务的横向打通。"横派"增长逻辑是高频低毛利品类负责导流,中频高毛利品类负责毛利;高频给中频品类进行流量补贴,中频给高频品类进行利润补贴。这样的组合可以有效规避单一高频或者中频品类的获客和毛利的挑战,通过交叉补贴,更易培养用户习惯,实现业务协同增长。"横派"的典型代表有美团、阿里巴巴、腾讯等。美团从团购起步,在"百团大战"中胜出后,便围绕本地生活服务吃住行横向通吃,涵盖餐饮外卖、酒店旅游、收购摩拜、推出美团打车等。这些场景都是邻近场景,美团只要确保外卖之外的供给给力,就可以通过外卖高频场景获客,同时基于数据驱动,捕捉用户其他的中频场景，形成协同扩张。

"横派"巨头在进行横向布局的同时，并不排斥进行纵向邻近链条的产业链布局。一旦互联网平台通过横向扩张积累了海量用户，就增强了跟供应链的议价权，这样传统供应链上游更愿意接受来自互联网平台的赋能改造，比如美团利用餐饮外卖的优势，通过餐厅管理系统深入商户管理，通过快驴进货为餐饮商户提供食材采购供应链等等。

"横派"或者"纵派"增长逻辑各有千秋，但由于复杂的跨文化环境，加上疫情之后全球地缘政治的激烈冲突，导致纵向增长并非易事。从现状来看，"横派"是中国互联网巨头的主流模型，而且资本市场也似乎更愿意给"横派"增长模型更高的议价。横派增长的巨头，往往市场天花板更高，更容易建立更大的用户规模，如果利用积累海量实时数据做算法赋能，就能更精准地抓住用户和商家需求，也更易进行周边市场的拓展。结果就是资本更愿意为这种增长付费，为这些巨头提供超额资金，吸引顶级人才，构建更强大的组织能力，蚕食更大规模的邻近市场。

总之，在比特主导的世界里，互联网和数字化企业突破工业化时代纵深式的单向增长模式，通过纵横捭阖、精准化、智能化、个性化、C2B驱动的增长模式，演化出不断突破边界的大型生态体。从目前来看，实现单点突破后，先做横，再做纵，似乎是新型独角兽企业典型的快速增长之路。

增长向善：ESG 是无限增长玩家的新边界

新一代互联网和数字企业无所不在，无所不能，但这并不意味着无所约束，无所不变。互联网的确在引领世界的进化与变革，但只有肩负起更大的社会责任，才能对得起这个社会寄予的期待。

近两三年以来，无论是在欧洲、美国还是中国，科技大公司都争议不断，面临多面夹击：一方面，全球政府对数据隐私的保护明显收紧；另一方面，欧美反垄断的调查火力全开，特别是美国众议院司法反垄断小组历时一年针对亚马逊、苹果、谷歌和脸书公司的反竞争的深入调查，搜集130万份文件并展开对这些公司首席执行官的国会质询；此外，激烈的地缘政治冲突将中国互联网巨头推向风暴眼，还有持续的疫情蔓延和贸易摩擦，对全球供应链和市场需求造成巨大冲击。在这些多方问责的背后，是全球投资机构、监管机构对大公司越来越强烈的 ESG 诉求，其中 E 是环境（Environment），S 是社会责任（Social Responsibility），G 是公司治理（Corporate Governance）。互联网行业正高速增长，但在 ESG 的合规和投入上还处于蛮荒时期。越来越多知名的对冲基金和长期基金关注财务指标之外的 ESG 指标，比如对消费者隐私的保护、倡导种族平等、透明公平地面对竞争、尊重员工权益、女性董事比例、算法和数据是否被滥用、对社区的回馈、社会贡献程度和对环境问题的关注等社会道德标准，进行评价并决定投资。

拿脸书来说，全球接近 40% 的人口都在使用脸书旗下的社交工具,几乎垄断了除中国之外的全球网上社交。脸书之所以能崛起,其实离不开监管的真空,在其野蛮生长、疯狂搜集用户数据时,美国还没有任何线上隐私的法规。脸书还利用庞大的用户规模和市场地位,威胁式收购 Instagram 或者抄袭对手的产品创新,压制了创业公司的增长空间。此外,脸书长期在内容监管上不给力,导致从 2016 年美国大选到 2020 年疫情期间的虚假信息泛滥。这些 ESG 的污点多次遭到全球顶级基金机构的抛压,也遭到很多民权组织和数百家全球大品牌的联合抵制。

脸书属于争议比较大的公司,但所有成为时代宠儿的科技公司,能够受得了多大的诋毁,才能经得起多大的赞美。增长向善,公众和投资人希望企业的增长与社会的期待相匹配,不是说企业不能变得强大,而是说这种强大不能阻碍市场竞争,要让世界变得更有活力,让消费者体验变得更好,否则企业必然要面临越来越多监管的拷问、公众的讨伐和投资机构的抛压。

微软就是一个比较成功的例子。当近两年其他科技巨头各种麻烦缠身时,微软似乎置身事外,给人一种宠辱不惊、闷声发财的感觉。那微软到底做对了什么,让这个昔日饱受舆论抨击和监管问责的巨无霸,不但重新回到第一梯队,还能独善其身?

这当中最重要的原因是,微软首席执行官萨提亚·纳德拉 2014 年上任后,给微软的业务带来突破,而且重塑了微软的文化。首先,从业务上成功完成云计算的转型,摆脱了依赖 Windows 的盈利。其次,微软一改鲍尔默时代的咄咄逼人、四面树敌、妄自尊大的企业文

第六章 取势篇:驾驭趋势,倍速增长　339

化，重建了开放包容、与合作伙伴共赢的文化。比如，在鲍尔默时代，微软压榨客户，固执傲慢，甚至把代表互联网开放精神的 Linux 操作系统及开源软件称为"癌症"。而没有 Linux 开源生态的助力，微软根本无法构建主要基于 Linux 的 Azure 云计算操作系统。

这些改变，让微软在合作伙伴眼中从一个守旧自大狂变成了一个浓眉大眼可信赖的带头大哥。除了跟合作伙伴和客户重建信任，微软也开始修复与全球监管机构的关系，从对抗走向对话。微软之所以能在全球抨击科技公司的浪潮里置身事外，离不开这一策略。比如，数据隐私一直将谷歌、亚马逊和脸书搞得灰头土脸，但是微软的收入台柱子 Azure 云计算系统，从最初设计之时就优先考虑了数据保护的相关法律规定，避免了后续不必要的麻烦。微软也参与了很多数据保护政策和法律的制定，在人工智能和人脸识别这样有可能侵犯用户隐私的新技术上的使用策略都非常慎重，这些都让微软收获了很好的口碑和声誉。

习惯野蛮增长的大科技公司担心监管会增加做生意的成本，拖慢增长速度，抑制创新。但从另一个角度来讲，除了社会责任和公众信任，对于监管的合规其实也是大公司的护城河。因为规则对所有人平等，越早合规，越早参与规则制定，后续的合规成本就越低，也能将不合规的竞争对手排除在外。当然，我们也要提防"监管操纵"，就是监管机构要监管的对象会反过来控制这些监管机构，通过雇用强大的游说团体、投入大量的资源来影响多个监管机构的规则制定，以确保新规定更符合大公司的利益。

从有界到无界，从有限到无限，疫情后全球的互联网和数字企业增长能力与潜力不但没有被抑制，反而更加所向披靡，无坚不摧。但没有一个组织是在真空中存在的，科技公司不但要为社会创造卓越的经济绩效，也要承担更大的社会责任，让 ESG 成为企业增长的新起点、新能力、新范式和新道德准则。增长向善，向善的增长才是可持续、第一性的增长法则。